西北大学学术著作出版基金资助出版

不动产准征收研究

The Research on the Inverse Condemnation of Real Property

王思锋 著

中国社会科学出版社

图书在版编目（CIP）数据

不动产准征收研究／王思锋著．—北京：中国社会科学
出版社，2015.10

ISBN 978 - 7 - 5161 - 6487 - 7

Ⅰ.①不…　Ⅱ.①王…　Ⅲ.①不动产—征收—研究—
中国　Ⅳ.①D956.13

中国版本图书馆 CIP 数据核字（2015）第 152615 号

出 版 人	赵剑英
责任编辑	孔继萍　梁剑琴
责任校对	周　昊
责任印制	何　艳

出　　版	中国社会科学出版社
社　　址	北京鼓楼西大街甲 158 号
邮　　编	100720
网　　址	http://www.csspw.cn
发 行 部	010 - 84083685
门 市 部	010 - 84029450
经　　销	新华书店及其他书店

印刷装订	北京市兴怀印刷厂
版　　次	2015 年 10 月第 1 版
印　　次	2015 年 10 月第 1 次印刷

开　　本	710×1000　1/16
印　　张	17
插　　页	2
字　　数	274 千字
定　　价	65.00 元

序

　　不动产征收已为世人所周知，即国家基于公共利益需要，以公权力取得集体、个人不动产财产所有权并给予相应补偿的行为。而对于不动产准征收，则不为大多数民众所知。准征收，顾名思义即为类似征收。现代社会，国家时常通过对私有财产权的剥夺和限制这两种方式来满足公共利益的需要。对于前者，即财产权征收，乃是实现公共利益的一种最为常见的传统方式。而后者，虽在现实社会中广泛地存在，但一直没有引起理论界的高度重视。一种普遍观点认为，对于不动产财产权的限制是政府行使公权力的必然结果，因此无须补偿。财产权社会义务理念为财产权的限制提供了正当化理由。不动产财产权的自由与限制，历来是财产法领域永恒的话题。现代社会，政府为了实现社会经济与城市的发展要求，为了城市规划、环境生态与自然资源的保护、文化古迹的保护等多元公共目标的实现，对公民不动产财产权进行限制或征收不可避免。土地法、建筑法、规划法、航空法、矿业法、水资源法、野生动物保护法、森林法、防洪法、房地产法等法律从社会公共利益出发，对公民不动产财产权从主体、内容到客体，从不动产财产的取得到财产所有权的内容乃至不动产财产所有权的行使方式等进行全方位的规制，以期调和个人利益和社会利益的冲突，维护社会整体利益。然而，实践充分表明，公民的私有不动产财产权常常因为政府公权力的行使而遭受严重的损害甚至会引发权利的完全丧失，但却无法获得有效的法律救济。此种情形说明，在不动产财产权的一般限制和征收之间，存在着缺乏法律规制的灰色地带。对此，我国现行立法和司法实践尚无明确的态度。但是，无论是现行立法还是政府行政行为，对于私有不动产财产权的过度限制在现实生活中都是广泛存在的：农村集体土地的用途管制、房屋限租和租金管制、城乡规划对不动产财产权的限制、人民防空工程的限制性规定、古迹保护的限制性规定、公路两侧建筑控制区的限制性规定等等。我国近年来发生的陕北农民石光银植树治沙补偿案、宁波栎社国际机场噪音污染补偿案、云南西双版纳野象保护案等案件，凸显了现有财产征收理论和财产权立法的制度性缺陷。

如何有效地限制政府权力、保护公民的私有不动产财产权，从而化解各种不动产财产权纠纷、实现私人利益与公共利益的平衡，这不仅是保障公民基本权利的现实需要，更是建设现代化法治国家、促进社会和谐发展的根本要求。本书作者王思锋对此问题的关注由来已久，并以不动产准征收为视角，对不动产财产权的过度限制及其法律救济进行了专题研究，几经寒暑，终于完稿。全书立足于我国不动产财产权保护之现状，通过探寻准征收之理论根源，梳理不动产准征收制度的发展变化，对于不动产准征收的类型、构成、法律救济等问题进行了系统分析，不仅有助于解决因合法却不合理的政府行为所引发的私有不动产财产权纠纷，为政府部门和司法机构解决此类纠纷提供理论参考，也有利于促进不动产准征收理论在我国的确立，对于我国传统财产征收理论体系的完善具有重要的意义。

本书中，作者从不动产准征收的制度根源及基本理论分析入手，在比较分析和实证研究的基础上，综合采用多种研究方法，重点研究了以下问题：

第一，不动产准征收的定义。基于现有不动产征收制度的全面检讨，通过对域外相关制度的考察和中国现实状况的客观分析，对不动产准征收进行了科学界定：以社会公共利益为目的而实施的立法行为、政府行政行为或者事实行为使私有不动产财产权遭受过度限制时，不动产权利人可以以该行为构成征收为由获得相应的经济补偿或者其他法律救济。

第二，不动产准征收的法理透视。从法哲学的视角提出不动产准征收制度应该遵循行政正义、利益平衡、社会和谐等基本的价值判断准则；从法经济的角度指出政府实施不动产准征收行为的正当性基础在于不动产资源的稀缺性和防止私权滥用；不动产准征收与财产权社会义务理论、警察权理论和社会契约理论等密切相关，但背后蕴藏的根本法理在于：

公权力与私权利的博弈与选择，其所代表和维护的公共利益与私人利益之间的冲突与平衡。

第三，不动产准征收的类型和构成要件。通过考察美国、德国两国的立法和司法实践，提出我国不动产准征收制度设计应该将不动产管制准征收和占有准征收作为主要类型，以涵盖实践中不动产准征收的各种样态，在此基础上，深入地论证不动产准征收的构成要件，从共同要件和特殊要件两个方面分别对管制准征收和占有准征收的构成进行了科学的探讨。

第四，不动产准征收的法律救济。认为不动产准征收法律救济机制的建立应该符合公平正义、信赖保护、法律保留、比例原则、救济机构地位独立等基本法律原则，坚持以行政救济方式和司法救济方式为主，同时兼采立法救济、民主协商等其他救济方式。

第五，我国不动产准征收现状检视与制度构建。从宪法到物权法、土地管理法等，全面梳理现行立法及其他规范性文件，总结不动产准征收之样态，并提出相应的制度完善建议：首先从修改现行宪法中的财产权保障条款入手，确立由保护——一般限制—过度限制—剥夺的四重财产权保障结构，以国家根本法的形式确立不动产准征收制度。其次，通过制定统一的财产征收法基本法，将准征收作为征收的特殊情形予以规定，待时机成熟，在各相关法律法规进行修订时，再根据宪法和征收法基本法对关涉不动产准征收的各相关条款进行修订。

建立不动产准征收制度，任重而道远。在我国，不动产准征收是一个崭新的话题，相关研究刚刚起步，学术成果非常有限，本书以此为研究对象进行专题研究，具有较大难度。作者历经数载潜心研究，在博士论文的基础上多次修改最终完成书稿，反映出作者扎实的理论功底和较强的研究能力，本书也应该是国内目前为数不多的系统性研究不动产准征收的学术著作，具有一定的开创之功。当然，书中的一些分析和制度建议仍需进一步深入，希望作者继续秉承南京大学"诚朴雄伟，励学敦行"的校训，有更好的成果问世，为我国财产法律制度建设贡献自己的智慧和力量。

金　俭

2015 年 9 月 15 日

目　　录

绪　　论

一　选题背景及研究意义

　　不动产准征收（Inverse Condemnation）是指没有正式的征收权行使，但公民的不动产财产权因政府公权力的行使而受到侵害，请求价值损失补偿的情形。[①] 现代社会，政府为了实现社会经济与城市的发展要求，为了城市规划、环境生态与自然资源的保护、文化古迹的保护等多元公共目标的实现，对公民不动产财产权进行限制或征收不可避免。土地法、建筑法、规划法、航空法、矿业法、水资源法、野生动物保护法、森林法、防洪法、房地产法等法律从社会公共利益出发，对公民不动产财产权从主体、内容到客体，从不动产财产的取得到财产所有权的内容乃至不动产财产所有权的行使方式等进行全方位的规制，以期调和个人利益和社会利益的冲突，维护社会整体利益。[②] 对公民不动产财产征收给予补偿已是定论，理论与实务界并无争议，各国法律均有相应规定可以获得救济。然而，由于政府公权力行为或由于立法之规定，政府没有动用征收权，对公民财产权并未行使传统意义上以剥夺公民财产所有权为特征的征收，但是事实上造成了公民财产权的损失，变相剥夺了公民不动产财产权，产生了类似征收的效果，对此是否应该给予补偿救济，各国立法及司法实践的态度并不相同，在理论上也存在着很大的争议。

---

① 谢哲胜：《财产法专题研究》，元照出版公司1999年版，第159页。

② 金俭：《不动产财产权自由与限制研究》，法律出版社2007年版，第134、199页。

公民私有不动产财产权受到过度限制的情形表明，在私有不动产受到的一般限制和直接征收之间，存在着一段灰色区域。这段灰色区域常常被人们忽视，由于法律规范缺失，政府不用支付任何对价便可以任意限制甚至长久侵占公民的私有不动产。虽然政府没有行使征收权，但是却在实际上导致了类似于征收的法律后果，学者们将此种情形分别形容为"准征收""财产权的变相夺取""规范性征收""公用征收""反向征收""管制性征收/管制征收""管理性征收""准征用"等。① 本书将采用张泰煌、谢哲胜、金俭、姜明安等学者的观点，以"不动产准征收"为题对私有不动产遭受公权力过度限制或者长期侵占这一问题展开专题研究。

长期以来，不动产立法以及法律实务一直将重点放在政府不动产征收目的的正当性、征收的程序法律控制、征收的经济补偿范围与标准等问题上，而对于具有征收效果的不动产财产权过度限制问题似乎并未给予充分的关注。不动产准征收的核心在于，如何合理界分政府行使公权力所实施的一般限制和征收权，或者如何界分征收补偿和不予补偿的不动产财产权限制，这一问题成为不动产财产权自由与限制中最为迷惑的问题，长期困扰着各国的不动产财产权司法实践。从各国立法和司法实践来看，美国和德国法律中的不动产准征收制度最具代表性。在长期的

---

① 张泰煌：《从美国法论财产准征收之救济》，转引自李蕊《国外土地征收制度考察研究——以德、美两国为重点考察对象》，《重庆社会科学》2005 年第 3 期；谢哲胜：《财产法专题研究》（二），中国人民大学出版社 2004 年版，第 159 页；金俭：《不动产财产权自由与限制研究》，法律出版社 2007 年版，第 185—197 页；王义杰：《七问征收补偿，我们离合理还有多远》，《方圆法治》2007 年第 9 期；《收枪》，《南方周末》2003 年 6 月 26 日；孙凌：《论财产权的"变相夺取"及其救济——以〈杭州市历史文化街区和历史建筑保护办法〉第 26 条为分析原型》，《法治研究》2007 年第 8 期；许德风：《住房租赁合同的社会控制》，《中国社会科学》2009 年第 3 期；张鹏：《论因财产权的过度限制而引起的公用征收》，载房绍坤、王洪平主编《不动产征收法律制度纵论》，中国法制出版社 2009 年版，第 92—100 页；房绍坤、王洪平：《私有财产权之保障、限制与公益征收——一个比较法的视角》，载房绍坤、王洪平主编《不动产征收法律制度纵论》，中国法制出版社 2009 年版，第 463 页；吴真：《反向征收确认中权利冲突的化解——以公民生存权与环境权为视角》，《河南师范大学学报》（哲学社会科学版）2010 年第 3 期；叶芳、刘畅：《管制性征收研究》，《黑龙江省政法管理干部学院学报》2010 年第 10 期；陈波：《管制性征收理论初探》，《科技信息》2007 年第 32 期；胡建淼、吴亮：《美国管理性征收中公共利益标准的最新发展——以林戈尔案的判决为中心的考察》，《环球法律评论》2008 年第 6 期；赵世义：《财产征用及其宪法约束》，《法商研究》1999 年第 4 期。

司法实践中，美国和德国的司法部门对政府对不动产财产权的过度限制或侵占是否构成准征收、是否应该给予公正补偿给予了高度的关注，并且形成了一系列判定标准。美国联邦最高法院1922年审理的宾夕法尼亚煤炭公司诉马洪（Pennsylvania Coal Co. v. Mahon）① 案即被视为美国管制准征收规则诞生的重要标志，对美国后来的不动产征收司法实践产生了积极的影响。该案判决书主笔霍姆斯大法官在判决书中提出的"虽然财产权可以被限制至一定程度，但是如果这种限制走得太远，将构成对财产的征收"② 之论断成为影响后世财产权法律保障研究及司法实践最重要的经典论述。德国法院审判实践中所形成的"特别牺牲理论"成为判定不动产准征收之构成的重要标准。

从我国现行法律体系来看，在法律、行政法规、地方性法规、政府规章或者其他规范性文件中，许多规定都涉嫌构成不动产准征收，主要体现在农村集体土地的用途管制、房屋限租及租金管制、城乡规划对不动产财产权的限制、人民防空工程的限制性规定、古迹保护的限制性规定、公路两侧建筑控制区的限制性规定等方面。此外，在近年来所发生的"湖南省岳阳县张谷英镇明清古建筑改建案""陕北农民石某三北防护林案""宁波栎社国际机场噪声污染补偿案"以及"云南西双版纳野象保护案"等案件中，均因为法律规定不明而使不动产所有人难以得到有效的救济，这些纠纷只是公民私有不动产财产权遭受过度限制而引发冲突的典型代表，实践中，类似的法律纠纷正在愈发增多。在上述案件中，政府并未行使正式的征收权，但是不动产财产权人的权利却受到了严重限制甚至被虚置。对此，财产权人却不能得到合理的补偿与其他法律救济。政府行为或立法对公民财产权的限制是否应该受到目标、程序上的限制？不动产准征收标准如何确定？权利受损的个人应否得到补偿？补偿的依据何在？这些问题已经成为困扰理论界和实务部门的一个重大问题。然而，在我国，对不动产准征收法律问题的研究尚未引起学界与实务界的足够重视，相反，实践中类似的法律纠纷已经较为普遍。不动产准征收制度涉及个人不动产财产权益和包括经济发展、环境保护、公共

---

① Pennsylvania Coal Co. v. Mahon, 260U. S. 393, 43S. Ct. 158. 67L. Ed. 322（1922）.

② Ibid..

安全在内的一系列重要公共利益的协调，如果不能在理论上正确地认识，在实践中很好地处理这一问题，不仅影响我国不动产财产权法律制度的完善，而且将影响财产秩序的稳定以及社会和谐，影响到社会公平、公正的实现，同时将制约经济社会的持续发展，甚至会在一定范围内激化社会矛盾，影响稳定大局。

立足我国不动产财产权保护之现状，通过探寻准征收之理论根源，梳理不动产准征收制度的发展变化，对于不动产准征收的类型、构成、法律救济等问题进行专题研究，具有重要的实践价值和理论意义。

首先，本书以不动产准征收为研究对象进行专题研究，通过对不动产准征收构成标准以及法律救济机制的探讨，尤其是对政府实施准征收行为的公共利益要件、不动产财产权人特别牺牲的认定、不动产准征收的行政与司法救济方式、不动产准征收补偿救济的范围、标准、救济程序等问题的分析，将有助于解决因合法却不合理的政府行为所引发的私有不动产财产权纠纷，为政府部门和司法机构解决此类纠纷提供理论参考。例如，"宁波栎社国际机场噪声污染补偿案"虽然以 270 户受害村民获得地方政府 120 万元补偿款而暂时得到解决，但是，如果我们对此案作进一步的思考即会发现，地方政府经济补偿的法律依据何在？地方政府是根据什么标准做出最终的补偿决定？宁波机场案暂时得到解决，但是实践中类似的纠纷却有很多，由于没有明确的法律依据，不动产财产权人很难获得有效的救济。因此，本书的研究将有助于唤起和推动学界同仁对不动产准征收问题的共同关注，通过学术研究影响政府决策和国家财产权立法，使公民的私有不动产财产权利获得充分的保障。不仅如此，对于解决不动产之外的其他财产准征收纠纷亦具有积极的意义，例如因政府收缴公民私有枪支或者地方政府对于摩托车和电动自行车实施禁行令而引发的财产纠纷等。进一步讲，上述各类财产准征收纠纷的解决，也将有利于缓和政府和公民之间因为财产权保护与限制而引发的冲突与矛盾，大大减少由此而产生社会的不稳定因素，保障和维持良好的财产权秩序，促进社会的和谐发展。

其次，本书拟从法哲学、法经济学等不同视角对不动产准征收进行基本理论分析，并对不动产准征收的构成标准和法律救济等具体问题中涉及的相关理论进行综合分析，不仅有助于促进不动产准征收理论在我国的确立，对于我国传统财产征收理论体系的完善也将具有重要的意义。以不动产准征收制度的确立为契机，推动国家制定统一的财产征收基本法，真正建立系统而全面的财产保护、限制、准征收与征收法律制度，实现《中华人民共和国宪法》（以下简称《宪法》）、《中华人民共和国民法通则》（以下简称《民法通则》）、《中华人民共和国物权法》（《物权法》）、《中华人民共和国土地征收法》（以下简称《地征收法》）、《中华人民共和国侵权责任法》（以下简称《侵权责任法》）以及其他财产法律制度之间的相互协调和有机统一，丰富和完善具有中国特色的财产权理论体系。

二　国内外研究现状综述

19世纪末财产权社会化思想的兴起以来，使得人们在推崇财产权个人主义的同时，开始逐渐关注社会公共利益。自20世纪开始，西方财产权保护的视点逐渐由"个人自由主义"转向"社会利益"，"社会利益代替个人自由成为法律的支配性原则，财产权的绝对性理念遭到摒弃，而代之以财产权的限制和财产责任的强化"①。此后，学术界关于不动产财产权的研究主要集中在私有财产权的自由与限制方面，其中，对于不动产征收的研究始终是财产权研究领域中的焦点问题。② 这一时期，学者研究的重点主要在于私有财产权的保护和政府征收权的辩证关系，如政府

① 参见龙文懋《西方财产权哲学的演进》，《哲学动态》2004年第7期。

② 相关文献参见 Wikse, John R., *About possession: the self as private property*, University Park: Pennsylvania State University Press, 1977; Richard A. Epstein, *Takings: private property and the power of eminent domain*, Harvard University Press, 1985; Harvey M. Jacobs, *Who owns America? social conflict over property rights*, University of Wisconsin Press, 1998; Schultze, C. L. *The public use of private interest, Washington*, D. C.: Brookings Institution, 1977; Richard A. Epstein, *Supreme neglect: how to revive constitutional protection for private property*, Oxford University Press, 2008; John D. Echeverria and Raymond Booth Eby, *Let the people judge: wise use and the private property rights movement*, Washington, D. C.: Island Press, 1995; Richard A. Epstein, *Liberty, property, and the law: a collection of essays*, New York: Garland Pub, 2000; Richard Schlatter, *Private property: the history of an idea*, London: Allen & Unwin, 1951; Nedelsky, Jennifer, *Private property and the limits of American constitutionalism: the Madisonian framework and its legacy*, Chicago: University of Chicago Press, 1990; Robin Paul Malloy, *Private property, community development, and eminent domain*, Burlington, VT: Ashgate, 2008; Gallagher E. F., "Breaking New Ground: Using Eminent Domain for Economic Development", *Fordham Law Review*, 2005; ［美］查尔斯·K. 罗利编：《财产权与民主的限度》，刘晓峰译，商务

行使征收权的正当性问题、征收权行使的法律程序限制问题以及对于被征收主体的经济补偿等方面。这些研究，有力地推动了各国财产征收理论体系的逐步形成，并对各国财产征收法律制度的建立和完善起到了重要的作用。

　　政府基于公共利益的需要可以征收公民的私有不动产，但是必须给予公正的经济补偿。这一点在理论界已经成为共识，并为各国财产立法所普遍确认。20 世纪 20 年代以来，受不动产征收司法实践的影响，西方学者们将对于不动产征收的关注重点逐渐转向政府对于私有财产权的过度限制或者长期侵占问题的研究。学者们集中围绕政府公权力对财产权的过度限制是否违宪、不动产准征收的认定标准、不动产准征收的经济补偿等问题展开讨论，至今已经产生许多富有价值的理论研究成果，形成较为系统的不动产准征收理论。尤其以美国和德国为代表，通过法官带有学理性的经典判例及学者们的研究成果，在有关不动产准征收的定义、种类、征收权与警察权的界分以及准征收的法律救济等方面出现了一批比较成熟的代表性理论，如权利转移及无辜理论、损失程度论、特别负担或特别牺牲理论、实质侵犯理论、无定论之区分理论、应保障性

印书馆 2007 年版；［英］F. H. 劳森、B. 拉登：《财产法》，施天涛等译，中国大百科全书出版社 1998 年版；［德］卡尔·拉伦茨：《德国民法通论》（上、下册），王晓晔、邵建东等译，法律出版社 2003 年版；［法］弗朗索瓦·泰雷、菲利普·森勒尔：《法国财产法》，罗结珍译，中国法制出版社 2008 年版；［英］史蒂文·卢克斯：《个人主义》，阎克文译，江苏人民出版社 2001 年版；［美］伯纳德·施瓦茨：《美国法律史》，王军等译，中国政法大学出版社 1990 年版；［美］路易斯·亨金、阿尔伯特·J. 罗森塔尔编：《宪政与权利》，郑戈等译，生活·读书·新知三联书店 1996 年版；［英］F. H. 劳森、伯纳德·冉得：《英国财产法导论》，曹培译，法律出版社 2009 年版；［德］哈特穆特·毛雷尔：《行政法学总论》，高家伟译，法律出版社 2000 年版；［德］汉斯·J. 沃尔夫、奥托·巴霍夫、罗尔夫·施托贝尔：《行政法》，高家伟译，商务印书馆 2002 年版；［印］M. P. 赛夫：《德国行政法——普通法的分析》，周伟译，山东人民出版社 2006 年版；［德］奥拓·迈耶：《德国行政法》，刘飞译，商务印书馆 2004 年版；［美］查尔斯·H. 温茨巴奇、迈克·E. 迈尔斯、珊娜·埃思里奇·坎农：《现代不动产》，仁淮秀、庞兴华、冯烜等译，中国人民大学出版社 2001 年版。

理论、实质减少理论、可期待性理论、私使用性理论、目的相左理论等。① 从现有研究成果来看，主要集中在不动产准征收诉讼（Inverse Condemnation）或者不动产管制准征收（Regulatory Takings）等方面。例如，美国财产法专家约翰·G. 斯普兰克林教授在其著作《美国财产法精解》（第2版）中，以美国司法判例为基础，对于美国财产征收与准征收法律的历史发展进行了全面的梳理，尤其是对于管制准征收规则从其初步形成到发展演变做了详细的论证。约翰·G. 斯普兰克林教授指出，自美国1787年宪法颁布到1922年，米勒诉斯切尔那（Miller v. Schoene）案和哈达切克诉塞巴斯蒂安（Hadacheck v. Sebastian）案所形成马格勒—哈达切克规则，一直影响着美国司法机关的判决，美国联邦最高法院都以排除

---

① 详情参见陈新民《德国公法学基础理论》（增订新版·上卷），法律出版社2010年版，第475—503页；李建良：《损失补偿》，载翁岳生编《行政法》（下），中国法制出版社2002年版，第1673—1678页，有关不动产准征收的研究成果代表性的有：Fischel, William A, *Regulatory takings: law, economics, and politics*, Harvard University Press, 1995; Joseph William Singer, *Property law: rules, policies, and practices*, NY: Aspen Publishers, 2006; Daniel P. Selmi, James A. Kushner, Edward H. Ziegler, *Land use regulation: cases and materials*, New York: Aspen Publishers, 2008; Alfred M. Olivetti, Jr., and Jeff Worsham, *This land is your land, this land is my land: the property rights movement and regulatory takings*, New York: LFB Scholarly Publishing LLC, 2003; Kris W. Kobach, "Origins of Regulatory Takings: Setting the Record Straight", *Utah L. Rev.* 1211, 1996; John F. Hart, "Land Use Law in The early Republic and The Origingal Meaning of The Takings Clause", 94 *Nw. U. L. Rev.* 1099, Summer, 2000; Andrew S. Gold, "Regulatory Takings and Original Intent: The Direct, Physical Takings Thesis 'Goes Too far'", 49 *Am. U. L. Rev.* 181, October, 1999; David A. Dana, Thomas W. Merrill, *Turing Point Series: Property Takings*, Foundation Press, 2002; Laura M. Young, Marc R. Leavitt, *Inverse Condemnation Statute of Limitations*, http://www.deanmead.com/CM/Articles/o0416655.Pdf, 2011.6.30; John Martinez, "Wrongful Convictions as Rightful Takings: Protecting 'LibertyProperty'", 59 *Hastings L. J.* 515, 2008; Anne-Marie C. Carstens, "Luring in the Shadows of Judicial Process: Special Masters in the Supreme Court's Original Jurisdiction Cases", 86 *Minn. L. Rev.* 625, 2002; Gideon Kanner, "Hunting the Snark, Not the Quatk: Has the U. S. Supreme Count Been Competent in Its Effort to Formulate Coherent Regulatory Takings Law?" 30 *Urb. Law.* 307, 308, 1998; Jeffery W. Stempel, "Two Cheers for Specialization", 61 *Brook. L. Rev.* 67. 88 – 89, 1995; John Martinez, "Reconstructing Takings Doctrine by Redefining Property and Sovereignty", 16 *Fordham Urb. L. J.*. 157, 1988; ［美］伯纳德·施瓦茨：《美国法律史》，王军等译，中国政法大学出版社1990年版；［德］哈特穆特·毛雷尔：《行政法学总论》，高家伟译，法律出版社2000年版；［美］约翰·G. 斯普兰克林：《美国财产法精解》（第二版），钟书峰译，北京大学出版社2009年版；［美］约翰·E. 克里贝特、科温·W. 约翰逊、罗杰·W. 芬德利、欧内斯特·E. 史密斯：《财产法：案例与材料》，齐东祥、陈刚译，中国政法大学出版社2003年版。

"有害用途"为由肯定了政府管制性立法的正当性和合法性，认为政府旨在排除不动产所有人有害使用的管制行为并不构成准征收。1922年，宾夕法尼亚煤炭公司诉马洪（Pennsylvania Coal Co. v. Mahon）案，标志着管制准征收标准的正式诞生，即对财产权的严重限制是类似于征收的行为，应该构成不动产准征收。这一标准被学者们称为"损失程度"标准或者"价值减少"标准（diminution in value test）。1978年"佩恩中心运输公司诉纽约州政府"（Penn Central Transportation Co. v. New York City）案又形成了新的认定标准，即"多因素平衡"标准（multi-factor balancing test）。在此后的"卢卡斯诉南卡罗来纳州海岸区委员会（Lucas v. South Carolina Coastal Council）"案、"洛利托诉曼哈顿 CATV 电子提词机公司（Loretto v. Teleprompter Manhattan CATV Corp）"案、"诺兰诉加利福尼亚海岸委员会（Nollan v. California Coastal Commission）"案以及"多兰诉迪加德市"（Dolan v. City of Tigard）案中，美国联邦法院又精心创造了三个特别认定标准，作为"多因素平衡"标准的重要补充，来判断准征收之构成：（1）政府授权长期实际占有不动产的；（2）管制行为导致丧失不动产的所有经济用途或者有效用途的，但符合州财产法或者侵扰法根本原则的除外；（3）政府要求的强制捐献与合法州利益没有本质联系或者与计划项目的影响不成比例的。从美国不动产准征收认定标准的发展变化来看，对于"公共利益"和"私人利益"的平衡始终是准征收认定中的核心参考要素。美国不动产准征收判例所创设的诸多认定标准，是经过司法实践反复讨论和检验的产物，是美国联邦最高法院历届大法官集体智慧的结晶。所有这些，对于我国不动产准征收制度的构建，都具有重要的镜鉴作用。

德国公法学家哈特穆特·毛雷尔教授在其著作《行政法学总论》中，对于德国不动产准征收立法与司法实践进行了全面总结。尤其是对有关"应予补偿的公用征收"和"不予补偿的财产权限制"的界限进行了深入研究，详细论证了联邦普通法院提出的"特别牺牲理论"的界分作用，并对由此出现的"准征收侵害"（Enteigungsgleicher Eingriff）和"具有征收效果之侵害"（Enteinender Eingriff）理论进行了阐释。哈特穆特·毛雷尔教授还指出，随着联邦宪法法院裁判的影响，联邦宪法法院也承认，在"应予补偿的公用征收"和"不予补偿的财产权限制"之外，还存在"应予补偿之财产权限制"情形。

总之，美国和德国理论界关于不动产准征收的研究最具代表性，学者们的研究成果，不仅影响着本国的不动产理论研究和司法实践，对于其他国家的不动产准征收理论研究和制度构建也具有较强的示范和借鉴作用。在我国台湾地区，学者们对于不动产准征收制度的研究较早，如公法学者陈新民教授曾对德国法上的准征收理论进行了系统评价，谢哲胜教授对美国财产准征收制度进行了专题研究。① 从整体上看，台湾地区学者的研究成果已具备相当之水准，并已体现在台湾司法部门的大法官解释之中。②

我国大陆地区学者对不动产准征收理论已渐渐有所认识，但尚未普及。近年来，也出现了一些涉及准征收理论的相关文章。但是，直接以准征收制度为题的文献屈指可数，经过中国知网文献检索，截至 2014 年 8 月，仅有金俭、张先贵《财产权准征收的判定基准》（2014）、李伟《论准征收的构成要件》（2007）、薛惠桑和黄晓辉《准征收制度的合理性及立法建构》（2008）、金盈《准征收的概念与构成要件刍议》（2010）、张敏《论准征收及土地发展权》（2010）等几篇论文，研究主题涉及准征收的成果仅有王太高《我国农村集体土地所有权制度中的利益冲突及其解决》（2008）、李蕊《国外土地征收制度考察研究——以德、美两国为重点考察对象》（2005）、金俭《不动产财产权自由与限制研究》（2007）等，目前尚未有专门以准征收为题的学术专著。另外，没有以准征收为题，但是以财产权过度限制为研究对象的有张鹏《财产权合理限制的界限与我国公用征收制度的完善》（2003）、孙凌《论财产权的"变相夺取"及其救济——以〈杭州市历史文化街区和历史建筑保护办法〉第 26 条为分析原型》（2007）、董彪《论财产权过度限制的损失补偿制度——以"禁摩令"案为例》（2009）等。此外，尚有学者仅从管制

① 李建良：《行政法上损失补偿制度之基本体系》，《东吴法律学报》1999 年第 2 期；吴珮瑛、陈瑞主：《农地管制下对农地财产权之保障与侵害》，《经社法制论丛》2004 年第 1 期；陈明灿：《从财产权保障观点论土地之使用限制与损失补偿：兼论我国既成道路与公共设施保留地相关问题》，《中兴法学》1999 年第 9 期；谢哲胜：《不动产财产权的自由与限制——以台湾地区的法制为中心》，《中国法学》2006 年第 3 期；谢哲胜：《财产法专题研究》（二），中国人民大学出版社 2004 年版；陈新民：《德国公法学基础理论》（增订新版·上、下卷），法律出版社 2010 年版；翁岳生编：《行政法》（上、下），中国法制出版社 2002 年版。

② 参见我国台湾地区大法官解释释字第 336 号、释字第 400 号、释字第 425 号、释字第 440 号、释字第 516 号。

征收角度，对于财产权的限制进行研究，代表性的成果如林华、俞祺《论管制征收的认定标准——以德国、美国学说及判例为中心》（2013）、王丽晖《管制性征收主导判断规则的形成——对美国联邦最高法院典型判例的评介》（2013）、叶芳和刘畅《管制性征收研究》（2010）、胡建淼、吴亮《美国管理性征收中公共利益标准的最新发展——以林戈尔案的判决为中心的考察》（2008）、王洪平和房绍坤《论管制性征收的构成标准——以美国法之研究为中心》（2011）、黄东《论管制性征收与生态公益林补偿》、陈波《管制性征收理论初探》（2007）等。除此之外，其他相关成果均是从不同的角度如从权利、义务、自由及限制的方式等角度对不动产财产权自由与限制问题的论证，这些成果大都与不动产征收相关，既有从公法角度进行分析的，① 也有私法角度的探讨；② 既有立足我国实践的讨论，也有对国外相关制度及实践的介绍。③ 此外，国际法学

---

① 代表性的成果主要有石佑启：《私有财产权公法保护研究》，北京大学出版社 2007 年版；王仰文：《私有财产权的行政法保护研究》，人民出版社 2009 年版；唐清利、何真：《财产权与宪法的演进》，法律出版社 2010 年版；沈开举：《征收、征用与补偿》，法律出版社 2006 年版；李累：《论法律对财产权的限制——兼论我国宪法财产权规范体系的缺陷及其克服》，《法制与社会发展》2002 年第 2 期；赵世义：《财产征用及其宪法约束》，《法商研究》1999 年第 4 期；梁慧星：《谈宪法修正案对征收和征用的规定》，《浙江学刊》2004 年第 4 期；石佑启：《征收、征用与私有财产权保护》，《法商研究》2004 年第 3 期；李春燕：《行政征收的法律规制论纲》，《行政法学研究》2008 年第 2 期；沈开举：《论征收征用权》，《理论月刊》2009 年第 2 期；石佑启：《论私有财产权公法保护之价值取向》，《法商研究》2006 年第 6 期；张千帆：《"公正补偿"与征收权的宪法限制》，《法学研究》2005 年第 2 期；徐信贵、陈伯礼、成竹：《我国不动产征收制度之反思与重构》，《贵州社会科学》2010 年第 8 期。

② 代表性的成果主要有梁慧星：《关于征收和征用》，《光明日报》2004 年 2 月 20 日；王利明：《进一步强化对于私有财产的保护》，《法学家》2004 年第 1 期等。

③ 代表性的成果有王静：《美国财产征收中的公共利益——从柯罗诉新伦敦市政府案说起》，《国家行政学院学报》2010 年第 3 期；林彦、姚佐莲：《美国土地征收中公共用途的司法判定——财产权地位降格背景下的思考兼对我国的启示》，载《交大法学》第 1 卷，上海交通大学出版社 2010 年版；汪庆华：《土地征收、公共使用与公平补偿——评 Kelo. City of New London 一案判决》，《北大法律评论》2007 年第 2 期；李蕊：《国外土地征收制度考察研究——以德、美两国为重点考察对象》，《重庆社会科学》2005 年第 3 期；房绍坤、王洪平：《从美、德法上的征收类型看我国的征收立法选择——以"公益征收"概念的界定为核心》，《清华法学》2010 年第 1 期；许中缘、陈珍妮：《法中两国不动产征收制度的比较研究》，《湖南大学学报》（社会科学版）2009 年第 6 期；许中缘：《论公共利益的程序控制——以法国不动产征收作为比较对象》，《环球法律评论》2008 年第 3 期。

者对国际投资条约中准征收问题的研究也为我们认识和研究准征收制度提供了一定的参考。①

从国内研究现状来看，学者们从公法、私法等不同视角对于财产权的保护与限制问题进行了充分的论证，有力地推动了我国财产权理论研究体系的不断完善。如程萍《财产所有权的保护与限制》（2006）和阎桂芳和杨晚香《财产征收研究》（2006）即是从宏观角度对财产权的保护和财产征收问题进行的系统分析。另外，现有成果还对与不动产准征收相关的部分具体问题进行了卓有成效的探讨，例如学者们关于财产征收公共利益目的的研究，在公共利益的界定、公共利益的范围、公共利益的立法模式等方面都取得了许多较有说服力的成果。② 这些成果对于不动产准征收之理论研究和制度构建，都起着重要的基础性作用。然而，从整体看，上述相关成果均集中来自短短几年的研究中，国内对不动产准征收理论的研究目前还处于起步阶段，尚存在诸多不足之处：

（1）直接针对准征收制度的研究成果较少。长期以来，对于不动产财产权的法律保护问题，学界一直都是以征收为重点。2004 年修宪之前，在理论和实务层面，对于征收和征用的理解存在很大的争议，征收主要指无偿的收税或者收费行为，征用主要是指对于财产的有偿剥

① 梁咏：《间接征收的研究起点和路径——投资者权益与东道国治安权之衡平》，《财经问题研究》2009 年第 1 期；梁咏《间接征收与中国海外投资利益保障——以厄瓜多尔征收 99% 石油特别收益金为视角》，《甘肃政法学院学报》2009 年第 6 期；蔡从燕：《效果标准与目的标准之争：间接征收认定的新发展》，《西南政法大学学报》2006 年第 6 期；曹晴：《浅析间接征收与非补偿性政府管制措施的界限》，《环球法律评论》2008 年第 6 期；彭岳：《国际投资中的间接征收及其认定》，《复旦学报》2009 年第 2 期。

② 肖顺武：《公共利益研究：一种分析范式及其在土地征收中的运用》，法律出版社 2010 年版；吴高盛：《公共利益的界定与法律规制研究》，中国民主法制出版社 2009 年版；邢益精：《宪法征收条款中公共利益要件之界定》，浙江大学出版社 2008 年版；楼利明：《法律对公共利益判断的控制：一种原则与规则并重的程序控制方法》，浙江工商大学出版社 2010 年版；王洪平、房绍坤：《论征收中公共利益的验证标准与司法审查》，《法学论坛》2006 年第 5 期；张千帆：《"公共利益"是什么？——社会功利主义的定义及其宪法上的局限性》，《法学论坛》2005 年第 1 期；张千帆：《"公共利益"的困境与出路——美国公用征收条款的宪法解释及其对中国的启示》，《中国法学》2005 年第 5 期；刘连泰：《"公共利益"的解释困境及其突围》，《文史哲》2006 年第 2 期；黄文艺、范振国：《公共利益内涵的法哲学界定》，《南京社会科学》2010 年第 9 期；褚江丽：《我国宪法公共利益原则的实施路径与方法探析》，《河北法学》2008 年第 1 期；房绍坤：《论征收中"公共利益"界定的程序机制》，《法学家》2010 年第 6 期。

夺。经过学者们的努力，2004 年《宪法》修改之后，对于征收和征用的概念分歧终于得以解决。征收是指对财产权所有权的有偿剥夺，征用是指对财产使用权的有偿剥夺。2007 年《物权法》的颁布，又对财产征收的程序限制以及补偿标准进行了严格规范。从目前来看，理论研究的重心仍然在不动产征收的条件、征收的程序、征收的补偿以及法律救济等方面，关于不动产准征收问题尚未引起学界的广泛关注，虽然有相关文章涉及准征收的理论，但对准征收进行专题研究的却寥寥无几。已有的零星文献虽然有开创之功，但在研究范围和研究深度等方面都存在较大局限。可以说，国内准征收制度的专题研究仍然是一个盲区。尤其是对于关乎公民基本生活保障的不动产准征收问题的研究，目前仍处于空白状态。

（2）缺乏从跨部门法的综合视角对不动产准征收制度进行系统研究。现有研究成果或者从法理角度出发停留在对权利与义务、自由与限制等抽象范畴的讨论，或者从宪法、行政法角度出发论证保障不动产财产权的必要性以及公权力财产权限制的限度；或者从国际法角度出发论证国家经济主权与外国投资者财产权的关系。研究视角大多一元化，少有综合性的研究。这种研究视角上的缺失导致获得的结论难免偏颇，对于整体财产权法律制度的完善也是较为不利的。

（3）缺乏对不动产准征收具体问题的深度研究。不动产准征收涉及的主要问题是如何确定不动产财产权一般限制和政府征收之间的界限、如何对政府公权力进行严格限制、如何有效救济财产所有人的合法权益等问题。因此，必须对不动产准征收的类型、构成要件、程序限制、补偿范围与标准等具体问题进行深度研究，以期得出具有价值的研究成果。但是，现有研究还停留在什么是准征收等表象性研究层面。例如，在不动产准征收概念的确立与运用上，目前还不能达成一致，相关提法主要有"管制性征收""管理型征收""变相剥夺""公益征收""公用征收"等，概念术语上的不统一，对于后续研究的纵深开展是极为不利的。

（4）对于中国国情和现实问题的关注程度不够。现有研究成果大多为国外不动产准征收相关司法判例和理论的介绍和宣传，仅停留在对美国、德国等西方国家准征收理论的引述，缺乏对我国基本国情和法律制度现状的全面、客观的分析，没有结合中国的具体现状，尤其是缺少对于实践的充分关注，缺少对国内现行相关立法和典型案例的收集、整理与分析，没有将理论建构与实证分析进行有机结合。

不动产准征收问题是一个涉及法学、经济学、社会学、哲学等多学科领域的现实问题，背后隐藏着各种错综复杂的社会关系和不同的利益纠葛。因此，该项制度的构建将是一项长期性的艰巨的任务，作者深知其中的重重困难与艰辛，本书所做的，也只能是一些初步的探索，对于不动产准征收的基础性问题进行系统分析，期望对于不动产准征收理论研究的进一步开展有所裨益。

三　研究目标与研究方法

本书旨在通过理论研究与实证分析，探寻不动产准征收的理论基础，对不动产准征收的类型、构成要件以及法律救济制度进行系统研究，推动不动产准征收理论的逐步确立，促进我国不动产准征收法律制度的最终建立，弥补我国不动产征收的制度性缺陷。长远来看，通过论证公权与私权在不动产财产权利中的界限，构建我国不动产准征收制度，以平衡个人利益与公共利益之间的矛盾，正确认识不动产财产权行使自由与限制，促进社会的和谐发展。

本书从不动产准征收的制度根源及基本理论分析入手，在比较分析和实证研究的基础上，综合采用综合系统整合方法、哲学思辨方法、比较研究方法、经济分析方法、实证分析方法等多种研究方法来进行研究：

（1）综合系统整合方法。不动产准征收涉及公法与私法，它是宪法、行政法、经济法、民商法、程序法等不同法律部门所共同关注的法律问题，对此需要多角度全方位地进行研究。

（2）哲学思辨方法。本书不仅关注不动产准征收现象层面的问题，而且更加注重隐藏其背后的社会政治、经济、文化、生态等种种因素给不动产准征收带来的深刻影响。同时，不动产准征收还涉及不同的利益主体之间的矛盾与协调。只有抓住矛盾的主线，辩证地看待不动产准征收现象，对各主体间的利益关系进行剖析，才有可能找到问题的本质之所在。

（3）比较研究方法。本书将主要对美国、德国等国家和我国台湾地区的不动产准征收立法及司法实践进行考察与比较，揭示不动产准征收之共性与特殊性。探寻各国特殊的社会政治、经济体制与文化背景对不动产准征收的影响。通过对我国现实中所存在的不同类型的不动产准征收状况进行对比分析，也将有助于拓宽思路、扩大视野，为我国不动产准征收法律制度的构建提供经验和借鉴。

（4）经济分析方法。经济分析方法就是用经济学的理论和方法来分析法律问题。法律制度的设计必须充分考虑成本与收益、公平与效率的问题，在追求制度效率最大化的同时，也要充分保障公平和公正。以经济分析的方法研究不动产准征收问题，目的在于揭示不动产准征收背后资源配置的正当性和合理性问题，确保不动产准征收法律制度设计的科学性和有效性。

（5）实证分析方法。本书的研究，着眼于我国不动产准征收现实难题的解决。因此，只有将不动产准征收的理论分析和实证研究相结合，在全面调研和实证分析的基础上，才有可能得出客观的具有价值的结论，提出针对性的可行性建议。基于此，本书将通过实地调研、访谈等形式对我国实际存在的不动产准征收现状进行调查，通过调查和搜集所需要的法律文本和典型案例资料，通过对现有法律法规的全面梳理和评价以及对个案的针对性解剖，客观总结和评价我国不动产准征收的现状及其问题，并找出合理的应对之策。

四　研究的技术路径

本书对不动产准征收的分析和论证，都将紧紧围绕着一个核心问题：不动产财产权的合理限制与利益平衡。以此为指导，积极探索政府公权力对公民私有不动产财产权合理限制的边界，并通过具体制度的构建弥补公民因其不动产财产权遭受政府准征收行为的过度限制或侵占而遭受的损失，保障和维持公民之个人利益和社会公共利益之间的相对平衡。具体研究路径如图 1 所示：

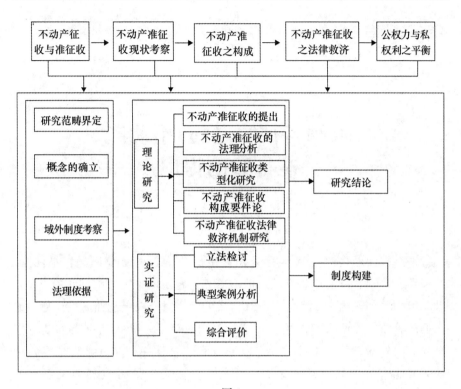

图 1

第 一 章

限制与征收之间:不动产
准征收的提出

　　财产权问题历来是人类社会发展中历久弥新的重要问题，是法学、经济学、政治学以及哲学领域永恒的研究主题。威廉·布莱克斯通（William Blackstone）教授认为："没有什么可以比财产权更能如此广泛地激发人们的想象并促使人们的关注；这种财产权就是一个人所享有和实施于世界上的外部事物的唯一的、专有的权利，它是一种完全排除了宇宙中任何其他人的权利。但是却很少有人认真去思考这种权利的来源和基础。"① 财产权与生命权、自由权同属人类最基本的人权，受到各国法律的严格保护。正如约翰·洛克所言："理性也就是自然法，较大者有意遵从理性的全人类：人们既然都是平等和独立的，任何人就不得侵害他人的生命、健康、自由和财产。"② 作为一种基础性权利，财产权构成了人之生存的根本前提。③ 在公民财产权体系中，不动产财产权始终关乎着人们的生存和发展，对土地、房屋等不动产的占有、使用、收益以及处分等，是人们最基本的生活需求，也是社会交往的重要方式。因而，关于不动产财产权行使中的利益冲突和平衡问题，始终为公法学界和私法学界所普遍关注。公民不动产财产权行使的边界是什么？政府公权力限制甚至剥夺公民私有不动产的正当性和合法性何在？政府征收、限制私有

---

① William Blackstone, *Commentaries on the laws of England*, Book 2, Chapter 1, Thomas B. Wait and Co. , 1807, pp. 1 - 2.

② ［英］洛克：《政府论》（下篇），叶启芳、瞿菊农译，商务印书馆 1964 年版，第 4 页。

③ 王仰文：《私有财产权的行政法保护研究》，人民出版社 2009 年版，第 1 页。

不动产财产权,要不要补偿? 补偿的依据是什么? 这些问题,是各国财产法发展进程中必须认真研究和解决的重要现实问题,这也是保障公民基本权利、建设现代法治国家的根本要求。

一　不动产财产权自由与限制之辨

(一)　不动产与不动产财产权

在财产权利的客体中,不动产作为一种主要的财产形态为各国财产法律制度所普遍重视。在历史上,财产法几乎就是专门处理不动产的,在财产法律制度的诞生地——英国,其财产法主要就是不动产法。后来美国从英国继承的财产法也主要是不动产法。无论是大陆法系民法还是英美法系财产法均承认所有的财产(物)都可以分为不动产和动产。划分的标准通常是看该财产是否能够移动并且是否因移动而损坏其价值。在空间上占有固定位置,不能移动或者移动后会影响其经济价值的财产,为不动产。能够移动而不会损害其经济价值的财产为动产。不动产的存在往往与附着其上的各种权利密不可分,美国财产法学者约翰·G. 斯普兰克林教授甚至认为:"不动产是由土地上的权利以及附着于土地的物(如建筑物、标志牌、栅栏或者树木)上的权利所组成。它包括了地面、地下(含矿藏及地下水)和地面的空间上的一定权利。"①《法国民法典》第517条规定,财产,或依其性质,或依其用途,或依其附着的客体而为不动产。

我国最高人民法院《关于贯彻执行〈中华人民共和国民法通则〉若干问题的意见(试行)》曾对不动产进行过界定:"土地、附着于土地的建筑物及其他定着物、建筑物的固定附属设备为不动产。"1995年颁布实施的《中华人民共和国担保法》(以下简称《担保法》)首次以立法的形式对不动产做出明确定义:"本法所称不动产是指土地以及房屋、林木等地上定着物。"2007年颁布的《物权法》区分了不动产和动产的财产类型,但却并未对不动产的含义及范围做出明确规定。关于不动产的范围,

① [美] 约翰·G. 斯普兰克林:《美国财产法精解》(第二版),钟书峰译,北京大学出版社2009年版,第4页。

各国法律以及学者表述均有所差异。但是，土地、建筑物包括房屋的不动产属性基本受到一致的肯定。为了研究需要，如无特别说明，本书所称的不动产包括了土地、房屋和房屋之外的其他建构筑物以及林木等其他土地附着物。

关于不动产财产权的含义，离不开对其上位概念——财产权的准确把握。① 对于财产权的理解，不同领域的学者们对此均有比较独特的论证，总的来讲，呈现出以下几个特点：

（1）对财产权和财产权的客体一般不作严格区分。如在《布莱克法律词典》中，Property 一词即有权利和权利客体两种含义：①是指占有、使用和享用某一特定物品（任一块土地或者动产）的权利，也即所有权（保护私人财产免受政府不当干涉的制度），也可以被界定为权利束；②占有、使用和享受某一特定物品权利所指向的对象。② 可见，在美国财产法中，通常都将财产权和财产混在一起。财产一般都被定义为与物有关的"权利束"（a Bundle of Right），③ "这些权利束描述一个人对其所有的资源可以做些什么、不可以做些什么的规定：在多大程度上他可以占有、使用、开发、改善、改变、消费、摧毁、出售、馈赠、遗赠、转让、抵押、贷款或阻止他人侵犯其财产……这样，财产的法律概念就是一组所有者自由行使并且其行使行为不受他人干涉的关于资源的权利"④。在大陆法系的典型代表德国，通常也认为财产是"一个人所拥有的经济价值的意义上的利益和权利的总称。它首先包括不动产与动产的所有权以及债权和其他权利，只要它们具有货币上的价值"⑤。在我国，也有学者认为财产是"具有物质财富内容与经济利益相关的民事权利"，此观点显然

---

① 关于"财产权"与"物权"的争论至今仍存在不少争议，本书使用不动产财产权的提法无意详辨二者之别，只是本书更多是从公法的视角研究不动产的特殊征收问题，因此，使用不动产财产权一词更为妥当。

② See Bryan A. Garner, *Black's Law Dictionary*, 8th. Ed, West Publishing Company, 2004, p. 310.

③ See Kaiser Aetna v. United States, 444 U. S. 164, 176 (1979)，转引自［美］约翰·G. 斯普兰克林《美国财产法精解》（第 2 版），钟书峰译，北京大学出版社 2009 年版，第 4 页。

④ 参见［美］罗伯特·D. 考特、托马斯·S. 尤伦《法和经济学》（第 3 版），施少华、姜建强等译，上海财经大学出版社 2002 年版，第 66 页。

⑤ 孙宪忠：《中国物权法总论》，法律出版社 2003 年版，第 15 页。

将财产视为一种含义广泛的民事权利。①

（2）把财产和财产权视为法律的产物。英国法律改革运动的先驱和领袖、功利主义哲学的创立者边沁认为："所谓自然财产是不存在的，财产完全是法律的产物。财产和法律是同生死，共存亡的。在法律被制定之前，财产是不存在的；离开法律，财产也就不存在了。"② 美国经济学家哈罗德·德姆塞茨（Harold Demsetz）教授 1967 在《美国经济评论》发表了题为 "Toward a Theory of Property Rights" 的文章，哈罗德·德姆塞茨（Harold Demsetz）教授写道："在鲁宾孙·克鲁索的世界里，财产权并不发生任何作用。财产权是社会的工具，它们的重要性来自它们可以帮助一个人建立一些期望，在和其他人交往时他可以合理地保留这些期望。这些期望体现为法律、习惯和社会规范。"③

（3）关注的视角不尽相同。对经济学家来说，财产是一种资源，属于某人所有的具有金钱价值和东西的总称。对政治学家来说，财产是一种自由，选择的自由。④ 哲学家一般把财产理解为实现基本价值的工具。一些研究财产的哲学家感兴趣的是财产增进诸如功利、公平、自我表现以及社会进化等价值的能力。⑤ 法学家们则都是从权利的角度进行分析的，如英国著名法学家威廉·布莱克斯通在其《英国法释义》中将财产权定义为："财产权是一个人对外部世界的事物所享有并实施的完全排除宇宙内其他任何人的唯一的、专有的控制权，没有什么东西能像它一样如此广泛地激发人类的想象和关注。"⑥ 不仅如此，公法学者和私法学者在论述财产权时，通常侧重点也有所不同。德国当代著名民法学家卡尔·拉伦茨指出："原则上，一个人的财产是由这个人所有的具有金钱价

---

① 江平、王家福：《民商法学大辞书》，南京大学出版社 1998 年版，第 58 页。

② ［美］约翰·E. 克里贝特、科温·W. 约翰逊、罗杰·W. 芬德利、欧内斯特·E. 史密斯：《财产法：案例与材料》，齐东祥、陈刚译，中国政法大学出版社 2003 年版，第 5 页。

③ Harold Demsetz, "Toward a Theory of Property Rights", *American Economic Review*, May 1967.

④ 金俭：《不动产财产权自由与限制研究》，法律出版社 2007 年版，第 19—20 页。

⑤ ［美］罗伯特·D. 考特、托马斯·S. 尤伦：《法和经济学》（第 3 版），施少华、姜建强等译，上海财经大学出版社 2002 年版，第 98 页。

⑥ William Blackstone, *Commentaries on the laws of England*, Book 2, Chapter 1, Thomas B. Wait and Co. , 1807, pp. 1 – 2.

值的各种权利的总体构成的。"① 我国台湾民法学者王泽鉴教授认为："财产权是指具有经济利益的权利，可再分为债权、物权及无体财产权（智慧财产权：著作权、商标权、专利权）。"② 与此不同的是，公法学者则更多是从基本权利的视角以及财产权的行使角度对该权利展开研究的，如有学者对财产权的定义为："财产权是指财产所有人对其财产享有不受国家和其他行使国家委托的权力的组织的限制、剥夺或侵占的权利。"③

（4）注重财产权的人格属性。在法国，财产有广义和狭义之分，广义上称之为"概括财产"（Patrimoine），狭义上为"财产"（Le Biens）。财产（Le Biens）最基本的意义是物，更为抽象的意义是现有的与可能存在的，为自然人或法人带来利益，主要与人及其财产权益相关联的权利。概括财产是人格（Personnalité）的外部流露，是人（Personne）在积极与消极的物质利益的阵地上的投射（Projection），是指以同一个人作为积极主体或消极主体、可以用金钱评价并组成一个法律上的整体来考虑的全部法律关系，该财产作为一个整体担保者所有者的全部债务，这一概念是法国财产法与德国法的一个重大差别。由此，归结出以下 4 个原则：①只有人（自然人或法人）才能拥有概括财产；②任何人都必然有一份概括财产；③人格的持续多久，概括财产与人的联系就会有多久；④一个人仅有一份概括财产。这份概括财产，如同人格一样不可分割，但是这并不意味着一个人不可以享有"非概括财产权利"（Les Droits Extra-patrimoniaux）。在法国，通常财产权是指"概括财产权"（Les Droits Patrimoniaux），这是可以用金钱来评价的权利，具有交换价值（Valeur D'échange）。属于概括财产权的权利为数很多，例如所有权（Le Droit De propriété）或者债权（Le Droit De Créance），诸如出租人收取其出租屋的租金的权利。④ 美国也有学者认为财产就是指人与人之间就一个物而建立的法律关系。美国著名财产法专家菲利科斯·科恩（Felix Cohen）教授也

---

① ［德］卡尔·拉伦茨：《德国民法通论》（下册），王晓晔等译，法律出版社 2003 年版，第 1006 页。

② 王泽鉴：《民法总则》，中国政法大学出版社 2001 年版，第 85 页。

③ 周伟：《宪法基本权利：原理·规范·应用》，法律出版社 2006 年版，第 174 页。

④ 参见 ［法］弗朗索瓦·泰雷、菲利普·森勒尔《法国财产法》，罗结珍译，中国法制出版社 2008 年版，第 34—52 页。

明确指出，财产并不是有体物的集合，而是一系列的关系，进一步说就是人与人之间的关系。[1] 韦斯利·纽科姆·霍菲尔德（Wesley Newcomb Hohfeld）教授在 20 世纪初就认为财产由一系列复杂的具有法定约束力的关系所组成，从而实现了财产法理论的革命。为了准确区分这些关系，他创造了一套分析体系，认为财产所有权人享有四种不同的权能（Entitlements）：权利（Rights）、特权（Privileges）、权力（Powers）和豁免权（Immunities）。[2]

综上所述，关于财产和财产权的含义，学界具有诸多不同见解。然而，更为关键的是，在不同的政治经济环境下，如何确保公民财产权利的实现，怎样最大限度地发挥私有财产的社会功能。通过分析，至少可以得出以下结论：第一，财产权是法律制度的产物，没有法律，便不会有财产权。第二，财产并不单纯指物理上的物，还包括了与物有关的各种权能，是物与权能的结合。"财产在本质上是法律概念，只能以财产权形式表现出来。因而财产与财产权相伴而生，并且是同质同义，属于同一范畴。"[3] 循此理解，财产和财产权其实属于同一概念，只是侧重点有所不同，前者侧重强调财产的客观存在，后者更加强调财产中的权能。第三，财产权的核心是财产所有权。在现实中，财产权通常和财产所有权混用，财产权通常被认为是我国《民法通则》所规定的财产所有人依法对自己的财产享有占有、使用、收益和处分的权利。财产权和财产所有权，不仅在国外，甚至在国内都有同化的趋向。但是，严格来讲，财产权与财产所有权并不是完全相同的概念，财产权的概念远比财产所有权范围广，除了作为核心的所有权之外，还包括了抵押、质押等其他权利，从更广泛的意义上说，甚至还包括了债权。[4] 第四，财产权是一种完全排他的权利，但是它从来不是一种绝对的权利。虽然权利主体可以自由行使其支配权和排他权，但是，财产权的行使必须符合法律的规定，同时

---

① See Felix S. Cohen, "Dialogue on Private Property", 9 *Rutgers Law Review*, 1954.

② Wesley N. Hohfeld, "Some Fundamental Legal Conceptions as Applied in Judicial Reasoning", 23 *Yale L. J.* 16, 1913.

③ 马俊驹、梅夏英：《财产权制度的历史评析和现实思考》，《中国社会科学》1999 年第 1 期。

④ 参见金俭《不动产财产权自由与限制研究》，法律出版社 2007 年版，第 21—22 页。

还要受到其他方面的限制。

　　本书以不动产准征收为研究对象，因而对于不动产及其权利的界定尤为重要。不动产财产权是财产权的重要类型，符合上述财产权的全部要素。不动产财产权是指不动产所有人对其不动产享有的支配性权利，不受其他任何组织和机构的非法侵占、剥夺或者限制。不动产财产权的核心是不动产所有权，不动产所有人可以对其不动产行使占有、使用、收益、处分等诸多权能。当然，不动产财产权是一个外延极为丰富的权利类型，正如美国财产法学者所言，它不是一项具体的权利，而是一个"权利束"，不仅包括不动产物权（包含他物权或者限制物权①），还包括了不动产债权。台湾学者谢哲胜教授认为："不动产财产权具体定义为：可以直接支配房屋和土地等不动产，并享有其利益的权利，包括房屋和土地的所有权，以及存在于土地和房屋上的各种权利。"同时他又进一步指出："既然强调是存在于土地和房屋上的各种权利，则对于单纯的对人权，如一般契约的对人请求权和损害赔偿请求权，则不在不动产财产权的范围，而不动产租赁的承租人，可以直接支配占有不动产，因此，也在不动产财产权的概念范围内。"② 不动产财产权作为公民最重要的财产权利，不仅在宪法中被作为基本人权而受到普遍性保护，而且也是各国民事法律中最重要、最核心的内容。应当说明的是，就不动产财产权本身而言，包括了国家所有的不动产（公物）财产权、集体所有的不动产财产权和公民与法人以及其他组织所拥有的私有不动产财产权，如无特别说明，本书不动产准征收的研究对象主要是私有不动产财产权，当然也包括集体不动产财产权。

（二）不动产财产权的法律保护

1. 个人主义与财产权绝对原则

　　在西方财产法的发展史中，公民个人利益始终处于核心地位。即使在当代，在考虑社会利益时，也要充分顾及公民个人之利益，因为社会

---

　　① 在《民法通则》中被称为"与所有权有关的财产权"。

　　② 谢哲胜：《不动产财产权的自由与限制——以台湾地区的法制为中心》，《中国法学》2006 年第 3 期。

利益是存在于个人生活之中的利益，社会利益与个人利益休戚相关，社会利益最终体现为人的利益。也正因为此，有学者认为，个人主义精神就是"美国精神"。①

财产权是公民的基本权利，是保障公民基本生活的基础。关于财产权的保护，以个人主义为基础的"财产权绝对原则"在西方近代财产法发展历程中发挥了非常重要的作用。"财产权绝对原则"强调财产权是绝对性的权利，财产所有人对其财产应享有绝对的自由，禁止随意剥夺和限制财产权人的权利。这一原则主要来源于自然法学代表人物洛克的财产学说。他把生命、自由和财产的权利视为人与生俱来的自然权，指出："人们联合成为国家和置身于政府管理之下的重大和主要的目的，是保护他们的财产……虽然在参加社会时人们放弃他们在自然状态中所享有的平等、自由和执行权，而把它们交给社会，由立法机关按社会的利益所要求的程度加以处理，然而这只是出于各人为了更好地保护自己、他的自由和财产的动机，社会或由他们组成的立法机关的权力绝不允许扩张到超出公众福利的需要之外，每一个人的财产它们都必须加以保障，以防止上述三种使自然状态很不安全、很不方便的缺点。"② 在洛克看来，"财产权绝对原则"意味着财产所有人不仅可以任意处置自己的财产，更重要的是不受政府的侵害，否则就不是财产权了。他说："如果别人可以不经我的同意有权随意取走我的所有物，我对于这些东西就确实并不享有财产权。"③ 这一原则用宪法表达就是"私有财产神圣不可侵犯"，而且主要是防止公权力的侵犯，政府未经本人同意，"不能取走任何人的财产的任何部分"，"他们所有的财产，无论多少，是他们自己的，并由他们自己处理，而不是听凭征服者处理，否则它就不成其为财产了"④。此后，英国学者布莱克斯通继承并发展了洛克的财产权绝对理论，主张财产权是权利人所享有的一种独有的、专断的支配权，法律不允许任何人

---

① 参见［英］史蒂文·卢克斯《个人主义》，转引自王铁雄《财产法：走向个人与社会的利益平衡——审视美国财产法理念的变迁路径》，《环球法律评论》2007 年第 1 期。

② ［英］洛克：《政府论》（下篇），叶启芳、瞿菊农译，商务印书馆 1964 年版，第 77—80 页。

③ 同上书，第 87 页。

④ 同上书，第 122—123 页。

和团体未经同意或在未提供充分补偿的情况下征用权利人的个人财产。例如，根据英国普通法的传统，住宅（House）被视为是英国人的城堡（The Englishman's Castle），是公民休息和抵御侵害的"防御工事"，即使是英王也不得进入。① 洛克和布莱克斯通的财产权绝对保护主义理论，对后来美国宪法以及财产法产生了深刻的影响，并在一定程度上影响了其他国家宪法的发展。这种观点，同样也影响到司法实践，法官也认为，其阐明了财产权的实质性特征。② 财产权绝对原则意味着所有权人对其财产不仅拥有控制和支配权，甚至还包括了滥用其财产的权利，只是为了损害他人的目的而使用自己财产的权利具有准附属权利的性质。③

2. 不动产财产权的法律保护

法律对于不动产财产权的保护，主要目的在于确认和保护公民的不动产财产权利，并防止该权利遭受不法侵害。不动产财产权的法律保护，不仅包含了公法的普遍保护，也包含了民事法律的具体保护。在各国的现代经济法律中，也有大量保护公民不动产财产权利的成文法律规范。

不动产财产权的宪法保护，是其获得其他法律保护的源头和根基，旨在保护所有公民平等地享有财产权。④ 1789 年的法国《人权宣言》就庄严宣布了："财产是神圣不可侵犯的权利。除非当合法认定的公共需要所显然必需时，且在公平而有预先赔偿的条件下，任何人的财产不得受到剥夺。"⑤ 美国宪法第四、第五修正案也分别规定："人民的人身、住宅、文件和财产不受无理搜查和扣押的权利，不得侵犯……不经正当法

---

① 参见张越编著《英国行政法》，中国政法大学出版社 2004 年版，第 241 页。

② 参见［美］伯纳德·施瓦茨《美国法律史》，王军等译，中国政法大学出版社 1990 年版，第 143 页。

③ 参见［美］伯纳德·施瓦茨《美国法律史》，王军等译，中国政法大学出版社 1990 年版，第 145 页；［德］罗斯科·庞德《普通法的精神》，唐前宏、廖湘文、高雪原等译，法律出版社 2001 年版，第 10—35 页；龙文懋：《西方财产权哲学的演进》，《哲学动态》2004 年第 7 期。

④ 参见李龙、刘连泰《宪法财产权与民法财产权的分工与协同》，《法商研究》2003 年第 6 期。

⑤ 参见《法国人权宣言》（1789）第 17 条，此规定成为后来各国确立财产征收制度的宪法基础。

律程序，任何人不得被剥夺生命、自由或财产。不给予公正补偿，私有财产不得被征收作为公共使用。"① 此后，财产权的保障逐渐成为近代以来各国宪法不可或缺的核心内容，在事实上构成了近代宪法、近代自由国家赖以确立的支点。② 1868 年，美国宪法第十四修正案又进一步强调："任何一州，都不得制定或实施限制合众国公民的特权或豁免权的任何法律；不经正当法律程序，不得剥夺任何人的生命、自由或财产；在州管辖范围内，也不得拒绝给予任何人以平等法律保护。"上述规定不仅宣告了公民私有不动产财产权（当然也包括其他财产权在内）的神圣不可侵犯，更是对政府公权力的行使规定了明确的限制，以确保不动产财产权的稳定性。此后，1948 年的《世界人权宣言》第 17 条规定："（一）人人得有单独的财产所有权以及同他人合有的所有权。（二）任何的财产不得任意剥夺。"这一规定，对于推动各国公民财产权的宪法保护以及财产权的国际保护，具有划时代的重要意义。我国宪法对于公民财产权的保护，经历了一个长期而复杂的过程，每一次宪法的修改，我国都毫无例外地将公民财产权的保护作为重中之重。从中国宪法的演进史可以清楚地看到我国公民私有不动产财产权（包括其他财产权利）的确立和法律保护的历史轨迹。从突出强调保护公有财产到确认保护公民的生活资料所有权，再到所有权范围扩张至其他合法财产，到最终确立"公民的合法的私有财产不受侵犯"，既表现出国家对公民基本权利的一贯重视和立法保障，同时也反映了我国宪法与时俱进、适时调整的发展历程，是我国依法治国、建设社会主义法治国家的重大创举。2004 年《宪法》第 22 条修正案明确规定："公民的合法的私有财产不受侵犯。国家依照法律规定保护公民的私财产权和继承权。国家为了公共利益的需要，可以依照

---

① See The Constitution of the United States of America Amendment V: No person shall …be deprived of life, liberty, or property, without due process of law; nor shall private property be taken for public use, without just compensation; Amendment XIV Section 1: All persons born or naturalized in the United States, and subject to the jurisdiction thereof, are citizens of the United States and of the state wherein they reside. No state shall make or enforce any law which shall abridge the privileges or immunities of citizens of the United States; nor shall any state deprive any person of life, liberty, or property, without due process of law; nor deny to any person within its jurisdiction the equal protection of the laws.

② 周毅：《宪政中的公民财产权保障》，《甘肃政法学院学报》2005 年第 6 期。

法律规定对公民的私有财产实行征收或者征用并给予补偿。"这一规定，成为公民不动产财产权最为重要的法制保障，对于我国公民不动产财产权的法律保护具有里程碑式的重要意义。

除了宪法保护之外，不动产财产权的公法保护还体现于各国行政法、刑罚以及程序法中。行政法对于不动产财产权的保护主要通过两种方式实现，一是通过行政机关依法行使行政权力，保护公民的私有不动产财产权；二是通过行政相对人对行政权力行使范围和程序的监督，并最终通过法律救济达到保护不动产财产权的目的。① 不动产财产权的刑法保护，主要在于通过打击和惩处各种严重侵犯公民财产权的犯罪行为，以达到保护公民私有不动产财产权的目的。

不动产财产权的私法保护，主要以民法为核心的民事法律的保护，具体表现为物权法、合同法、侵权行为法以及继承法等部门法律对不动产的保护。如果说宪法是保护不动产财产权的第一道栅栏，那么民法就应该是保护不动产财产权的第二道栅栏。比较而言，宪法保护是根本，也是基础，侧重对公民不动产财产权的普遍保护和平等保护，并且对政府公权力的行使设定边界。而民法的保护，主要是对宪法基本权利的具体化，是调整平等主体之间的财产关系，既包括静态的财产关系，也包括动态的财产流转关系。

在整个法律体系框架内，对不动产财产权的法律保护，除了上述法律部门，还包括了经济法的保护，当然，保护的视角和目的也有所不同。以"社会整体利益"为本位的现代经济法旨在通过弥补市场自我调节的缺陷，来实现对私有不动产财产权的调整和保护。经济法对不动产财产权的保护主要是通过财税法、竞争法、公司法、产品质量法等部门法律来完成的。

（三）不动产财产权的限制

1. "个人自由主义"到"社会利益"：财产权限制的提出

不动产财产权虽然具有排他性，但是它却并非一项不可限制之权利。事实上，任何权利在法律上都是要受到限制的，不存在不受任何限制的

---

① 参见金俭《不动产财产权自由与限制研究》，法律出版社 2007 年版，第 43 页。

绝对性的权利,包括私有不动产财产权在内。虽然财产权绝对原则曾为西方各国学者以及法律实践长期推崇,但是各国的法律实践并没有沿着这一理论轨迹走得更远。实际上,"财产权的无条件的不可剥夺性只是一句豪言壮语,在革命的狂热和宪法的曙光中,人们很容易在屋顶上为它呐喊,但事后冷静下来,真要实践它却几乎是不可能的"①。诺瓦克(William Novak)、霍兹沃思(Holdsworth)、爱德华·柯克等学者也先后提出了自己对财产权限制的主张和看法。②

19世纪末财产权社会化思想的兴起,使得人们在推崇财产权个人主义的同时,开始逐渐关注社会公共利益。自20世纪开始,西方财产权保护的视点逐渐由"个人自由主义"转向"社会利益","社会利益代替个人自由成为法律的支配性原则,财产权的绝对性理念遭到摒弃,而代之以财产权的限制和财产责任的强化"③。财产权社会化思想也逐渐为各国法律所接受,其中以德国最为典型。德国1919年《魏玛宪法》第153条规定:"财产权由宪法予以保障,其内容及其限度,由法律定之。财产权负有义务,其行使应同时有利于公共福祉。"自此以后,世界各国有关财产权的立法莫不以财产权社会化思想为基础,对私人财产权加以限制。④这一规定在1949年颁布的《联邦德国基本法》(*Grundgesetz für die Bundesrepublik Deutschland*)第14条得到重申和加强:"保障财产权和继承权。有关内容和权利限制由法律予以规定。财产应履行义务。财产权的行使应有利于社会公共利益。只有符合社会公共利益时,方可准许征收财产。"上述财产权保护观念的转变和立法的调整,清晰地表明了近现代不动产财产权由保护到限制而逐渐趋向合理的过程。

2. 不动产财产权限制的必要性

虽然私有财产权的存在得到各种理由的支持,但是,没有一种理由

---

① [美]路易斯·亨金、阿尔伯特·J.罗森塔尔编:《宪政与权利》,郑戈等译,生活·读书·新知三联书店1996年版,第155页。

② 参见王铁雄《财产法:走向个人与社会的利益平衡——审视美国财产法理念的变迁路径》,《环球法律评论》2007年第1期。

③ 参见龙文懋《西方财产权哲学的演进》,《哲学动态》2004年第7期。

④ 张鹏:《财产权合理限制的界限与我国公用征收制度的完善》,《法商研究》2003年第4期。

会支持不受限制的、绝对的财产权利。相反，每个理由会都要求对所有人自知的范围给予明确的限制。① 对于不动产财产权的限制，主要是出于以下理由：

（1）维护"公共利益"的需要。公民个人私有不动产财产权的自由行使，将会造成分散决定，这些分散决定缺乏对整个社会的总体经济目标的考虑以及所有法律价值的整体考虑，因而为了"保护社会整体利益最大化"，需要法律对不动产财产权进行一定之限制。②

为了公共利益的需要而对不动产财产权进行限制，这是国家干预公民私有不动产财产权的正当性基础，也是限制合法性的前提。"由于公共利益和平衡各种利益的需要，国家在推行各种社会政策时可以对个人的财产权利进行某些限制，这是实现经济、社会和文化权利需要国家履行积极义务的表现。"③ 因此，只有在符合公共利益的前提下，政府才能对公民私有不动产财产权实施适度的限制，否则，便有可能构成侵权。这一点，已为当今各国宪法所肯定，成为限制公民权利的首要依据。④

（2）克服不动产财产权负外部经济效应的需要。"外部效应"属于经济学的概念范畴，主要是指某一经济主体的经济行为对另一经济主体产生的外部影响，这种外部影响可能是某些利益的给予，也可能是某些成本的强加。据此，外部效应可以分为正外部经济效应和负外部经济效应。这一理论也同样适用于不动产财产权利的行使。不动产财产权正外部效应主要是指不动产所有人的权利行使使他人受益而无法向后者收取费用的现象。不动产财产权负外部效应是指不动产所有人的权利行使使他人利益受损而无法补偿后者的现象。对于不动产财产权的限制，主要是出于克服其负外部经济效应的需要，防止权利人的行为影响其他社会主体的合法利益，增加他人的外部成本。

---

① 参见［美］约翰·G. 斯普兰克林《美国财产法精解》（第 2 版），钟书峰译，北京大学出版社 2009 年版，第 4 页。

② 当然，这种限制，也会有利于防止各种私权利之冲突从而保护所有个人利益的最大化。参见江平《物权法教程》，中国政法大学出版社 2007 年版，第 116—117 页。

③ 周伟：《宪法基本权利：原理·规范·应用》，法律出版社 2006 年版，第 178 页。

④ 对于"公共利益"的演变过程和理解，详见后文论述。

（3）防止权利滥用的需要。"正义是法律制度的本质目的所在，但是毫无限制地行使权利将会违背这一目的。防止这一局面出现的主要手段就是权利滥用理论。"① 防止权利滥用和克服负外部不经济效应，实际上是有一定关联的，只是角度不同而已。不动产财产权的行使，有一定的边界，权利人必须在合理的边界范围内行使其权利，否则即构成权利滥用。权利滥用从来都不是法律所许可和追求的，防止权利滥用，已为现代各国法律所肯定。② 从公法到私法，从宪法到各具体法律部门，均有防止权利滥用的相关规定。我国《宪法》第51条规定："中华人民共和国公民在行使自由和权利的时候，不得损害国家的、社会的、集体的利益和其他公民的合法的自由和权利。"宪法中这一限制性条款，被视为是限制公民权利、防止权利滥用最重要的宪法依据。

（4）政府行使"公权力"的客观需要。政府"公权力"又称为"警察权"（Police Right），政府行使公权力，目的不仅在于管理国家事务、维护财产秩序，也是公民不动产财产权得以保障的重要途径。政府"基于公权力的行使，制定相关法律或行政法规，使不动产财产权的规范符合公平或效率，增进全民福祉，是公权力的正当行使，有其正当化的理由。所以，政府代表国家行使公权力，制定限制不动产财产权的法律或行政命令，即是限制不动产财产权的法律基础。"③

3. 不动产财产权限制的范围

法律对于财产权的限制，主要以对不动产的限制为主。不动产财产权的限制，主要是指不动产财产权的行使必须负有一定程度的社会义务，因此对其全部或部分权能实行的适度之外在约束。值得说明的是，关于权利限制属于内在约束还是外在约束，学界有两种不同的看法。部分学者主张权利"内在限制说"，认为凡是权利必然内含限制，所谓"基于公共利益、国家法秩序要求对权利的限制，也只是从权利的内部

---

① ［法］雅克·盖斯旦、吉勒·古博：《法国民法总论》，陈鹏等译，法律出版社2004年版，第701页。

② 同上书，第705页。

③ 谢哲胜：《不动产财产权的自由与限制》，《中国法学》2006年第3期。

进行的必要的限制"①。内在限制理论认为，所有权本身就蕴含着义务和限制，因此，限制和拘束理应为所有权的本质内容。"外在限制说"认为权利本身并不包含限制，权利的限制是一种外在的限制。虽然该学说也承认权利应该受到限制，但是又主张"权利本身是可以无限制的状态而存在的，限制与权利并无必然的联系，只有当要求权利与其他个人的权利或者公共利益和谐相处时，这种联系才凸现出来"②。作者以为，权利限制在本质上属于外在限制，权利限制不应该包含在权利的自身范畴内，否则的话，不仅会无限扩大权利的外延，造成理解上的混乱，也可能因此为"公权力"过度干预公民私有财产提供借口。

对于不动产财产权的限制，应该从广义和狭义角度进行界分。广义上的不动产财产权限制既包括对不动产财产权的一般限制，也包括了对不动产财产权的剥夺（如国有化、征收、没收等）。狭义上的不动产财产权限制仅限于一般意义上的权利行使之限制，不包括财产所有权的剥夺。应该特别强调的是，在狭义上的一般限制和财产权剥夺之间，事实上还存在着一段较为模糊的地带——对不动产财产权的"过度限制"，由于外在因素（主要是公权力）的过度之干涉（尚未剥夺），权利人实际已经难以实现其不动产利益，此种限制无法归入财产权的剥夺范畴，纳入狭义上的限制也明显不尽合理。本书的研究，将主要着眼于不动产财产权的过度限制，从制度层面探讨过度限制的认定及其救济。

4. 不动产财产权限制的方式

关于权利限制的方式，可以有不同的诠释。如有学者认为，对权利限制的具体方式主要有三种情形：（1）剥夺一部分权利，一般作为刑罚的附加刑使用，如对正在服刑的犯人选举权的剥夺；（2）停止一部分权利，如当国家处于紧急状态时对公民某些权利的暂时限制；（3）出于社会公益、公共福利而对特定主体（如对公务员不得加入政党、进行某些选举活动的规定）、特定权利（如公民的财产权）加以限

---

① Robert Alexy，"A theory of Constitutional Rights"，转引自张平华《财产权限制的意义》，载房绍坤、谢哲胜主编《中国财产法理论与实务》，北京大学出版社 2008 年版，第 2 页。

② 同上。

制。① 此种观点显然是在广义的基础上对权利限制方式的解读。还有学者在论及私有财产所有权的限制时，认为所有权的限制主要表现为：（1）对土地所有权的客体范围和效力范围的限制；（2）所有权行使方式的限制；（3）所有权人自己设立的限制；（4）公法对所有权的限制。② 此外，大多数学者普遍认为，权利的限制包括了公法限制和私法限制两种方式。

对于不动产财产权的限制方式，应该分为法定限制和约定限制两种方式。法定限制是指通过法律规范为公民不动产财产权设定合理的界限，限制不动产财产权的行使。约定限制是指不动产所有人通过合意的方式在其不动产权利之上设定的负担，从而限制自己的权利。③ 法定限制属于强制性的限制方式，包括公法限制和私法限制。其中，公法的限制是最主要的限制方式，也是私法限制的依据和基础。不动产财产权的公法限制必须是基于社会公共利益或者利益平衡的需要，正如有学者所言，"20 世纪以来公法对于私人财产关系的介入体现了下述几个方面的政策的需要：第一，促进财产的流动、交易、投资与增长（如防止对于财富的控制永久化的规则）；第二，保护财产关系双方的利益平衡，特别保护弱势一方（如租赁法对业主权利、抵押法对出押人权利的限制）；第三，维持人的基本生活需要（如关于住房政策和法律）；第四，保护环境和生态（如城市规划法、动物保护法）"④。不动产财产权的公法限制以宪法限制为核心，也包括了行政法、刑法等其他部门法律规范的限制。2004 年我国《宪法修正案》在确立"公民的合法的私有财产不受侵犯"这一重大保护条款的同时，也对公民财产权的限制做了严格的规定，在原法第 51 条的基础上，又通过两个限制性条款的修订为

---

① 周叶中：《宪政中国研究》，武汉大学出版社 2006 年版，第 61 页。

② 程萍：《财产所有权的保护与限制》，中国人民公安大学出版社 2006 年版，第 155—161 页。

③ 如权利人通过合同形式在其不动产上设立租赁权、地役权等，以所有权权能分离的方式实现各自的不同利益诉求。本书的研究主要是指不动产财产权的法定限制，着眼于政府公权力对不动产财产权的干预和约束。

④ ［英］F. H. 劳森、伯纳德·冉得：《英国财产法导论》，曹培译，法律出版社 2009 年版，第 220—222 页。

政府公权力干预私有财产权确立了宪法依据，该修正案第 20 条规定：
"国家为了公共利益的需要，可以依照法律规定对土地实行征收或者征
用并给予补偿。"第 22 条规定："国家为了公共利益的需要，可以依照
法律规定对公民的私有财产实行征收或者征用并给予补偿。"根据上述
规定可以看出，在我国，以宪法为核心对不动产财产权的限制主要是以
征收和征用的方式进行的。此外，《中华人民共和国土地管理法》（以
下简称《土地管理法》）、《中华人民共和国城乡规划法》（以下简称
《城乡规划法》）、《中华人民共和国城市房地产管理法》（以下简称
《城市房地产管理法》）等法律中确立的不动产没收、土地使用权收回
也是重要的限制方式。

私法关于不动产财产权的限制，主要是为了防止不动产财产权利滥
用和不动产相邻关系而对不动产所有权的限制。如依照《德国民法典》
第 903 条的规定，所有权人只有在不违反法律和第三人利益的范围内，
才可以随意处分其物。该法第 905 条又进一步对所有权的限度做了划
定：土地所有权人的权利扩及于地面上的空间和场面下的地层，但所有
权人不得禁止他人在排除干涉与所有权人无利害关系的高空和地层中所
进行的干涉。在我国，不动产财产权的私法限制主要来自民法特别是物
权法，主要表现为：第一，《民法通则》中确立的"诚实信用原则"和
"公序良俗"等基本原则是对不动产财产权最基本的限制；第二，不动
产财产权的取得和行使应当遵守法律，尊重社会公德，不得损害公共利
益和他人合法权益；第三，不动产相邻关系中，相邻各方应当互相为对
方提供必要的便利，并容忍来自相邻一方的轻微的侵害；第四，他物权
制度的设定在一定程度上也是对不动产物权的限制；第五，重申和完善
了《宪法》规定的不动产征收、征用制度。①

此外，从内容的角度分析，不动产财产权的限制还可以分为整体限
制和部分限制。以权利限制是否适用于紧急情形，还可以分为一般情形
下的权利限制和紧急情形下的权利限制。紧急情形下的权利限制又可以
分为两类：一类是国家遭遇紧急状态时的权利限制，如遭遇自然灾害或

---

① 参见《民法通则》第 4 条、第 7 条、第 83 条；《物权法》第 7 条、第 42 条、第 44 条、
第 84—92 条。

者发生战争；另一类是私主体在遭遇紧急状态时的权利限制，如紧急避险。[①]

二　不动产准征收理论的萌发

从私有不动产财产权所遭受的各种限制来看，最严格的限制莫过于政府通过征收权的行使对私有不动产财产权的直接剥夺。因此，学界关注的焦点便主要集中于政府征收权的正当性、征收权的目的和法律程序限制以及如何对不动产财产权人实施有效的补偿救济。基于此，学界逐渐形成了较为完备的不动产征收理论。

然而，进入 20 世纪以来，随着政府权力的不断扩张，公民私有不动产财产权屡屡遭受公权力的过度限制或者长期侵占，却无法获得有效的法律救济。按照传统的征收理论，对于上述情形，政府无须作出任何补偿。但是，公民的私有不动产财产权却因此形同虚设，常被政府以公共利益为由进行肆意限制或者长期侵占，因而引发了诸多冲突。此时，传统的不动产征收理论遭遇到了严重的挑战，以公平原则为基础的"传统征收理论"在实践中被逐渐异化，成为政府公权力扩张和滥用的借口和保护伞。在法治化的时代，我们必须认真反思，政府的过度限制或者长期侵占是否符合宪法？政府是否需要因此给予财产权人以公正的补偿？因此，通过对传统征收理论的发展和演变进行纵向梳理，为规范和限制公权力的扩展和滥用探寻新的理论依据，实有必要。

（一）不动产征收理论的异化

1. 不动产征收的含义与其正当性辨析

作为财产权限制的主要方式，"征收"的概念由来已久。征收制度也广泛规定于各国法律之中。但是，究竟何谓征收？纵观各国之成文法律规范，却鲜有直接的界定和论述。关于征收的概念，主要来自于国内外法学家对其所做出的不同理解。当然，所处的社会经济文化背景的不同

---

① 张平华：《财产权限制的意义》，载房绍坤、谢哲胜主编《中国财产法理论与实务》，北京大学出版社 2008 年版，第 13 页。

以及所处的角度的不同，也产生了对于征收概念的不同诠释。仅就"征收"一词，具有代表性的观点主要有：德国著名公法学家哈特穆特·毛雷尔（Hartmut Maurer）认为，征收是指为了执行特定的公共任务，通过主权法律行为，全部或者部分剥夺《联邦德国基本法》第 14 条第 1 款第 1 句规定范围内的具有财产价值的法律地位的行为。① 台湾学者谢哲胜教授认为，征收是国家为公共事业或公共利益之目的，行使公权力，以补偿损失为条件，强制取得他人财产权之行政处分。② 梁慧星教授认为，所谓征收是指政府以命令的方式取得自然人和法人的财产权的行为，征收对象主要限于不动产，征收的实质是国家的强制收买。③ 王利明教授认为，征收是指国家基于公共利益的需要，通过行使征收权，在依法支付一定补偿后，将集体、单位或者个人的财产权移转给国家所有。征收直接表现为对民事主体财产权的剥夺。④ 以上学者对征收的经典论述虽然略有差异，但是对于征收的实质的分析基本上是一致的，即是国家出于公共利益的需要而强制取得私有财产权的行为。

2004 年《中华人民共和国宪法修正案》（以下简称《宪法修正案》）获得通过，我国首次在立法中明确规定了财产"征收"条款："国家为了公共利益的需要，可以依照法律规定对土地实行征收或者征用并给予补偿"，"国家为了公共利益的需要，可以依照法律规定对公民的私有财产实行征收或者征用并给予补偿。"⑤ 应该说，宪法中确立的"征收"概念与上述学者们的诠释基本是一致的。但是，宪法是将"征收"和"征用"规定在一起的，以前仅有"征用"的规定，而"征收"则是 2004 年《宪法修正案》新增加的概念。"征用"和"征收"是关系较为密切的一组概念，具有很强的相似性，国内有些学者在研究过程中对此并不做详细

---

①　［德］哈特穆特·毛雷尔：《行政法学总论》，高家伟译，法律出版社 2000 年版，第 680 页；《联邦德国基本法》第 14 条第 1 款第 1 句为保障财产权和继承权（Das Eigentum und das Er-brecht werden gewFährleistet）。

②　谢哲胜：《财产法专题研究》（二），中国人民大学出版社 2004 年版，第 157 页。

③　参见梁慧星《中国物权法草案建议稿》，社会科学文献出版社 2000 年版，第 102 页；梁慧星：《关于征收和征用》，《光明日报》2004 年 2 月 20 日。

④　参见王利明《中国物权法草案建议稿及说明》，中国法制出版社 2001 年版，第 23 页；王利明：《论征收制度中的公共利益》，《政法论坛》2009 年第 2 期。

⑤　参见《宪法》第 10 条、第 13 条。

区分。^① 然而，2004 年宪法征收条款的新变化，却使学术界不得不对传统征收、征用的概念及类型进行重新思考。由于国家征收、征用权均需要政府来完成，因此，长期以来，行政法学界一直将行政征收、征用制度视为行政法学的重要命题之一，也基本形成了行政征收和行政征用两个概念。通说认为，所谓行政征收是指行政主体依据法律、法规的规定，以强制方式无偿取得行政相对人财产所有权的一种具体行政行为，主要包括行政征税和行政征费两大类。还有学者进一步明确认为，行政征收是指行政主体凭借国家行政权，依法律规定向行政相对人强制地、无偿地征集一定数额金钱或实物的行政行为。行政征用则是指行政主体基于公共利益的需要，依据法律、法规的规定，强制性地取得行政相对人的财产所有权、使用权并给予合理补偿的一种具体行政行为。^② 可见，在传统行政法学的视域里，行政征收与行政征用存在显著性差异，二者属于性质不同的行政行为。行政征收主要体现为政府的征税和征费行为，行政征用是指对财产所有权或使用权的剥夺。作者认为，行政征收应该是一个外延较为广泛的概念，不仅包括行政征税和行政征费，而且还应当包括政府对不动产或者动产财产权的剥夺甚或限制。行政法学中的行政征收，其实是在非常狭义范围意义上的概念。而行政法学中的行政征用概念范围却过于宽泛，它不仅包括了普通意义上的征用，更是将宪法意义上的征收囊括其中。客观上讲，这一情形不仅在一定程度上增加了人们理解"征收"和"征用"制度的难度，也不利于司法实践活动和理论研究的开展。因此，完善我国财产征收制度，有必要对相关概念进行重新认识和厘定。

　　征收和征用同为财产权的限制方式，虽然都有强制性的特性，但是，

---

　　① 如有学者即认为征用是国家为了公共目的，经过补偿，取得私人财产，具有公益性、强制性和补偿性。参见李累《论法律对财产权的限制——兼论我国宪法财产权规范体系的缺陷及其克服》，《法制与社会发展》2002 年第 2 期。

　　② 参见姜明安主编《行政法与行政诉讼法》，法律出版社 2002 年版，第 126 页；应松年主编：《行政法学新论》，中国方正出版社 1998 年版，第 307 页；杨建顺、李元起：《行政法与行政诉讼法教学参考书》，中国人民大学出版社 2003 年版，第 188—196 页；胡建淼：《行政法学》，法律出版社 1998 年版，第 330 页；王宝明：《行政法与行政诉讼法》，中国城市出版社 2003 年版，第 177 页；石佑启：《征收、征用与私有财产权保护》，《法商研究》2004 年第 3 期。

二者有明显的区别。征收的目的在于强制取得财产所有权，常表现为对财产的直接剥夺，不会发生返还的问题；征用的目的在于强制取得财产的使用权，使用结束后应该及时将原物返还权利人。作者建议，在已有《宪法》条款和《物权法》征收条款的基础上，行政法学关于行政征收制度的研究，应该勇于突破传统研究的条框限制，大胆进行理论革新，建立真正意义上的行政征收制度。

征收的客体不仅包括了土地、房屋等不动产，对于动产也可以依照法律规定予以征收。然而由于动产大都具有可替代性，政府亦可通过购买而取得，而土地等不动产由于其固定性和不可替代性而只能由政府通过强制征收取得。因此，正如梁慧星先生所言，征收的主要对象应该为不动产，本书上述关于征收概念的阐释，也主要是指不动产征收。综上所述，作者认为不动产征收应该是指政府出于公共利益的需要，在公平补偿的前提下，依法以强制手段剥夺私有不动产财产所有权的行为。

正当性是指认识对象自身的价值取向与认识主体的价值取向相契合的一种状态。权力的正当性在西方传统政治哲学中又被称为权力的合法性和合理性。[1] 政府可以通过行使征收权（Eminent Domain）强制获取私人不动产所有权，这已为各国法律所确认。征收权（Eminent Domain）被认为是政府机构获取私有财产（尤其是土地）并将其作为公共用途使用的一种固有性的权力（同时要求政府给予合理的补偿）。[2] 近代国际法学的奠基人、自然法理论的创始人之一——荷兰法学家格劳秀斯在提出"Eminent Domain"时就认为，政府为了社会整体利益（the Benefit of the Social Unit）的需要而拥有获取或者损害私有财产的权力，但是政府有义务对财产权人的损失作出补偿。布莱克斯通也同样认为，社会没有权力获取土地所有者的私有财产，除非有合理的对价作为补偿。[3] 美国宪法并没有直接规定政府享有"征收权"，第五条修正案只是从权力限制的角度

---

① 阎桂芳：《财产征收的正当性分析》，《中国合作经济》2005 年第 6 期。

② See Bryan A. Garner, *Black's Law Dictionary*, 9th. ed., West Publishing Company, 2004, p. 601.

③ John E. Nowak & Ronald D. Rotunda, Constitutional Law § 11.11, at 424 – 25, 4th ed., 1991. See Bryan A. Garner, *Black's Law Dictionary*, 9th. ed., West Publishing Company, 2004, p. 601.

规定:"不经正当法律程序,不得被剥夺生命、自由或财产。不给予公平赔偿,私有财产不得充作公用",但这一条款却一直被视为征收权的宪法依据影响着美国的司法审判,政府基于公共用途和行使公权力的需要,有权限制甚至剥夺公民的不动产财产权。斯蒂文斯(Stevens)大法官一贯赞成政府在现代社会中的积极作用,支持政府干预市场行为和为社会经济发展而进行的征收。他在卢卡斯诉南卡罗来纳州海岸区委员会(Lucas v. South Carolina Coastal Council)案的反对意见中就曾经指出,导致财产价值几乎完全被剥夺的征收是一个人生活在文明社会必须要承受的代价。① 德国《魏玛宪法》和《联邦德国基本法》都明确强调财产权应该负有社会义务,要有利于社会公共利益。《联邦德国基本法》第14条规定,只有符合社会公共利益时,方可准许征收财产。相比之下,德国对于征收权的规定比美国更加直接和明确。《法国民法典》第545条规定,任何人不得被强制转让其所有权,但因公用并在事前受公正补偿时,不在此限。《意大利民法典》第834条规定,不得全部或部分地使任何所有权人丧失其所有权,但是,为公共利益的需要,依法宣告征用并且给予合理补偿的情况不在此限。我国《宪法》和《物权法》也规定在公共利益的基础上,政府可以行使其征收或者征用不动产财产的权力。

依照各国法律的相关规定,关于不动产征收的正当性,概括起来主要有三点:第一是征收目的的正当性,即为了社会公共利益的需要;第二是征收程序的正当性,即未经正当法律程序,不得剥夺公民私有不动产财产权;第三是征收补偿的正当性,即未经公正或者合理的补偿,不得强制行使征收权。不动产征收的正当性问题历来为学者们所关注,国内有学者从不同角度,对这一问题进行了独到的分析。如有学者认为,"财产权社会化和警察权力为财产权限制的正当性基础"②;有学者经过综合分析,认为征收的正当性最主要有三种理论学说:"国家主权说"(国家基于主权原则可以支配其领土内的一切人和物,包括对私有财产的征

---

① Lucas v. South Carolina Coastal Council, 505 U. S. 1003 (1992);汪庆华:《土地征收、公共使用与公平补偿——评 Kelo. City of New London 一案判决》,《北大法律评论》2007 年第 2 期。

② 房绍坤、王洪平:《私有财产权之保障、限制与公益征收——一个比较法的视角》,载房绍坤、王洪平主编《不动产征收法律制度纵论》,中国法制出版社 2009 年版,第 41—42 页。

收）、"所有权负义务说"（国家基于所有权的社会义务可以对私有财产进行征收）和"目的正当说"（将目的的正当性作为财产征收的正当性依据），最终认为，财产征收的正当性应该是财产权人的同意。① 另有学者提出了与此类似的观点，认为财产征收必须首先遵循自愿原则，政府即便是为了公共利益，也必须首先与民众进行自愿交易。只是在自愿交易无法进行，而公共利益确有需要的时候，政府才可以动用征收权。否则的话，政府就会无限制地扩大强制交易的范围，它就会成为市场秩序和社会秩序的破坏者。② 还有学者运用政治经济学的理论进行分析，认为征收权的合理性在于"有效克服'钉子户'问题，降低交易成本，提高市场效率，保证许多具有较强正外部性的公共项目的顺利完成，以保证必要的公共产品有足够的供应"③。

综上所述，政府强制剥夺私有不动产财产权，必须要有其正当性基础。作者认为，其正当性基础首先在于法律的明确规定，即不动产征收的法定性。没有法律的明确规定，任何组织或个人不得随意剥夺他人之不动产财产权；其次，不动产征收的目的必须是公共的利益，不是政府自身的利益，更不是开发商等商事主体的利益；再次，征收权的行使必须要有严格的程序限制，例如设立预先协商的前置程序、公众普遍参与的听证程序等；最后，征收权的行使，必须要预先对权利人做出合理公正的补偿。以此反观我国的征收实践，长期以来，关于不动产征收的立法及执法，一直是最受关注也备受争议的权利话题。不动产征收立法不完善、制度设计不合理、行政征收权力滥用等问题极为突出。不管出于何种目的，公民不动产权益都可以被随意剥夺，尤其是在《城市房屋拆迁管理条例》之下伴随着暴力和野蛮的强制拆迁，使得众多不动产所有人权利尽失，流离失所，甚至是流血牺牲，以死来反抗。因此，我国的不动产征收制度为越来越多的人所批评，不动产征收的正当性也一再遭受社会公众的强烈质疑以及法学研究者们的普遍反思。也正因为如

---

① 阎桂芳、杨晚香：《财产征收研究》，中国法制出版社 2006 年版，第 59—63 页；阎桂芳：《财产征收的正当性分析》，《中国合作经济》2005 年第 6 期。

② 姚中秋：《制订一个统一的土地征收条例》，《南方都市报》2010 年 12 月 18 日；张千帆：《征收条例须确立三大原则》，http：//blog. caing. com/article/13009/. ，2010 年 12 月 9 日访问。

③ 刘向民：《中美征收制度重要问题之比较》，《中国法学》2007 年第 6 期。

此，才有了《国有土地上房屋征收与补偿条例》的艰难出台。虽然该条例对公民不动产财产权的保障要远胜《城市房屋拆迁管理条例》，但是，这一条例本身却似乎回避了一些重要的现实问题（如集体土地之征收）而显得不够彻底，不够完善，况且，条例的社会效果还有待于实践的考验。

2. 不动产征收的理论演变

依前文所述，政府可以根据需要通过行使征收权强制取得公民私有不动产财产权。但是，为了防止政府征收权的滥用（Eminent-domain Abuse），各国法律都毫无例外地对征收权进行了严格的限制。如何界分公权力的行使和不动产财产权的保护？这一问题始终为各国法学家们普遍关注。如何适应形势，更好地解决好不动产征收问题，是现代法治国家面临的最头疼的问题，稍有不慎，将可能引起公众质疑甚至反抗，激发社会矛盾，影响社会稳定。伴随着政府与不动产所有人多年来的反复较量和斗争，关于不动产征收的理论也在逐渐发生着一定的变化。美国、德国不动产征收的法律实践，堪称当代不动产征收之典范，其征收理论的发展演变也极具代表意义。以此为鉴，检视我国不动产征收的相关理论，实属必要。

（1）美国：从公用征收到公益征收的演变

在美国宪法的起草者们看来，并没有必要赋予联邦政府征收私有财产的权力，这是因为，在制宪者们看来，国家征收权力应该是国家主权的应有内容。因此，美国宪法中的征收条款（Takings Clause）"不经正当法律程序（Due Process of Law），任何人不得被剥夺生命、自由或财产。不给予公平赔偿，私有财产不得被征收作为公共使用（Public Use）"主要是在限制政府权力的意义上使用的。该条款指出，只有为了"公共使用"（如道路、学校、医院、公园等）的目的，才可以征收私人之财产。据此，在20世纪之前，"公共使用"要件一直被法院所采纳，法官们也在不断努力地界定这一要件的含义。但是，自20世纪以来，随着社会经济的发展和政府功能的变化（如城市规划、旧城改造、环境改善等），美国法院似乎更加侧重于对政府征收权力的肯定和支持。通过一系列的判例，美国法院逐渐将"公共使用"的概念范围无限扩大，不再强调仅以未来的不动产使用人之身份来判定是否属于"公共使用",而是要综合考虑公共安全、健康、道德、和平以及安宁等因素。由此,"公共使用"要件逐渐被法官们解释为"公共利益"(Public Interest)、"公共需要"(Public Need)、"公共福祉"(Public Welfare)、"公共目的"(Public Purpose)等,旨在使政府免于受制于公共使用才可行使征收权之限制。① 体现这一转变历程的代表性判例主要有:伯曼诉帕克(Berman v. Parker)案、波尔顿社区委员会诉底特律市(Poletown Neighborhood Council v. City of Detroit)案、夏威夷房管局诉米德科夫(Hawaii Housing Authority v. Midkiff)案和凯洛诉新伦敦市(Kelo v. City of New London)案。

Berman v. Parker 一案②在美国不动产征收司法审判史上具有里程碑的意义。在该案中,大法官们一直认为,哥伦比亚特区基于地区整建计划而征收原告位于"破旧不堪"区域内的百货商店符合联邦宪法第五修正案的规定。至于原告提出的"为了某个生意人的利益而取走另外一个生意人的利益的行为"不属于"公共使用"因而存在违宪之主张,为该案撰写判决书的道格拉斯(Douglas)大法官认为:如果不动产所有人都这样拒绝自己的土地因公共利益而被征收,那么特区政府的整建计划将会很难实现。事实上,特区政府的整建计划主要旨在消除大范围的贫穷和不安全等因素,因而其本身是具有公共目的(Public Purpose)的。在本案中,道格拉斯(Douglas)法官还将"公共使用"(Public Use)的概念扩大解释为包括了基于身体状况(Physical)、美学价值(Aesthetic)和金钱利益(Monetary)等因素之上的"公共目的"(Public Purpose)。本案还有一个突出的特点,道格拉斯(Douglas)认为,政府征收权的范围与警察权(Police Power)的范围同样广泛,混淆了二者之间的差异,从而影响了后来的一些审判实践。Berman v. Parker 首开美国司法机关允许地方政府为了经济开发而征用私人财产的先河,该案之判决也很明确且正确地将狭义及僵硬的"公用"概念转变为合乎

① 谢哲胜:《财产法专题研究》(二),中国人民大学出版社 2004 年版,第 163—164 页。

② Berman v. Parker, 348 U. S. 26 (1954); See Cohen, Charles E, "Eminent Domain After Kelo v. City of New London: An Argument for Banning Economic Development Takings", *Harvard Journal of Law & Public Policy* 29: 491 - 568, 2006.

时代所需的"公益"(公共目的)概念。① 随后的波尔顿社区委员会诉底特律市(Poletown Neighborhood Council v. City of Detroit)案,② 密歇根州最高法院认为底特律市征收位于破旧居住区的住宅再转让给通用汽车公司的行为符合公共目的,因为它可以帮助重新激活社区经济基础并有利于减轻失业状况,至于私人受益实属偶然而已。本案援引库利(Cooley)大法官之主张,认为当有"公共需要"(Public Need)时,个人财产之自由行使必须服从于社会整体的安适、保护以及其他人的权利。③ 最后,法院判决政府胜诉,涉案居民被强制拆迁。在后来的夏威夷房管局诉米德科夫(Hawaii Housing Authority v. Midkiff)案中④,美国联邦法院认定夏威夷州议会1967年制定的《土地改革法案》(the Land Reform Act)符合宪法之征收条款,该法是纠正美国最高法院视为土地市场失灵问题的合理手段。夏威夷房管局(Hawaii Housing Authority)按照该法,根据承租人之申请向出租人征收其所承租之土地所有权,再转让给承租人,这完全是出于克服土地垄断之弊端对其进行重新分配的需要,是具有公共目的的典型的行使警察权的行为。2005年的凯洛诉新伦敦市

---

① 陈新民:《德国公法学基础理论》(增订新版·上卷),法律出版社2010年版,第493页。

② Poletown Neighborhood Council v. City of Detroit, 410 Mich. 616, 304 N. W. 2d. 455 (Mich. 1981).

③ 该案因为过度解释公共使用,从而政府可以因经济行为剥夺私有不动产之财产权,遭到很多的批评,也使得美国宪法征收条款中的"公共使用"要件变得更加扑朔迷离。该判决在美国影响极大,导致地方政府滥用征收权的现象在全美开始泛滥,造成不良后果。因此,20多年后,在County of Wayne v. Hathcock, 471 Mich. at 483(2004)中,密歇根州最高法院推翻了波尔顿社区委员会诉底特律市(Poletown Neighborhood Council v. City of Detroit)案判例,重新回归"公共使用"的最初之意旨,宣告原来之判决严重违反了宪法征收的基本原则,自此,盘旋在密歇根州财产权人头顶长达20多年的达摩克利斯之剑(the Sword of Damocles)终于被纠正。有关评论可参见 M. Albert Figinski, "Commentary: Redefining public use after the fall of Poletow," *Daily Record*, The (Baltimore), Aug 20, 2004; Timothy Sandefur, "A Gleeful Obituary for Poletown Neighborhood Council v. Detroit", *Harvard Journal of Law & Public Policy*, Vol. 28, p 651, 2005; Timothy Sandefur, This Land Is Not Your Land: Michigan's failed experiment with Eminent Domain comes to an end, http://old. nationalreview. com/comment/ sandefur200408230840. asp.

④ Hawaii Housing Authority v. Midkiff, 467 U. S. 229(1984); See Lourne, Susan, "Hawaii Housing Authority v. Midkiff a New Slant on Social Legislation: Taking from the Rich to Give to the Well-to-do", 25 *Nat. Resources J.* 773(1985); [美]约翰·G. 斯普兰克林:《美国财产法精解》(第二版),钟书峰译,北京大学出版社2009年版,第641页。

（Kelo v. City of New London）案，① 美国联邦最高法院以 5 ∶ 4 的比例，维持了康涅狄格州最高法院的判决，以约翰·保罗·斯蒂文斯（John Paul Stevens）大法官为主的多数意见认为新伦敦市以经济开发为目的而进行的征收符合宪法第五修正案的公共使用要件，肯定了市政当局可以以经济发展计划为由征收私有不动产后再转让给私人公司，因为征收的目的不是为了让特定的主体受益，而是为了本地区经济的复苏、解决就业、增加税收等。最终法院裁决驳回了动迁户的上诉，支持市政当局强制拆迁。该案再一次把"公共使用"作扩大解释，将其延伸至经济发展目的。②

　　从上述判例的发展可以看出，美国不动产征收"公共使用"标准已经发展为一个含义非常广泛之要件，这也使得美国不动产征收理论实现了由"公用征收"到"公益征收"的转变，推动了美国财产征收理论的发展。此后的实践表明，政府在一系列的征收案件中，最终都会成为胜诉的一方。政府征收权也随即出现了扩张和滥用的情形，最突出的表现是，政府不实际征收（Taking）私有不动产，但是其以保护公共福利或健康之名而颁布法律法规或者其具体的管理行为却会常常侵犯不动产所有人之权利。以维护社会公共利益为着眼点、旨在实现利益平衡的不动产征收理论被异化为政府权力滥用的正当理论基础。对此，学者们以及最

---

　　① Kelo v. City of New London, 545 U. S. 469 （2005）；Abraham Bell, Gideon Parchomovsky, "The Uselessness of Public Use", *Columbia Law Review*, Vol. 106, 2006；Ashley J. Fuhrmeister , "In the Name of Economic Development: Reviving ' Public Use ' as a Limitation on the Eminent Domain Power in the Wake of Kelo v. City of New London", 54 *Drake L. Rev.* 171, Fall, 2005. 关于该案，可参见国内学者的相关介绍和评述，主要有汪庆华：《土地征收、公共使用与公平补偿——评 Kelo. City of New London 一案判决》，《北大法律评论》2007 年第 2 期；王静：《美国财产征收中的公共利益——从柯罗诉新伦敦市政府案说起》，《国家行政学院学报》2010 年第 3 期；林彦、姚佐莲：《美国土地征收中公共用途的司法判定——财产权地位降格背景下的思考兼对我国的启示》，载《交大法学》第 1 卷，上海交通大学出版社 2010 年版。

　　② 该判决非常不受社会公众欢迎，遭到很对人的质疑和反对，并在全国范围内重新点燃了关于国家征收的争论。况且以 O'Connor 大法官为主的另外四名大法官在案件中也发表了明确的反对意见，认为判决极大地扩大了公共使用的含义，实际上是允许政府机关普遍征收私人财产用于一般的私人用途以及交付给新的、一般的私人用途，该判决结果会严重威胁私人财产权利。参见［美］约翰·G. 斯普兰克林《美国财产法精解》（第二版），钟书峰译，北京大学出版社 2009 年版，第 642—643 页。

高法院的法官们也在不断反思,上述情形是否应该构成对财产的征收?是否需要重新认识和界定传统的不动产征收理论?在美国法院审理的一系列案件中,通常认为这一情形构成"准征收"(Regulatory Takings or Possessory Takings),要求政府给予财产权人以合理的补偿。但是,应该怎样区分准征收与征收之间的关系?不动产所有人应该如何寻求救济?这些问题仍存在诸多争论,成为当代美国不动产征收实践和理论研究的焦点问题。因此,从一般征收到"准征收"理论的转变,也是美国当代不动产征收法的又一突出特点。

(2)德国:不动产征收的扩张性演变

在财产权的保护与限制历史上,德国的征收法律制度一直被公认是最具典型性的法律制度,德国也因此形成了比较完善的不动产征收理论体系。

德国法中关于征收的规定,最早可以追溯至 18 世纪开明专制时期,在当时,受自然法观念的影响,一般认为"领主出于公共福祉的特别理由",并且在给予补偿的情况下,可以剥夺或者限制个人与生俱来之权利。[1] 这种观念体现在 1794 年《普鲁士普通邦法》(*Allgemeines Landrecht für die Preussischen Staaten*,ALR)第 74 条、第 75 条中,其主要内容如下:

> 第 74 条:个人和国家成员之权利与利益与促进社会公共福祉之权利义务发生冲突时,个人和国家成员之权利与利益应该服从于公共福祉之下。
>
> 第 75 条:对于因为公共福祉之必要而牺牲个人之特别权利及利益时,国家应该给予补偿。

依照上述规定,国家因为公共福祉而剥夺或限制个人之权利时,个人应该容忍,但是其可以基于"牺牲请求权"而获得补偿。[2] 此后,各邦

---

① [德] 哈特穆特·毛雷尔:《行政法学总论》,高家伟译,法律出版社 2000 年版,第 663 页。

② 李建良:《损失补偿》,载翁岳生编《行政法》(下),中国法制出版社 2002 年版,第 1670—1671 页。

国也陆续制定了征收法典，基本上延续了《普鲁士普通邦法》之意旨：财产征收是为了"公共福祉"所必需，并且须给予被征收人公平或全额或适当的补偿。① 至 19 世纪后半叶，随着德国征收理论的演变，一个更为明确的法律概念——"古典征收"（Die klassische Enteignung）及其理论逐渐形成，② 成为这一时期不动产征收的主导理论。"古典征收"的出发点在于私有财产之绝对保障，控制国家公权力的侵犯，其主要特征为：①标的主要为地产，且只限于所有权及其他的物权；②征收法律过程表现为将所征之地产交付新的法律主体；③征收所采用法律手段以行政处分方式为之；④征收之目的以"公共福祉"需要为限；⑤征收必须给予被征收人全额之补偿。③

随着 1919 年《魏玛宪法》宪法的颁布，该法第 153 条延续了以前各州宪法的规定，对于征收做了明确而详尽的规定，④ 但这一规定在此后被帝国法院和理论界做了扩张解释，"古典征收"之概念也因此演变为"扩张的征收概念"（Der erweiterte Enteignungsbegriff），变化主要体现为：①征收标的由之前的有体物扩大至具有财产价值的个人权利，如债权、结社权、著作权等；②征收的法律手段不仅局限于行政处分方式，也可以通过法律进行征收（立法征收）；③征收过程不仅包括向国家或其他法律主体交付财产，还包括单纯的财产限制，主要是财产使用权之限制，如禁止对被列入文物保护的古建筑进行扩建或者改建；④征收之目的也不再局限于以前的特定的、具体的公用事业，也包括一般的

---

① 陈新民：《德国公法学基础理论》（增订新版·上卷），法律出版社 2010 年版，第 466 页。

② 一般认为，德国古典征收理论始于 1848 年《法兰克福宪法草案》，其成例是 1874 年普鲁士公布的《土地征收法》。

③ 参见李建良《损失补偿》，载翁岳生编《行政法》（下），中国法制出版社 2002 年版，第 1672 页；陈新民：《德国公法学基础理论》（增订新版·上卷），法律出版社 2010 年版，第 467—469 页。

④ 《魏玛宪法》第 153 条内容为：①财产权由宪法予以保障，其内容及其限度，由法律定之。②公用征收仅限于为了公共福祉并以法律为基础，始得行之。除联邦法律有特别规定外，公用征收应予适当之补偿。除联邦宪法有特别规定外，补偿数额之争议，由普通法院管辖。联邦对于各邦、自治区及公益团体公用征收权之行使，应给予补偿。③财产权负有义务，其行使应同时有利于公共福祉。

公共利益；⑤征收补偿由"全额补偿"演变为"适当补偿"。① 征收理论这一扩张性变化，最突出的体现就是征收不再以所有权之转移为限，也间接造成征收与单纯财产权限制之间的界限趋于模糊。对此，帝国法院又提出以"个别行为理论"作为区分的标准，即如果政府是依法对一般的、不特定的人或物进行限制或干预，属于财产权之限制，无须补偿；只有对个别的或特定主体之财产权的限制，尚属征收。②

　　经历了上述变化，在第二次世界大战之后，联邦德国于 1949 年 5 月 23 日颁布了《联邦德国基本法》（GG），《联邦德国基本法》第 14 条对财产权保障与限制做了明文规定，具体内容如下：

> 　　保障财产权和继承权。有关内容和权利限制，由法律予以规定。财产权负有义务。财产权的行使应有利于社会公共福祉。
>
> 　　只有符合社会公共福祉时，方可准许征收财产。对财产的征收只能通过法律或基于法律为之，而该法律必须同时规定财产补偿的种类和范围。征收补偿的确定，应适当考虑和衡量社会公共利益和当事人之利益。对于征收补偿额度有争议的，可向普通法院提起诉讼。

该法第 14 条基本上继承了《魏玛宪法》第 153 条的规定，比较明显的特点是，在强调征收可以直接以法律形式进行的同时，规定该法律必须"同时"规定征收补偿之种类和范围，唯有如此，才可为征收，这一条款也因此被称为财产征收的"唇齿条款"或者"联结条款"（Entschädigung）。其次，《联邦德国基本法》也放弃了"联邦法律可以排除征收之补偿"的规定。此后，在联邦普通法院裁判主导下，关于财产权之限制基本上形成了两大类："应予补偿的公用征收"和"不予补偿的

---

① 参见［德］哈特穆特·毛雷尔《行政法学总论》，高家伟译，法律出版社 2000 年版，第 665 页。

② 参见李建良《损失补偿》，载翁岳生编《行政法》（下），中国法制出版社 2002 年版，第 1673 页。

财产权限制"（财产权社会义务），① 二者彼此分立，互不相涉。二者之间如何区分，联邦普通法院发展出新的理论"特别牺牲理论"（Sonderopfertheorie）作为界分之标准。② 当然，如何理解和把握"特别牺牲"却是一件非常困难的事情。为此，出现了"值得保护理论""期待可能理论""本质减损理论""私使用性理论""目的相左理论""重大性理论"等，这些理论虽然不同，但着眼点却都在关注政府行为是否是对财产本质（Substanz）的侵害、侵害的程度是否能为财产权人忍受、财产遭受侵害后还能否正常利用等因素，这些对联邦普通法院后来的审判实践起到了很大的促进作用。③ 以"特别牺牲理论"为基础，联邦普通法院进一步扩张了公益征收之概念，出现了"准征收侵害"（Enteigungsgleicher Eingriff）和"具有征收效果之侵害"（Enteinender Eingriff）的理论，为财产权人寻求更为广泛的补偿提供充分的理论依据。④

由联邦普通法院发展的公益征收概念及理论体系，一直影响和主导着德国的征收实践。但是，20 世纪 80 年代之后，随着联邦宪法法院裁判的影响，⑤ 这一理论体系又发生了一定的变化：第一，联邦宪法法院承认在"应予补偿的公用征收"和"不予补偿的财产权限制"之外，还存在"应予补偿之财产权限制"情形；第二，将《联邦德国基本法》第 14 条第 3 款之"公益征收"限缩为"合法的征收"，且主要表现为权利的全部或者部分剥夺。至于违法的财产权限制或者征收，权利人只能按照司法

---

① 关于征收概念的表述，国内学者有"公用征收"或者"公益征收"之不同表述，本书此处对此不做评论。其实，在魏玛宪法之后，德国即已经进入公益征收的时代，不再强调公共之使用，因此本书认为公益征收的提法似乎更为妥当。对此，后文将有进一步的分析和论证。

② "特别牺牲理论"主要内容是，国家对私人财产权之干涉，无论是对所有权的剥夺还是使用权的限制，财产权人所受牺牲之程度与他人所受限制相比较，若显失公平且无期待可能性，即构成征收，国家应予补偿。反之，如果尚未达到特别牺牲的程度，则属于财产权之社会义务，国家无补偿义务。可参照 BGHZ 6，270（280）；BGHZ 15，268（272）；BGHZ 30，338（341）等。参见李建良《损失补偿》，载翁岳生编《行政法》（下），中国法制出版社 2002 年版，第 1675—1676 页。

③ 具体参见李建良《损失补偿》，载翁岳生编《行政法》（下），中国法制出版社 2002 年版，第 1676—1680 页；陈新民：《德国公法学基础理论》（增订新版·上卷），法律出版社 2010 年版，第 475—480 页。

④ 详见后文分析。

⑤ 代表性案件是 1981 年的"无偿提交出版品样本案"和"湿采石案"。

程序请求除去侵害，而不能以承认和忍受要求国家补偿。[①] 可见，联邦宪法法院和联邦普通法院关注的侧重点不同，因而关于公益征收的具体类型、法律救济等也表现出差异。但是，关于不动产征收的公共利益目的、征收的行为方式（法律或行政处分）以及对不动产权利限制的国家补偿等征收之基础性问题，态度和做法却是基本相同的。

（3）我国法治化进程中不动产征收理论的发展演变

由于社会政治经济条件的差异，我国不动产征收制度和理论的发展变迁与西方国家存在较大差异。在以公有制为主导的经济体制背景下，我国在不动产征收方面，过去一直强调国家利益至上，为了国家利益的需要，政府可以通过各种指令性计划来对非公有之不动产进行征收。改革开放之后，随着市场经济体制的改革，不动产征收逐渐由原来的计划征收向市场征收过度。此外，在我国不动产征收实践中，还存在另外一种演变路径，即由单一的"征用"体制转向"征收、征用"并存的征收体制。

①计划性征收到市场性征收

计划经济最先由苏联建立和发展，主要是指以公有制为基础，由国家根据指令性计划和指导性计划来管理和调节国家经济运行的经济形态。自新中国成立至1978年改革开放，我国一直实行以公有制为主导的计划经济体制，计划调节是这一时期资源配置和经济运行的主要方式。相应的，这一时期中国的不动产征收制度也主要表现为计划性征收。是否用地、由谁用地、用哪块地、用多少地都是由国家计划统一安排，被征地者只有服从之义务，不能提出异议。当然，计划性征收体制下，对于被征地者的补偿和安置责任也都由国家来承担。这一时期，我国先后颁布了《中国人民政治协商会议共同纲领》、1954年的《宪法》（简称"五四宪法"）、1975年的《宪法》（简称"七五宪法"）、1978年的《宪法》（简称"七八宪法"）以及1953年的《关于国家建设征用土地办法》[②]、1982年的《国家建设征用土地条例》，这些法律法规对不动产财产权的保

---

① 参见李建良《损失补偿》，载翁岳生编《行政法》（下），中国法制出版社2002年版，第1681—1683页。

② 1958年国务院对该办法进行了第一次修改。

护及征收做出了明文规定，构成了当时不动产征收的主要依据。其中，1953 年的《关于国家建设征用土地办法》最早对土地之征收做出规定，但是主要宗旨是为了保障国家建设的需要，强调国家利益和政府计划性指令在征收过程中的主导性作用。[①] 1954 年，"五四宪法"首次以宪法形式规定不动产（土地）征收制度，并提出征收当以"公共利益"之需要为原则，[②] 但是遗憾的是并没有相应的补偿条款。"七五宪法"和"七八宪法"关于土地征收的规定，比"五四宪法"有所倒退，都以"依照法律规定的条件"代替了"五四宪法"中的"公共利益"，并且也没有补偿条款。[③] 1982 年颁布的《国家建设征用土地条例》，虽然具有一些市场经济的色彩，但是国家利益、政府权力等因素依然十分突出，条例在征收程序和制度基础等方面还存在很大的缺陷，以至于很快即遭到废除。总的来讲，"国家主义"观念在当时的不动产征收理论以及立法中占据主导地位，"国家利益、国家权威、国家责任、国家计划"为这一阶段的土地征收制度及相关理论的主要特征，[④] "国家利益"高于"个人利益"，土地征收是为了国家发展的需要，"个人利益"必须服从于"国家利益"。然而，尽管缺陷种种，但从历史唯物主义角度分析，其也适应了当时计划经济体制的要求，为我国不动产征收制度的发展和理论体系的完善积累了丰富的经验。

伴随着改革开放的历史进程，我国逐渐开始实行计划经济体制向市场经济体制的转轨。在这一过程中，国家计划的影响逐渐减弱，市场调节方式不断加强。同时，公共利益也逐渐从国家利益中分离出来，成为一种独立的利益。[⑤] 这些变化，影响了后来的不动产征收理论及实践。在不动产征收立法中，也实现了"公共利益"的回归。1982 年，第五届全

---

① 参见 1953 年《关于国家建设征用土地办法》第 1 条、第 3 条、第 4 条之规定。

② 参见"五四宪法"第 13 条："国家为了公共利益的需要，可以依照法律规定的条件，对城乡土地和其他生产资料实行征购、征用或者收归国有。"

③ 参见"七五宪法"第 6 条第 3 款："国家可以依照法律规定的条件，对城乡土地和其他生产资料实行征购、征用或者收归国有。""七八宪法"第 6 条第 3 款："国家可以依照法律规定的条件，对土地实行征购、征用或者收归国有。"

④ 王坤、李志强：《新中国土地征收制度研究》，社会科学文献出版社 2009 年版，第 70 页。

⑤ 同上书，第 111 页。

国人民代表大会第五次会议通过了新中国第四部宪法（简称"八二宪法"），明确规定国家仅以"公共利益"的需要，才可以依照法律规定对土地实行征收。[①] 1986 年，《土地管理法》颁布，首次以法律的形式对土地征收制度做出了明确的规定，包括土地征收的条件、征收审批、征收的程序以及土地征收补偿的范围和标准。[②] 《土地管理法》以"八二宪法"为依据，正式确立了我国的不动产征收法律制度，以此为界限，也标志着我国不动产征收由"计划性征收"向"市场性征收"转变。伴随着中国法治化进程的推进，我国不动产征收制度和理论体系也在不断适应我国的实际情况进行调整和完善。"八二宪法"先后经历了 1988 年、1993 年、1999 年、2004 年四次修改，《土地管理法》经历了 1988 年、1998 年、2004 年三次修改，《物权法》于 2007 年通过并颁布实施。[③] 此外国务院还先后于 1991 年和 1999 年两次公布《土地管理法实施条例》，2011 年 1 月 21 日，《国有土地上房屋征收与补偿条例》颁布并实施。这些法律法规的制定、修改和实施，使得我国不动产征收的理论基础和制度设计更加符合我国社会主义市场经济建设的要求，如征收条件更加强调公共利益的需求，征收补偿更加注重公平性[④]、征收程序更加突出合法

---

① 应该说明的是，在 2004 年《宪法修正案》通过之前，我国法律都以"征用"术语代替"征收"，详见下文分析。参见"八二宪法"第 10 条："城市的土地属于国家所有。农村和城市郊区的土地，除由法律规定属于国家所有的以外，属于集体所有；宅基地和自留地、自留山，也属于集体所有。国家为了公共利益的需要，可以依照法律规定对土地实行征用。任何组织或者个人不得侵占、买卖、出租或者以其他形式非法转让土地。一切使用土地的组织和个人必须合理地利用土地。"

② 参见《土地管理法》（1986 文本）第 2 条、第 21 条、第 23 条、第 25 条、第 27 条、第 28 条、第 29 条、第 35 条之规定。

③ 《物权法》第 42 条对不动产征收做出了更加完善的规定："为了公共利益的需要，依照法律规定的权限和程序可以征收集体所有的土地和单位、个人的房屋及其他不动产。征收集体所有的土地，应当依法足额支付土地补偿费、安置补助费、地上附着物和青苗的补偿费等费用，安排被征地农民的社会保障费用，保障被征地农民的生活，维护被征地农民的合法权益。征收单位、个人的房屋及其他不动产，应当依法给予拆迁补偿，维护被征收人的合法权益；征收个人住宅的，还应当保障被征收人的居住条件。任何单位和个人不得贪污、挪用、私分、截留、拖欠征收补偿费等费用。"

④ 有关不动产征收公平补偿的立法，首见于《国有土地上房屋征收与补偿条例》第 2 条："为了公共利益的需要，征收国有土地上单位、个人的房屋，应当对被征收房屋所有权人（以下称被征收人）给予公平补偿。"

性和公正性等。

②由不动产征用到不动产征收、征用并存

在 2004 年《宪法修正案》通过之前，《宪法》《土地管理法》等并没有不动产"征收"的明文规定，只有"征用"的规定，国家为了公共利益需要，可以依法对集体土地进行征用。① 尽管如此，当时在"征用"的规定之下，国家仍可以剥夺私有不动产之所有权。这其实是"以征用之名行征收之实"。在这样的制度设计之下，理论研究也大多回避使用"征收"，普遍以"征用"作为研究对象。缘此，行政法学界也有了"行政征收"与"行政征用"这一极具争议的理论界分。这一立法上的缺陷，造成我国长期"征收、征用的理论与制度的混乱"。②

2004 年《宪法修正案》通过，首次在《宪法》中确立了"征收"制度，并将"征收"与"征用"并列。③《宪法》对这两个概念的区别对待，不仅具有宪法层面的积极意义，而且对于明确不同的法律关系，处理好公共利益和私有财产权的限制的关系具有重要意义，有力地推动了我国征收法律制度的体系化和完整性。④ 全国人大常委会副委员长王兆国同志在《关于〈中华人民共和国宪法修正案（草案）〉的说明》中对此做了充分的阐述："宪法修正案（草案）将宪法第十条第三款'国家为了公共利益的需要，可以依照法律规定对土地实行征用。'修改为：'国家为了公共利益的需要，可以依照法律规定对土地实行征收或者征用，并给予补偿。'这样修改，主要的考虑是：征收和征用既有共同之处，又有不同之处。共同之处在于，都是为了公共利益需要，都要经过法定程序，都要依法给予补偿。不同之处在于，征收主要是所有权的改变，征用只是使用权的改变。宪法第十条第三款关于土地征用的规定，以及依据这

① 值得说明的是，1995 年开始施行的《国家赔偿法》（第 4 条）以及 2000 年开始施行的《立法法》已开始出现"征收"的概念（第 8 条）；《中外合资经营企业法》亦有类似规定："国家对合营企业不实行国有化和征收；在特殊情况下，根据社会公共利益的需要，对合营企业可以依照法律程序实行征收，并给予相应的补偿。"

② 沈开举、征收：《征用与补偿》，法律出版社 2006 年版，第 17 页。

③ "国家为了公共利益的需要，可以依照法律规定对土地实行征收或者征用并给予补偿""国家为了公共利益的需要，可以依照法律规定对公民的私有财产实行征收或者征用并给予补偿"。参见《宪法》第 10 条、第 13 条。

④ 王利明：《进一步强化对于私有财产的保护》，《法学家》2004 年第 1 期。

一规定制定的土地管理法,没有区分上述两种不同情形,统称'征用'。从实际内容看,土地管理法既规定了农村集体所有的土地转为国有土地的情形,实质上是征收;又规定了临时用地的情形,实质上是征用。为了理顺市场经济条件下因征收、征用而发生的不同的财产关系,区分征收和征用两种不同情形是必要的。"①

以 2004 年《宪法修正案》为基础,2004 年 8 月 28 日第十届全国人民代表大会常务委员会第十一次会议审议通过的《关于修改〈中华人民共和国土地管理法〉的决定》,把第 2 条第 4 款修改为:"国家为了公共利益的需要,可以依法对土地实行征收或者征用并给予补偿",除此之外,还将第 43 条第 2 款、第 45 条、第 46 条、第 47 条、第 49 条、第 51 条、第 78 条、第 79 条中的"征用"修改为"征收"。自此,"征用"和"征收"在我国现行法律规范中有了明确的区别。2007 年《物权法》更是遵循了区别对待的做法,分别以第 42 条和第 44 条两个条文规定了财产的征收和征用制度。从此,我国正式实现了不动产征用制度到征收、征用制度并存的完整转变。

(4)反思与评价

从以上各国不动产征收理论之演变,可以看出,美国、德国的不动产征收理论普遍经历了一个由严格征收到扩大征收的转变,并显示出很多的共性,如"公共利益"或者"公共福祉"始终是美、德两国不动产征收理论发展演变的主线,不动产及其权利都可以成为征收的对象,不动产征收必须以公正补偿为对价等,其中最突出的体现便是颇具特色的"准征收"理论对于不动产财产权过度限制补偿需求之支持。当然,两国在不动产征收理论研究和制度构建中,还拥有各自的特色,比如德国征收法对"财产权社会义务"的突出强调以及对"特别牺牲理论"的认可和推崇,美国法对不动产征收"正当法律程序"条件的严格适用、对"公共使用"条款的扩大解释以及管制准征收理论等。

综合比较不动产征收理论的发展演变,认真吸取其经验教训,对于

---

① 王兆国:《关于〈中华人民共和国宪法修正案(草案)〉的说明》,《人民日报》2004 年 3 月 9 日。

我国不动产征收制度的完善，具有非常重要的意义。反观我国不动产征收制度的发展变化，在经历了由计划征收到市场征收、由征用到征收、征用并存的转变后，仍然存在很多亟待解决的问题。例如，就不动产征收、征用概念本身，还存在着一定的争议。作者认为应该采用广义的征收概念，将征用作为一种特殊情形包括在内。这不仅有利于厘清概念上的混乱，而且有利于征收实践中的具体操作。事实上，在美国的法律实践中，也并没有严格区分征收与征用，征收（Takings）是一个内涵和外延极为广泛的概念，正如《布莱克法律辞典》对"Takings"的解释："政府以剥夺财产所有权或者消灭财产或者严重削弱财产效用的方式而实际或有效地获取私人财产；当政府行为直接干涉或者实质性地干预财产所有人对财产的使用和收益时即构成征收。"① 这里的"征用"，其实相当于美国法中的"临时性征收"（Temporary Taking）。②

　　本书研究发现，以财产权的直接剥夺为特征的不动产征收理论在政府公权力极度扩张的现实面前表现出很大的无奈，实践中因立法行为或者政府行为变相剥夺私有不动产的情形屡有发生。因此，从 21 世纪初以来，学者们开始关注美国、德国等国家不动产征收理论的发展变化，并尝试引入不动产准征收理论以弥补传统征收理论的内在缺陷。在中国的语境下，积极探索不动产准征收制度的构建，应该是今后不动产征收制度研究的主要方向。

（二）不动产准征收理论的提出

　　政府基于"公权力"来管理国家社会事务、维护社会秩序，这是国家得以正常运转的根本要求。"公权力"源自公民的授权，是一个国家固有的权力。国家公权力的行使，通常以国家利益或者公共利益为基础，因而其正常行使不可避免会限制甚或剥夺公民的不动产财产权。对不动产的直接剥夺（征收），政府通常应予以补偿，这已为现代各国宪

---

① See Bryan A. Garner, *Black's Law Dictionary*, 9th. ed., West Publishing Company, 2004, p. 1619.

② A government's taking of property for a finite time. The property owner may be entitled to compensation and damages for any harm done to the property. See Bryan A. Garner, *Black's Law Dictionary*, 9th. ed., West Publishing Company, 2004, p. 1619.

法所肯定。对于不动产财产权的限制是否需要补偿还存在一定的争议。学界普遍认为,对于不动产财产权的一般限制是政府行使公权力的必然结果,因此当然无须补偿。但是,对于不动产财产权的过度限制是否需要补偿,目前仍是财产法领域最为迷惑、最为棘手的问题。针对不动产财产权征收与限制(警察权的正当行使)之间存在的这一灰色地带,法律实践者们进行了积极的探讨。在此背景下,"准征收"理论应运而生。该理论认为,政府行使公权力造成对公民不动产财产权限制过多、程度过深即构成准征收。这一理论主要源自财产法律制度比较健全的美国、德国等国家。在第二次世界大战前后,美国、德国等发达国家为了大力发展公用事业,政府往往以土地法令或者分区规划等形式限制私人对其不动产的使用、收益和处分,或者由于政府之限制导致不动产财产价值遭受严重损失,私有不动产所有人因此进行抗议甚至诉讼而最终获得政府相应的经济补偿,之后逐渐规范化而演变为准征收制度,并且已经有相当的理论积淀。我国台湾地区有部分学者对此进行过专门的论述。但是,这一问题在我国大陆学界和实务界并没有引起足够的重视。因此,对不动产准征收问题进行理论与实证的全面分析,对于保护公民不动产财产权、完善我国不动产征收法律制度甚至整体财产权法律体系,将具有积极的意义。

三 不动产准征收理论的确立

(一) 确立不动产准征收理论的意义

从实际来看,在政府行使公共权力管理国家社会公共事务的过程中,对私有不动产财产权的过度限制难以避免,因此,通过法律制度来规范和限制政府行为就显得尤为重要。保障公民基本权利不受行政权力的非法侵害,这是现代行政法的主要目的。不动产准征收理论的确立,既关系到公民不动产财产权的充分保护,更为重要的是,将会为政府决策和立法行为提供参考,这对于我国不动产征收制度甚至整个财产法律制度的完善都具有重大的现实意义。所以,以不动产准征收理论的确立为契机,认真反思和重构我国不动产征收理论体系,为当前之急需,其重要意义体现为:

第一，着眼于不动产征收补偿的现实困境，解决不动产财产权纠纷。现实中，由于制度的缺位，致使大量有关不动产过度限制的纠纷得不到妥善的处理，相应的补偿问题也往往处于两难困境。如果政府不对权利人进行补偿，将会影响政府在人民心目中的形象和威信，挫伤人民对法治国家权利保障的信心，加剧甚至激化政府行政机关和相对人之间的矛盾；如果政府要补偿，那么补偿的依据何在？补偿的范围和标准又该如何确定？尤其是当此种限制涉及的主体人数众多时，补偿问题更难以解决。例如，在备受关注的"宁波栎社机场噪声扰民事件"的处理中，政府最终做出 120 万元的补偿决定，虽然较为圆满地解决了这场大范围的不动产财产权补偿纠纷，但是做出该决定的法律依据却备受争议，充分反映出我国不动产征收理论的内在缺陷和不足，凸显了不动产建立准征收制度的必要性和紧迫性。①

第二，有助于我国不动产财产权法律体系的完善。诚如王利明教授所言："财产关系是最主要的经济关系，它决定着一个国家的上层建筑，财产权包括私有财产权在内的各种财产权是这种财产关系在法律上的表现。法律通过确认和保护各种形式的合法财产权益，以使上层建筑适应经济基础发展的需要，只有构建一套完整的对私有财产的保护的法律，才能适应生产力发展的需要，调动民众创造财富的积极性，促进财富的极大增长及合理利用。"② 根据我国《宪法》和《物权法》的相关条款，对不动产财产权的规定实际只包含了两层意思：其一，不动产财产权受国家法律的保护；其二，国家可以依法剥夺公民的不动产财产权（征收或者征用）。也就是说，我国不动产财产权的法律条款表现为"保护"——"剥夺"的"二元结构"，对于不动产财产权的限制问题，还没有相应的规定。从理论上讲，不动产财产权的法律保护条款，应该是一个"保护——一般限制——过度限制——剥夺"依次渐进的过程。③ 完整的不动产财产权法律体系，既应该包括权利的保障制度，还应当包括权利的限制和剥

---

① 孔令泉：《机场噪声扰民状告环保总局宁波 99 名村民获赔 120 万元》，《民主与法制时报》2008 年 2 月 25 日。

② 王利明：《进一步强化对于私有财产的保护》，《法学家》2004 年第 1 期。

③ 如德国《联邦德国基本法》第 14 条之规定，明确规定了财产权条款的三层结构：保障—限制—剥夺。

夺制度。当然,应以财产权的充分保障为基础、以权利的限制和剥夺为例外。尤其重要的是,还应当重点关注"一般限制"与"征收"中间存在的"灰色地带"。详如图 2 所示。

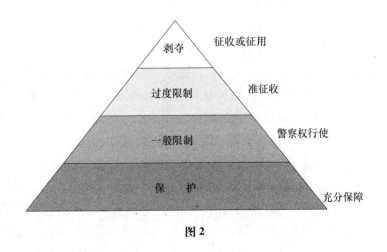

图 2

这样的制度设计,既有利于私有不动产财产权的保障,实现私益的保护,又有利于对私有财产权的合理管制,实现公益保护,从而在私益和公益之间实现良性的平衡。[①]

第三,有利于限制政府公共权力的不当行使,推进依法行政。科学完备的理论体系,不仅可以影响和指导立法,对于政府行政行为也具有一定的规范和指引作用。随着不动产准征收法律制度的建立,在政府行政行为与公民不动产财产权保护之间,政府什么可为、什么不可为、政府行政行为的边界等均可以依法确定,能减少政府和相对人之间的不动产财产权纠纷,真正实现不动产征收的制度化、法治化。

纵观我国不动产征收理论研究和实践,不仅存在着基本概念不清、征收目的偏离公共利益、政府滥用行政征收权、征收补偿标准显失公平、征收程序缺乏透明度、监管与救济机制不完善等普遍性问题,更为重要

---

① 房绍坤、王洪平主编:《不动产征收法律制度纵论》,中国法制出版社 2009 年版,第 33 页。

的是，对于不动产财产权过度限制之现状，缺乏应有的关注和规范。① 在 2004 年《宪法》确立的财产权条款中，甚至对财产权的一般限制也未做出规定，这不能不说是此次修宪的一大缺憾。此外，在不动产征收的理论研究中，还存在着"各自为政""概念与术语乱用""忽视中国现实"等问题。比如，关于征收的概念，就有"征收""公用征收""公益征收""公用征用""公用征调""行政收用"等，极大地影响了不动产征收理论研究的深化和进一步发展。因此，今后关注和研究的重点，应该以不动产准征收制度的建立为契机，直面中国不动产征收的现实问题，将重构中国不动产征收理论体系，制定《征收法》作为当代法学研究者们的历史使命。

(二) 不动产准征收概念辨析

对于不动产财产权的直接剥夺，学界一般将此种情形称为"征收"，即使是在我国，目前也已经逐渐实现了由"征用"到"征收"概念的真正回归。但是，对于前文述及的不动产财产权的过度限制之情形，究竟应该以何种概念进行表述目前仍尚无定论。例如，在德国，就有"Enteigungsgleicher Eingriff"和"Enteinender Eingriff"等不同表述；在美国，有"Inverse Condemnation""De facto taking Regulatory Taking"等表述；在我国，相关术语就更为繁多，如准征收、准征收侵害、管制性征收、变相夺取、管理性征收、过度限制等。从学术研究的角度来讲，概念和术语的混乱是影响研究取得实质性突破的首要障碍。因此，下文将在对准征收概念进行域外考察和本土归结的基础上，深入探讨此概念确立的缘由及其内含，推动"准征收"概念在我国得以真正确立。

1. 不动产准征收概念的域外考察

在美国法律中，与"准征收"有关的概念主要有"Inverse Condemnation"、"Regulatory Taking""De Facto Taking""Permanent Taking""Physical Taking""Actual Taking"等。"Inverse Condemnation"也被称为"Con-

---

① 参见莫于川《土地征收征用与财产法治发展——兼谈对待当下行政管理革新举措的态度》，《法学家》2008 年第 3 期；徐信贵、陈伯礼、成竹：《我国不动产征收制度之反思与重构》，《贵州社会科学》2010 年第 8 期。

structive Condemnation" "Reverse Condemnation",主要区别于"Formal Ex-propriation",指的是在未经正常征收程序而使私有财产权遭受实质性剥夺、物理性侵占或者不合理的限制时权利人如何寻求补偿的情形。① 通常情况下,当政府限制私有不动产达到一定程度致使其价值大大减小或者允许公众利用私有不动产时,虽然此时该不动产并没有被直接剥夺,但权利人却可以因此主张政府行为构成了征收而寻求补偿救济。寻求救济的主要方式便是以原告身份将政府诉至法院,要求法院认定其行为构成征收并主张公正的补偿。"Regulatory Taking"主要是指政府以公共利益为目的而制定实施的法令、规则、命令、决定等使不动产财产权受到过分之限制,权利人也可以以构成征收为由起诉政府,要求给予公正之补偿。"De Facto Taking"是一种事实上的或实际上的征收,当政府干涉私有不动产的使用、价值或者销售等,或者剥夺权利人对其财产的合理使用,因此而引发公正补偿的责任;也指政府基于征收权而持续性地妨碍权利人对其财产的占有、使用和收益。"Permanent Taking"是一种永久性的征收,政府征收财产并无返还的意愿,财产所有人有权获得公正的补偿。"Physical Taking"和"Actual Taking"系同义语,也指政府基于征收权而对私有财产的物理性占有。②

通过分析可以发现,在上述概念中,"Inverse Condemnation"是一个范围较为广泛的概念,包含了其他可能构成征收的各种形式。它可以基于物理性侵占(Physical Taking)而发生,例如因排洪、污水排放而影响土地性能或者使土地遭受通行侵害,或者因机场噪声而影响不动产权利人的正常生活。"Inverse Condemnation"也可以因为管制性政府行为"Regulatory Taking"而产生,比如地区环境保护条例对不动产的过度限制、古建筑物加盖或者毁坏的禁令等,只要政府管制性规定的目的和对不动产的影响足以达到征收的程度,权利人便可以要求补偿。③ 也就是说,只有该管制性规定基于公益目的而在事实上完全剥夺了权利人对其

---

① See Bryan A. Garner, *Black's Law Dictionary*, 9th. ed., West Publishing Company, 2004, p. 332.

② Ibid., p. 1619.

③ Southview Assoc., Ltd. v. Bongartz, 980 F. 2d 84, 93 (2d Cir. Vt. 1992).

不动产的使用时,才构成"Inverse Condemnation",而如果仅仅是由于不动产的正常市场价值的减损是不能提出征收补偿的诉求的。① 一般而言,对不动产的物理性侵占(Physical Taking)的判断是比较容易的,也大多会得到法院的支持。而前述管制性规定是否构成征收往往因其与地方政府利益、社会公共利益密切相关而难以判断,实践中主要参照的因素有三个:①政府管制的性质;②政府管制对财产的影响;③政府管制对财产所有人对其财产经济价值期望所干预的程度。②

德国法中与"准征收"相关的概念主要有"准征收侵害"(Enteigungsgleicher Eingriff)、"具有征收效果之侵害"(Enteinender Eingriff)和"应予补偿的财产权限制"等。上述概念皆由法院在司法审判实践中所创设,并为学界所普遍认可。"准征收侵害"和"具有征收效果之侵害"概念源自德国联邦普通法院,而"应予补偿的财产权限制"源自德国联邦宪法法院。根据德国的征收法律,征收侵害一般为侵害合法为前提,但违法侵害的问题却没有解决。违法侵害又可以分为过错和无过错两种情形。如果是过错违法侵害行为,权利人可以依据职务责任法获得损害赔偿,但是对于无过错的违法侵害如何救济却没有法律依据,德国联邦普通法院认为,如果合法财产侵害应当补偿,那这同样适用于违法侵害。此时"准征收侵害"(又称为"类似征收侵害")概念随之产生,联邦普通法院最初将其定义为:是对财产的违法侵害,"就其适法性而言,无论是从内容还是从效果方面都可以视为征收,实际上具有给关系人造成特别牺牲的效果"。③ 后来,"准征收侵害"的概念被不断扩大,不仅适用于无过错之违法侵害,还同样适用于职务责任之外的过错性违法侵害。"准征收侵害"即可能因法律行为而产生,也可能因事实行为而产生,而且,"事实行为在这里扮演者重要的角色",例如违法计划或者执行的道路建设工程对经营的侵害、公路沿线工程对建筑物安定性的破坏、洪水

---

① Wild Rice River Estates, Inc. v. City of Fargo, 2005 ND 193 (N. D. 2005); Braunagel v. City of Devils Lake, 2001 ND 118 (N. D. 2001).

② 这被称为佩恩中心检测法,参见 Penn Central Transportation Co. v. New York City, 438 U. S. 104 (1978); Inverse Condemnation, http://eminentdomain.uslegal.com/inverse-condemnation。

③ 《BGHZ》第6卷,第270、290页,详见[德]哈特穆特·毛雷尔《行政法学总论》,高家伟译,法律出版社2000年版,第669页。

防止设施建设对水的侵害等。①

　　"具有征收效果之侵害"（Enteinender Eingriff）又被称为"征收性侵害"，是指多数不规则的、不能遇见的合法行政活动派生后果（Neben-folgen）造成的财产损害，特别持久，因此超过了征收法上的牺牲的界限。例如因道路施工建设影响交通而对沿线商家造成销售损失，根据德国联邦普通法院的判决，此种损害原则上属于《联邦德国基本法》第14条第2款规定的财产权的社会义务，权利人必须要予以容忍并无权获得补偿，但是如果这种损害程度较深且持续较久，权利人亦可因在例外的情况下获得补偿。②

　　"应予补偿之财产权限制"系由德国联邦宪法法院创设之概念，是介于"应予补偿的公用征收"和"不予补偿的财产权限制"之间的特殊情形。应当说，在《联邦德国基本法》第4条第1款第2句和第3款之间，还存在着其他的选择——"应予补偿之财产权限制"，既实现了基于公益目的对财产权的限制，也平衡了过度限制而造成的特别牺牲。"应予补偿之财产权限制"最早源自联邦宪法法院1981年7月14日之"无偿提交出版品"之义务示范判决，要旨在于:以宪法允许的方式对财产作一般限制的法律规则在特殊的例外情况下可能导致特别负担，从比例原则的角度来看不再具有正当性和可预期性，在这种例外情况下，这些额外负担可以通过财产公平补偿予以消除，并且据此避免违反比例原则和财产保障原则。③

　　2. 准征收概念的本土表现及确立意义

　　"准征收"的概念最早见于我国台湾地区部分学者的研究成果中，例如谢哲胜教授曾在比较"Eminent Domain"和"Inverse Condemnation"的

---

　　①　［德］哈特穆特·毛雷尔:《行政法学总论》，高家伟译，法律出版社2000年版，第707页。

　　②　参见李建良《损失补偿》，载翁岳生编《行政法》（下），中国法制出版社2002年版，第1679页;［德］哈特穆特·毛雷尔:《行政法学总论》，高家伟译，法律出版社2000年版，第670—671页。

　　③　BVerfGE，第58卷，第137页，详见［德］哈特穆特·毛雷尔:《行政法学总论》，高家伟译，法律出版社2000年版，第701—702页;李建良:《损失补偿》，载翁岳生编《行政法》（下），中国法制出版社2002年版，第1681页。

基础上，明确指出"无正式的征收权行使而人民财产权受到侵害请求价值损失补偿之情形"构成"准征收"。① 从大陆地区现有研究文献来看，"准征收"的概念尚未得到正式确立，也未得到实务界的认可，仅有个别文献采用了"准征收"之概念。与此相关的概念主要有"财产权的变相夺取""规范性征收""公用征收""反向征收""管制性征收/管制征收""管理性征收""准征用"等。② 此外，在国际投资法领域，其实早已有与本书"准征收"相关之概念——"间接征收"，要旨在于解决东道国对外国投资者财产权行使过度干涉时的救济问题。③

如前文所述，对于财产权过度限制的补偿救济问题，学者们分别采用了不同的概念和表达方式，研究成果固然值得肯定，但是，概念的不统一不仅会妨碍学术共识的形成，而且也将难以推动制度的真正建立。基于此，行政法学者姜明安教授呼吁，应该尽快建立"准征收"制度，加大对公民私有财产权的保护力度，维护社会的公平和公正。④ 作者认

---

① 张泰煌：《从美国法论财产准征收之救济》，转引自李蕊《国外土地征收制度考察研究——以德、美两国为重点考察对象》，《重庆社会科学》2005 年第 3 期；谢哲胜：《财产法专题研究》（二），中国人民大学出版社 2004 年版，第 159 页。

② 分别参见孙凌《论财产权的"变相夺取"及其救济——以〈杭州市历史文化街区和历史建筑保护办法〉第 26 条为分析原型》，《法治研究》2007 年第 8 期；许德风：《住房租赁合同的社会控制》，《中国社会科学》2009 年第 3 期；张鹏：《论因财产权的过度限制而引起的公用征收》，载房绍坤、王洪平主编《不动产征收法律制度纵论》，中国法制出版社 2009 年版，第 92—100 页；房绍坤、王洪平：《私有财产权之保障、限制与公益征收——一个比较法的视角》，载房绍坤、王洪平主编《不动产征收法律制度纵论》，中国法制出版社 2009 年版，第 463 页；吴真：《反向征收确认中权利冲突的化解——以公民生存权与环境权为视角》，《河南师范大学学报》（哲学社会科学版）2010 年第 3 期；叶芳、刘畅：《管制性征收研究》，《黑龙江省政法管理干部学院学报》2010 年第 10 期；陈波：《管制性征收理论初探》，《科技信息》2007 年第 32 期；胡建森、吴亮：《美国管理性征收中公共利益标准的最新发展——以林戈尔案的判决为中心的考察》，《环球法律评论》2008 年第 6 期；赵世义：《财产征用及其宪法约束》，《法商研究》1999年第 4 期。

③ 参见曾华《群国际投资法学》，北京大学出版社 1999 年版，第 447 页；梁咏：《间接征收的研究起点和路径》。

④ 王义杰：《七问征收补偿，我们离合理还有多远》，《方圆法治》2007 年第 9 期；《收枪法治》《南方周末》2003 年 6 月 26 日；姜明安：《就〈枪支管理法〉规定收缴民间枪支涉及的立法补偿问题答（南方周末）记者问》，http://www.publiclaw.cn/article/Details.asp? NewsId = 339&ClassName，2011 年 6 月 11 日访问。

为,应该尽快推动"准征收"概念的普遍认同,通过概念的确立和统一最终实现其规范化和制度化。

概念的选择,不仅要考察其产生的渊源和内在含义,还应该充分考虑其赖以生存的社会环境和基本条件,即其社会本土资源。有学者在研究准征收问题时,直接根据字面意思将"Inverse Condemnation"翻译为"反向征收",作者认为,其没有顾及概念背后的本土因素,因而是不准确、不科学的。本书之所以主张选择"准征收"概念,首先是因为这一概念更加符合现实问题自身的需求,即当政府行政行为过度限制公民私有财产权,此时虽然未行使征收权,但是财产权人仍可以以"构成征收"为由要求补偿。其次,在我国的法律体系中,"准"字已经被多次采用,用来形容与原本制度或行为相类似的情形。"准"字,其汉语字义为"程度上不完全够,但可以作为某类事物看待"①。在法律用语上可以将其简解为:"近而未达,同类视之。"② 我国法律中的相关概念表述主要有"准物权""准契约""准不动产""准正""准法律行为"等。法律概念的确立,不能依靠机械翻译和移植,更要重视本土的法律环境和用语习惯,综合各种因素,"准征收"概念的选择,将会更加符合我国的实际情况。最后,就其意义而言,选用"准征收"概念也将会尽快实现学术话语的统一,促使准征收理论的形成,并最终影响国家立法和司法实践。

3. 不动产准征收概念之界定

对我国来讲,"准征收"是一个全新的概念,目前尚无统一的定义,学界说法也不尽相同。谢哲胜教授认为,准征收是指"无正式的征收权行使而人民财产权受到侵害请求价值损失补偿之情形"③;姜明安教授认为,准征收是指"政府为了社会公共利益,对特定相对人的财产施加特定的限制,或者政府采取规制或规划的措施使得相对人的财产损失或价值降低,或者政府为了实施其他公权力行为或公用事业、公共设施建设导致相对人的财产损失或价值降低,政府对之给予补偿的制度";还有学

---

① 中国社会科学院语言研究所词典编辑室编:《现代汉语词典》,商务印书馆1978年版,第1511页。

② 刘保玉:《准物权及其立法规制问题初探》,载《中国民法年刊(2004)》,法律出版社2006年版。

③ 谢哲胜:《财产法专题研究》(二),中国人民大学出版社2004年版,第159页。

者认为，准征收是指"政府行为的后果不是取得财产，也不是取得财产权利，但使财产所有人遭受了不利的影响，提出诉讼，要求获得补偿。具体来说就是如果对于财产权的限制过于严格，其效果等同于征收，从而需要补偿"①。另有文章将准征收定义为："政府基于公共利益行使管制权，在财产的使用、收益和处分方面设定限制，致使财产价值发生实质性减损，从而达致征收效果的一种制度。"②

以上是现有研究成果对准征收概念的代表性阐释。从准征收的本质来看，以上定义皆具一定的合理性，但是仍然存在着不尽完美之瑕疵。第一种界定简单明确直接点明了准征收的大致情形但却没有明确阐明准征收的"过度限制"之本质；第三种界定虽然触及准征收的本质但是仍然不够精练；第四种界定的不足在于不够全面，将准征收局限于政府的管制行为，忽略了准征收的其他样态。第二种界定采用列举的方式，基本上说明了准征收的构成及类别，但是却略显烦琐，缺少了基本概念所应具有的高度盖然性要求。本书以不动产为主要研究对象，旨在探求私有不动产财产权遭受过度限制之补偿救济，基于此，作者将"不动产准征收"定义为：不动产准征收是指以社会公共利益为目的而实施的立法行为、政府行政行为或者事实行为使私有不动产财产权遭受过度限制时，不动产权利人可以以该行为构成征收为由获得相应的经济补偿或者其他法律救济。③ 作为一种特殊的征收形态，不动产准征收主要有以下突出特征：

（1）不动产准征收的产生源自政府行为或者现行立法。不动产准征收和征收一样，大多由政府行为而引起，都是为了社会公共利益的目的。所不同的是，征收通常源自政府征收权的正当行使，而准征收的产生并非基于征收程序，通常是因政府公权力之正常行使而对私有不动产财产权造成过度限制，致使不动产财产权人受到特别的牺牲。另外，征收一般源自政府的具体行政行为，而准征收既可能因政府的具体行政行为而

① 李蕊：《国外土地征收制度考察研究——以德、美两国为重点考察对象》，《重庆社会科学》2005 年第 3 期。

② 李伟：《论准征收的构成要件》，《哈尔滨工业大学学报》（社会科学版）2007 年第 6 期。

③ 为了研究的方便，本书将政府对私有不动产财产权的过度限制行为称为"准征收行为"。

产生,也可能因抽象行政行为而产生。除了政府行为之外,现行立法的某些规定亦有可能构成对私有不动产的过度限制。

(2)准征收的客体为私有不动产财产权利。不动产征收是对不动产所有权的直接剥夺,征收的客体通常为不动产本身,不动产被征收的同时也意味着权利主体发生了变化。而不动产准征收最大的特点就在于权利主体并没有发生变化,只是所有权人对其不动产所享有的占有、使用、收益、处分等各种具体财产权利受到了实质性的侵害,因而其客体不是不动产本身,而是不动产财产权利。

(3)判断的主要依据是"过度限制"。为了各种公益之目的,政府通过行使公权力对私有不动产财产权实施必要的限制,属于政府正常的职权范畴,不动产所有人必须容忍此种限制。美国法将此种情形称为"警察权"的正常行使。只有当政府所施之限制超过了必要的限度,使得权利人继续拥有该不动产将失去任何意义和价值时,产生了类似征收的效果,方可构成准征收。

(4)政府应该给予不动产财产权人公正的补偿。当不动产财产权受到过度限制而构成准征收时,政府必须根据其侵害的程度或者所有权人所受到的损失给予公正的补偿。然而,因为其所有权并没有被完全剥夺,所以补偿的力度也相应要弱于后者。

4. 不动产准征收相关概念辨析

为了进一步明确不动产准征收的概念,有必要将其与不动产财产权的限制、不动产征收、不动产征用、公益征收、公用征收、间接征收等概念进行详细区分。第一,与不动产财产权的限制相比,不动产准征收属于其特殊情形,主要表现为一种过度限制,属于广义上的不动产财产权限制。第二,与不动产征收相比,不动产准征收并非源自政府征收权的行使,而是行使征收权之外的其他公权力所造成的一种事实上的征收。① 第三,与不动产征用相比,虽然二者都具有不动产财产所有权不转移的表征,但是不动产征用同征收类似,是基于政府征用权的正常行使,对不动产使用权在一定期限内予以剥夺乃征用权所要追求的必然性法律后果。准征收的情形通常表现为政府行使此种

---

① 详细区分见上文不动产准征收的特点。

公权力而引发其他非预期性的法律后果，这种后果通常为负外部性后果。不动产征用一般是临时性的占有，不动产准征收通常都是非临时性的占有。第四，就公用征收、公益征收与准征收之间的关系而言，公用征收、公益征收本身就属于不动产的正常征收，只是学者们为了学术研究的需要而将征收的条件（公用或者公益）冠至正常的"征收"概念中，以突显征收的"公共利益"要素。① 因此，准征收和此二者的区别即等同于与征收的界分，而部分学者将准征收的过度限制情形表述为公用或者公益征收就有失偏颇。第五，准征收与间接征收相比，二者的本质特征是一致的，都是对财产权的过度限制，只是间接征收的概念主要存在于国际投资法领域，尚未被国内法层面的征收理论研究所接纳。另外，就财产权的限制程度而言，准征收要明显强于间接征收。因此，准征收的概念将更加适合我国的实际情况。第六，与管制性征收（管制性取得）相比，准征收的外延要明显宽于前者，即管制性征收只是准征收的类型之一。

（三）不动产准征收的法律性质

不动产准征收的法律性质主要指的是准征收在法律上属于何种行为。一般认为，行政征收是指行政主体根据法律、法规的规定，以强制方式无偿取得相对人财产所有权的一种具体行政行为。② 可见，就不动产征收的法律性质而言，学界普遍将其视为具体行政行为。但是，关于不动产准征收的法律性质，目前还没有相关的论述。对不动产准征收的法律性质进行界定，这不仅关系到对其概念本身的认识和理解，还关系到准征收的构成、法律效力以及不动产所有权人的权利救济等问题。不动产准征收的法律性质既涉及行政行为的具体类别，又关乎行政行为与事实行为的界分，还涉及行政行为的合法性等问题。

---

① 至于公益征收与公用征收二者本身的区别，前文已有述及，主要表现为前者比后者的范围更要大一些。

② 杨建顺、李元起：《行政法与行政诉讼法教学参考书》，中国人民大学出版社 2003 年版，第 188 页。

1. 不动产准征收一般为合法的行政行为

就不动产征收的法律性质而言，虽然有学者认为它属于民事行为，[①]甚至还有学者认为它是兼具行政行为、民事行为、宪法行为、经济法行为的综合行为，[②] 但是主流观点仍然坚持"行政行为说"，因为行政行为"本身就是依法具有决定作用的公权力"[③]，不动产征收是公权力之正当行使，表现为具有征收权的政府行政机关与行政相对人（不动产所有人）之间的行政法律关系，发生的纠纷也只能通过行政诉讼来解决。因此，根据宪法或者民法中征收的相关规定而主张不动产征收是宪法行为或者民事行为的说法实属牵强。因此，作者也坚持不动产征收的行政行为属性，并且认为其属于具体的行政行为。

不动产准征收的法律性质因其具体样态的不同而具有相当的复杂性。不动产准征收主要发生在政府与不动产所有权人之间，不动产所有权人受到的特殊侵害常因政府行为而产生，所以，不动产准征收的法律性质主要应该是一种行政行为。不仅如此，不动产准征收还同时具有"抽象行政行为"和"具体行政行为"的双重属性。它既可能因为政府对不动产的长期物理侵占而发生，也可能因为政府制定实施法律法规等规范性文件而发生。前者比如政府将允许公众通行作为颁发规划许可的附加条件，或者政府许可他人在私人房屋上设置广告牌或者架设电线电缆等，此时造成准征收的政府行为就属于具体行政行为；后者例如政府制定法令或者发布政策禁止古建筑物所有人对其房屋进行拆除和改建，此种准征收行为应该归属于抽象行政行为的范畴。因此，不动产准征收是一种具有双重属性的行政行为。

通常情况下，不动产财产权遭受的限制或者侵害既可能是政府依法做出的，也可能是政府或其行政机关违法违规所造成的。例如，《南方周末》曾经报道，处在北京地铁大兴线上的青岛嘉园小区的业主们因为地铁噪声过大而无法正常生活甚至影响到房屋的居住安全，业主们因此通

---

① 龙翼飞、杨一介:《土地征收初论》,《法学家》2000 年第 6 期；梁慧星:《谈宪法修正案对征收和征用的规定》,《浙江学刊》2004 年第 4 期。

② 邹爱华、符启林:《论土地征收的性质》,《法学杂志》2010 年第 5 期。

③ ［德］奥拓·迈耶:《德国行政法》,刘飞译,商务印书馆 2004 年版。

过集体请愿的方式来维护他们的合法权益，据该报报道，巨大的噪声污染正是因为规划不合理和不严格按照标准施工所造成的。① 对于合法性的行政行为对不动产财产权造成的过度限制或侵害，所有权人可以主张构成不动产准征收而要求政府给予补偿。比较难以确定的是，违法性行政行为所造成的过度限制或者侵害是否构成不动产准征收？作者认为，这并不属于不动产准征收，因为违法行政行为过度侵害本身已经构成侵权，应该适用的是损害赔偿的救济途径而不是补偿性救济。因而，不动产准征收在性质上必须是合法的行政行为，唯如此，才符合征收补偿的法律要件。当然，必须说明的是，该行政行为是否违法，不能交由相对人去选择和判断。相对人只能选择法律救济的方式，而不能决定行政行为本身的合法性与否。

2. 不动产准征收也可以是行政事实行为

如前所述，不动产准征收主要是一种具有双重属性的合法的行政行为，通常是政府以公共利益为由而对私有不动产进行有意地侵占或者过度限制。但是，在实践中，还真实存在着另外一种情形，即政府并没有直接限制私有不动产意图，但是其合法行使公权力的行为却不可避免地使土地、房屋等不动产财产权受到过度限制，财产权人也因此遭受到了特别的牺牲。例如，政府因为修筑道路而对沿线商铺造成的负面影响，使其利益遭受重大损失。这种基于事实行为而使私有不动产财产权遭受过度限制情形能否构成准征收？答案当然是肯定的。这是因为，无论政府主观是有意还是无意，只要在事实上存在着政府破坏或在实质上减少了不动产财产所有人的权利或其在财产上的利益，便足以构成对该不动产的征收，不动产财产所有人也可以因此而主张公正之补偿。② 相反，如果否认此种事实行为构成准征收，不动产所有人将只能选择接受上述侵害而无法获得相应的救济。因此，不动产准征收不仅表现为行政行为，在特殊情形下也可以因事实行为而引起，即不动产准征收也具有一定的事实行为属性。

---

① 吕宗恕、王淏童：《不安静的地铁，舍了谁为了谁》，《南方周末》2011 年 1 月 27 日。
② 阎桂芳、杨晚香：《财产征收研究》，中国法制出版社 2006 年版，第 33 页。

3. 不动产准征收的立法行为属性

从实际来看，不动产准征收也可能会因立法行为而引起。对于此处的立法行为，应作广义之理解，既包括了国家权力机关的立法，也包括了地方权力机关以及具有立法权限的各级人民政府的立法。为了维护国家利益或社会公共利益，各级立法机关通常会通过行使立法权对公民的财产权利尤其是不动产财产权利实施限制。然而，实际上却有部分立法对公民之不动产财产权造成了过度限制，使得财产权人之基本权利失去价值而形同虚设。根据不动产准征收的基本理论，此种情形涉嫌违反宪法中的财产权保障条款，财产权人应该享有获得补偿救济之权利。例如，在美国，如果立法涉嫌违反宪法第五修正案和第十四修正案，法院便可以对该涉案之法律进行司法审查，并进一步做出是否构成准征收之判决。德国法律也明确规定，立法行为可以构成财产征收。在我国现行的《土地管理法》、《中华人民共和国野生动物保护法》（以下称《野生动物保护法》）、《中华人民共和国人民防空法》（以下简称《人民防空法》）、《中华人民共和国文物保护法》（以下简称《文物保护法》）、《中华人民共和国公路保护条例》（以下简称《公路保护法》）等法律法规中，有部分立法条款对公民的不动产财产权造成了过度限制，产生了类似于征收的法律后果。所以，可以说，立法行为是导致不动产准征收的例外情形，立法准征收亦属于不动产准征收的类型之一。

本 章 小 结

不动产财产权是指不动产所有人对其不动产享有的支配性权利，不受其他任何组织和机构的非法侵占、剥夺或者限制。不动产财产权的核心是不动产所有权，不动产所有人可以对其不动产行使占有、使用、收益、处分等诸多权能。不动产财产权虽然具有排他性，但是它却并非一项不可限制的权利。为了社会公共利益或者为了防止权利滥用，政府可以通过行使公权力来限制私有不动产财产权。从私有不动产财产权所受到的各种限制来看，最严格的限制莫过于政府通过行使征收权对私有不动产财产权的直接剥夺。但是，进入 20 世纪以来，随着政府权力的不断扩张，公民私有不动产财产权屡屡遭受公权力的过度限制或者长期侵占，却无法获得有效的法律救济。按照传统的征收理论，对于上述情形，政府无须作出任何补偿。实践表明，以公平原则为基础的"传统征收理论"逐渐遭到异化，成为政府公权力扩张和滥用的借口。为了严格限制政府公权力的行使、规范介于征收权和公权力的正当行使之间的灰色区域，产生了不动产"准征收"理论。不动产准征收是一种长期性的对于私有不动产的过度限制或者侵占，其通常表现为合法行为，从而既区别于传统的征收权和征用权，与政府的违法侵害行为也有根本的差异。具体来讲，所谓不动产准征收是指以社会公共利益为目的而实施的立法行为、政府行政行为或者事实行为使私有不动产财产权遭受过度限制时，不动产权利人可以以该行为构成征收为由获得相应的经济补偿或者其他法律救济。从法律性质上讲，不动产准征收主要是一种合法的行政行为，除此之外，不动产准征收也可以是行政事实行为和立法行为。

第 二 章

不动产准征收的法理分析

目前我国关于不动产准征收的研究还仅仅停留在概念的普及以及对外国法的翻译和介绍方面，系统深入的理论研究成果极为少见。尤其是对不动产准征收的法哲学基础、法经济学动因等基础理论缺乏详细的论证。本章将从法哲学、法经济学等不同角度，对不动产准征收进行基本的法理分析。

一　不动产准征收的法哲学基础

从中西法学发展史来看，法哲学研究始终是一项基础而又前沿的法学命题。自 17 世纪德国哲学家莱布尼茨首次使用了"法哲学"这一概念后，[①] 康德、黑格尔、奥斯丁、西塞罗、阿奎那、霍布斯、马克思、恩格斯、考夫曼、戈丁尔、博登海默等学者均从不同角度对法的概念与本质、法的价值与功能等基本法哲学命题进行了深入而精辟的论证，法哲学研究一度获得空前繁荣，诸多经典论著纷纷问世，法哲学的研究视域也逐渐由基础法哲学扩展至部门法哲学。法哲学的研究范畴极为广泛，主要是对法的本质、法的价值及其运行等问题的哲学思考，是"从哲学学角度研究法在指导人们正确生活方面的作用"[②]。相对于法理学而言，法哲学的研究表现得更为抽象。有学者曾明确坚持法理学与法哲学的区分，

---

① 胡平仁：《从法哲学的范围与品格看部门法哲学研究》，《法制与社会发展》2010 年第 3 期。

② Ervin H. Pollack, *Jurisprudence*，转引自张乃根《西方法哲学史纲》，中国政法大学出版社 2002 年版，第 3 页。

并认为"严格意义上的法哲学则是'关于法的一般理论'（General Theory about Law）中的一部分，是对有关法现象的哲学反思，是从哲学角度或运用哲学的观点、方法反思或审视法学理论、法律制度和法律实践中的深层次问题。它所关心的不是法律的知识，而是法律的思想，是对法理学问题的进一步抽象与深化"。就法哲学的精神品格与思维方式而言，在其看来，"法哲学既是一种前提性反思，即审视和追问对象赖以存在的前提，对法的本源、本质和普遍原理的追问；又是一种逻辑性反思，即对法学命题和理论的逻辑起点及逻辑展开的追问；还是一种价值性反思，即对法律规范和法学命题正当性的深层追问"①。

纵观中外法哲学研究文献，无论法哲学的研究范畴发生何种变化，"价值论"始终是法哲学研究的核心问题之一。诸如法的自由、公平、秩序、效率等，通常被认为是法的核心价值或者评价准则。正如某学者所言："目前关于民主与法治的治国方略所引起的学术争议，究其实质，乃是各种不同价值间的冲突和较量。是选择效益、功利、经济等价值，还是选择民主、正义、公平、自由、权利等？由此不同的价值选择会导致不同的社会秩序模式的选择……这一古老的法哲学问题还会不断地争论下去。"② 本书将以法哲学为视角，以价值论为核心，全方位探讨不动产准征收制度涉及的有关行政效率与公平行政、利益追求与平衡选择、公共行政与正义准则、财产秩序与社会和谐等价值选择问题。

（一）行政效率与公平行政

效率（Efficiency）原系经济学研究范畴，意指单位生产要素在单位时间内投入的产出，即单位时间内生产要素的投入/产出比例。③ 在当今社会，效率一词在多种场合以不同的意义使用。效率也不再仅指经济学家常说的生产要素的投入/产出比或者价值最大化，还意味着"根据预期目的对社会资源的配置和利用的最终结果做出的社会评价，即社会资源

---

① 胡平仁：《从法哲学的范围与品格看部门法哲学研究》，《法制与社会发展》2010 年第 3 期，第 18 页。

② 刘作翔：《迈向民主与法治的国度》，《法律科学》1999 年第 3 期。

③ 卫兴华、张宇主编：《公平与效率的新选择》，经济科学出版社 2008 年版，第 181 页。

的配置和利用使越来越多的人改善境况而同时又没有人因此而境况变坏，则意味着效率提高了"①。

　　近年来，新型的法律经济学研究对立法、行政和司法以及法律行为和各种具体法律制度给予了莫大的关注，核心当属对效率的重视和分析。本书所研究的行政效率主要是指政府通过其行政行为对各种社会资源进行管理和调控所要达到的一种最佳效果。就不动产准征收而言，就是政府如何通过限制私有不动产财产权而追求其行政管理效率最大化的问题，也就是说，不动产准征收的设定和实施，"应当有利于降低征收主体和被征收主体双方在行政征收过程中所耗费的成本，或者在同样成本基础上提高征收产出"②。

　　公平是法的基本价值之一，一般被理解为公正与平等。公正是指某种制度或者规则的适用不应该有差别或者歧视，不能偏袒任何适用对象。平等为公平之最低要求，乃是指在制度或者规则面前，所有的被调整对象都平等地享有其权利并承担相应的义务。有学者认为公平是一种全过程的公平，并将公平概括为六个环节的公平，即：理念公平、规则公平、程序公平、机会公平、结果公平、监督公平。③ 可见，与效率相比，公平的外延同样广泛。在政府行使其公权力限制私有不动产财产权的过程中，必须体现公平的法哲学理念，最大限度地确保公民之不动产在法律面前获得平等的、公正的法律保护。

　　效率与公平的问题历来都是不同领域学者们津津乐道的热点话题。针对这一对既相适应又矛盾的价值命题，学者们始终都在根据社会经济条件和发展环境的需求寻求和论证二者之间的合理比例。效率和公平孰重孰轻，在不同行业、不同领域、不同主体之间，各种制度和规则应该强调效率还是注重公平，似乎并无定论。"效率优先、兼顾公平"曾经被确立为我国收入分配的基本原则，④ 对我国社会经济建设和发展起到了积极的推动作用，而且还影响着人们关于法律资源配置的观念，有学者即

---

　　① 张文显：《法哲学范畴研究》（修订版），中国政法大学出版社 2001 年版，第 213 页。

　　② 张正钊、李元起：《行政法与行政诉讼法》，中国人民大学出版社 2007 年版，第 156 页。

　　③ 陈永杰：《新公平/效率观——对公平与效率问题的重新审视》，《经济理论与经济管理》2006 年第 5 期。

　　④ 参见中共十四届三中全会《关于建立社会主义市场经济体制改革若干问题的决定》。

主张："在整个法律价值体系中，效率价值居于优先位阶，是配置社会资源的首要价值标准……效率与公平相冲突时，为了效率之价值目标，公平可以退居第二位，直至暂时作出必要的自我牺牲。"① 然而，时至今日，我国的社会经济发展和法治建设都发生了巨大的变化，越来越多的学者重新对"效率优先、兼顾公平"进行了认真的反思，② 在此背景下，"公平优先"的价值理念逐渐为更多的人所接受。作为一种治国方略的指导思想，"注重社会公平"也被确立为和谐社会的核心价值之一。

再回到行政效率与公平行政的关系问题。在国家实行依法治国、建设社会主义法治国家的历史条件下，在国家和全社会普遍关注公民私有财产权的现实背景下，行政效率固然应该强调，但更应该注意在保证公平行政的前提下进行。政府对私有不动产财产权进行过分干预，通常都会借实现公共利益或者效益之名，但是如果政府对此造成的严重后果不做出任何的补偿，不仅会有损政府依法行政的法治形象，更会降低公众对法律的预期和敬仰，也将会与依法治国的宪法精神背道而驰。因此，不动产准征收当以政府公平行政优先，如果因政府合法行政行为而使部分不动产财产权人利益受到特别牺牲，政府即应做出合理的补偿。也就是说，政府不能为了其他群体的利益而牺牲少数特定主体的不动产权益，这不符合公平的基本价值判断。

（二）利益追求与平衡选择

关于利益，简单讲就是指益处或者好处，或者是对某种愿望或需求的满足。

利益的外延极为广泛，以至于有人认为利益通常只是一个空壳而已，必须填入具体的内容才具有意义，例如经济利益、政治利益、精神利益、或者社会利益、国家利益、个人利益等。利益存在于各种社会关系中，在不同历史时期和不同社会条件下，利益的性质、内容和相互关系是不

---

① 张文显：《法哲学范畴研究》（修订版），中国政法大学出版社 2001 年版，第 217 页。

② 参见吴忠民《"效率优先、兼顾公平"究竟错在哪里》，《北京工业大学学报》2007 年第 1 期，第 1—7 页。

同的。① 利益是一个价值概念，因而属于法哲学的研究范畴，美国著名法学家罗斯科·庞德对利益有深刻的见解："从当今角度看，利益可以看作人们——不管是单独地还是在群体或社团中或其关联中——寻求满足的需求、欲望或期望。因此，在借助政治组织机构调整人们的关系或规范人们的行为时，必须这些需求、欲望或者期望。"② 关于法律秩序或法律与利益的关系问题，考虑到庞德援引卢埃林的观点，认为利益是一种客观存在，并非法律所创设。"只要存在一定数量的相互联系的人们，拥有财产和处分财产的权利就存在。"沈宗灵教授认为，法律上的权利与利益密切关联，所以将二者放在一起而有了"权益"之说，这是因为"权利就是法律所承认和保护的利益"，当然，并不是所有的利益都是权利，"只有法律所承认和保护的利益才是法律意义上的权利"③。

由于利益是客观存在的，因而各种利益之间的竞争和冲突不可避免。而法律制度的功能就是支持和保护各种合法存在的利益，并对相互冲突的利益进行协调和平衡。在政府行使公共权力和私人不动产财产权的保护之间，其实反映的是各种利益的博弈与平衡。政府过度限制或者侵害不动产财产权通常是以维护"公共利益"为目的的，其方式是通过限制不动产财产权人的"私益"来追求更大范围的公共利益。法律制度的设计应该有利于双方利益的追求与选择，最终实现利益的平衡。按照我国现有法律之规定，政府对私有不动产权益的过度限制是无须支付任何代价的，也就是说，这必将严重地影响甚至削弱不动产财产权人合法的利益追求。因此，唯有通过适当的制度设计，赋予不动产权利主体寻求救济的权利，即要么请求停止侵害、消除影响，要么请求给予合理的补偿，才能充分照顾到上述利益之间的平衡，本书讨论的不动产准征收制度之构建，便是适应这一现实需求的时代选择。

（三）公共行政与行政正义

公共行政是指政府及其行政机构依法管理社会公共事务的有效活动，

---

① 沈宗灵：《法理学》，北京大学出版社 2003 年版，第 54 页。

② ［美］罗斯科·庞德：《法理学》第 3 卷，廖德宇译，法律出版社 2007 年版，第 14 页。

③ 沈宗灵：《法理学》，北京大学出版社 2003 年版，第 55 页。

它以维护和满足公共利益为己任，因而在本质上区别于私营部门的管理，也就是说，"公共性"乃现代公共行政的主要特征。德国社会学家马克斯·韦伯曾经提出了"工具理性"和"价值理性"的概念，旨在构建一种以工具理性为基础的现代官僚体制。① 我国行政学专家董礼胜教授将这一概念区分引入公共行政领域，认为"工具理性和价值理性是公共行政的两个基本属性，工具理性取向下的公共行政强调效率，价值理性取向下的公共行政注重公平……事实上，公共行政体系应是两重属性的整合统一和完美结合，这也是公共行政学研究的必然趋势"②。另有学者提出了与此相类似的观点，认为公共行政具有"技术性"和"价值性"两个特征，技术性强调在行政过程中要实现公共行政的理性化和科学化，而价值性则强调公共行政的公平、正义等价值判断因素，前者注重形式合理而后者注重实质合理。③

以上论述说明，价值性判断乃公共行政的基本属性之一，但问题是，在人类对公共行政现代化的求索过程中，价值属性却长期被人们忽视，形式合理性在事实上占据着主导性地位。"过分强调对效率和工具理性的追求，使公共行政无力反省公共行政及公共服务的根本价值、目的，将其变为执行与管理的工具，不但无力担负起公共行政捍卫民主政治价值的责任，也无法实现提升公民道德水准的使命。"④ 公共行政也因此偏离其应有的方向，出现了"有行政而无公共"的尴尬局面。⑤ 作者认为，对现代公共行政管理而言，其核心价值的确立极为重要，因为"无论是何种公共行政理论与范式都需要一种能够统领政府行政决策与行动的核心

---

① 所谓工具理性是指"通过对周围环境和他人客观行为的期待所决定的行动，这种期待被当作达到行动者本人所追求的和经过理性计算的目的的'条件'或'手段'"；价值理性是指"通过有意识地坚信某些特定行为的——伦理的、审美的、宗教的或其他形式的——自身价值，无关于能否成功，纯由其信仰所决定的行动"。参见〔德〕马克斯·韦伯《社会学的基本概念》，广西师范大学出版社 2005 年版，第 31—32 页。

② 董礼胜、李玉耘：《工具——价值理性分野下西方公共行政理论的变迁》，《政治学研究》2010 年第 1 期。

③ 参见王锋《行政正义论》，中国社会科学出版社 2007 年版，第 48—49 页。

④ 张成福：《公共行政的管理主义：反思与批判》，《中国人民大学学报》2001 年第 1 期。

⑤ 赵晖：《公共行政转型：破解民生难题的路径解析》，《江海学刊》2010 年第 3 期。

价值，以整合行政价值的不同取向"①。

公共行政涉及自由、效率、公平、正义等各种价值，但从现代公共行政的本质要求和长远发展来看，"正义"应该是公共行政的核心价值。这不仅是因为正义是一个得到普遍社会认同的价值，更是因为正义"具有综合性品质并能具体表现公共行政的其他重要价值，如民主、效率、社会平等和公共利益等价值的概念，并且正义对于公共行政实践来说也是有价值的、合理的和实用的，而且还是可以努力实现的"②。有学者也同样认为："社会生活各个方面的整体性使得各个角度、各个领域的价值原则具有某种一致性，或者至少不相互冲突；而其分离性则使得各个角度、各个领域的价值原则彼此冲突、难以并存。这种冲突和难以并存有可能导致社会生活的不可能，因而必须予以折中协调，使之能和平共处，共同保证社会生活的正常进行。这样一种用以折中协调诸价值原则的价值原则，便是一种正义原则。作为一种协调诸原则之原则，正义原则便是一种综合性的价值原则。"③

综上所述，现代公共行政必须符合正义的根本性要求，政府制定法律、政策以及具体行政行为的做出，都必须要考虑正义的价值目标，努力使"行政正义"成为可能。当然，正义本身是一个相对的概念，虽然自古至今人类对正义有无数的理解和阐释，但仍难以以固定而统一的定义对其进行表述。正如美国法学家博登海默所言："正义有着一张普洛透斯似的脸（a Protean face），变幻无常、随时可呈不同形状并具有极不相同的面貌。当我们仔细查看这张脸并试图解开隐藏其表面背后的秘密时，我们往往会深感迷惑。"④ 但通常来讲，在汉语里，正义一词一般被认为是公正的道理，并与公平、公道、正直、正当等相连，也通常和公平一

① 杨冬艳：《公共行政正义：服务型政府的核心价值取向》，《河南师范大学学报》（哲学社会科学版）2009 年第 6 期。

② Gerald M. Pops and Thomas J. Pavlak, *The case for justice：Strengthening Decision Making and Policy in Public Administration. San Francisco.* 转引自杨冬艳《公共行政正义：服务型政府的核心价值取向》，《河南师范大学学报》（哲学社会科学版）2009 年第 6 期。

③ 王南湜《实践哲学视野中的社会正义问题———一种复合正义论论纲》，《求是学刊》2006 年第 3 期。

④ ［美］E. 博登海默：《法理学——法律哲学与法律方法》，邓正来译，中国政法大学出版社 1999 年版，第 252 页。

起被使用。根据罗尔斯的论述，正义形式正义和实质正义之分。因而，"行政正义"不仅应该做到制度本身的正义即实质正义，还应该做到对法律和制度的公正执行即形式正义。

由于现代政府行政权力的极度扩张，政府行政行为的"公共性"不断被泛化，行政正义也仅仅被视为理论的口号而被束之高阁，严重地削弱了人民对政府的信任和支持。本书研究的不动产准征收便是属于此种情形的典型表现。政府通常以"公共"之名行使其管理社会事务的各项权力，但是在某些情况下却忽略了"行政正义"的根本性要求，对公民私有不动产财产权实施过度限制，实质上是在变相利用甚至剥夺该不动产。在罗尔斯看来，"某些法律和制度，不管它们如何有效率和有条理，只要它们不正义，就必须加以改造或废除。每个人都拥有一种基于正义的不可侵犯性，这种不可侵犯性即使以社会整体利益之名也不能逾越。因此，正义否认为了一些人分享更大利益而剥夺另一些人的自由是正当的，不承认许多人享受的较大利益能绰绰有余地补偿强加于少数人的牺牲"[①]。博登海默也认为："一个法律制度若不能满足正义的要求，那么从长远的角度来看，它就无力为政治实体提供秩序和和平。"[②] 因此，本书所倡导之不动产准征收制度，目的便是对我国现行不动产征收法律制度及实践进行专题研究，旨在通过学理上的探讨最终推动准征收制度在我国的正式建立。社会经济的发展需要高效率的公共行政，但是，公共行政更应该符合行政正义的价值准则，公共行政应该是一种适当的、有限的法治行政，尤其是当公共行政权力关乎公民私有不动产财产权时，更当符合行政正义的要求。这不仅是现代法治的根本要求，也是我国和谐社会构建中"公平正义"因素的必然要求。

（四）秩序价值与社会和谐

秩序一般被视为事物在发展变化过程中所反映出来的连续性、条理性和规则性。人类所有活动的开展都离不开一定的秩序保障。在一定意

---

① ［美］罗尔斯：《正义论》，何怀宏等译，中国社会科学出版社1988年版，第1—2页。

② ［美］E. 摩登海默：《法理学——法律哲学与法律方法》，邓正来译，中国政法大学出版社1999年版，第318页。

义上说，评价一项法律制度的好坏，不仅要看其是否是正义的，还需要看它是否是在创造和维护某种秩序。"法律既是秩序的象征，又是建立和维护秩序的手段"①，秩序和正义一样，都是法的基本价值准则。一般而言，"秩序的在某种程度上是以存在着一个合理的健全的法律制度为条件的，而正义维续需要秩序的帮助才能发挥它的一些基本作用"。因此可以说，法律是正义与秩序的综合体，即"法律旨在创设一种正义的社会秩序"②。有学者认为，强调秩序的任务就在于通过调整各种互相冲突的利益，减少人们之间的相互摩擦和无谓的牺牲，以使社会成员在最少阻碍和浪费的情况下享用各种资源。秩序与无序或脱序是相对的，当无序状态或脱序状态发生或将要发生时，人类必须采取措施去保护受到危害的秩序。③

与前述公平、利益、正义、秩序等价值相比，"社会和谐"是根据我国社会发展实际提出的具有中国特色的又一价值判断准则。和谐社会不仅是我国社会主义建设的重要目标，更是社会主义的本质属性和基本理念。"民主法治、公平正义、诚信友爱、充满活力、安定有序、人与自然和谐相处"是"社会和谐"的基本判断要素。在中国的现实法治语境下，"社会和谐"应该成为衡量法律制度以及公共行政的新的价值准则，而且还应当是一种终极的价值目标。政府公共权力的行使必须在符合行政公平、利益均衡、行政正义以及秩序价值的基础上，最终实现社会的和谐。

对财产权尤其是不动产财产权的保护，历来都是各国法律中最为重要的部分。立法者的立法活动不仅是对公民基本财产权利的尊重和保护，更是意在建立一种稳定、和谐的财产秩序，例如物权法对静态的财产所有关系的规范，合同法对动态的财产流转关系的调整。与立法活动相比较，政府及其行政机关的行政管理与行政执法活动，更应当尊重和保护良好的财产秩序。这就要求，其权力的运行本身也应该是有秩序的，保证公共权力的规则化和制度化。但从各国的法律实践来看，政府制定的

---

① 张文显：《法哲学范畴研究》（修订版），中国政法大学出版社 2001 年版，第 195 页。

② ［美］E. 摩登海默：《法理学——法律哲学与法律方法》，邓正来译，中国政法大学出版社 1999 年版，第 318 页。

③ 张文显：《法哲学范畴研究》（修订版），中国政法大学出版社 2001 年版，第 196—197 页。

法律或者其他规范性法律文件或者政府行政机关的某些具体行政行为，却常常会意外地过分侵害公民的不动产财产权利益，并在事实上影响合法稳定的不动产财产权秩序。更为严重的是，此种情形还可能引发诸多社会不稳定因素，影响到社会的和谐。针对此种情况，应该尽快建立不动产准征收制度，规范政府权力，缓解和消除公权与私权之间的对抗，以维护正常的不动产财产权秩序，促进社会和谐发展。

二　不动产准征收的法经济学基础

在传统的法学研究中，法学家的研究常常将"公平""正义"等作为研究的前提和标准，法律也因此被视为保护公民基本权利尤其是财产权的最有力的武器。然而，自20世纪以来，西方的学者们却为法学的研究开辟了新的路径和方法，即用经济学的理论和方法来研究和评价法律制度的产生及其运行，此种分析方法被称为法经济学分析或者法律的经济分析。在此背景下，法经济学作为一门新兴的交叉学科极大地影响和推动了传统法学研究的发展。自美国芝加哥大学1958年创立《法律经济学期刊》（*Journal of Law and Economics*）后，先后涌现出一大批的经典论著如：罗纳德·H.科斯（Ronald H. Coase）的《社会成本问题》、G.卡拉布雷西（G. Calabresi）的《关于风险分配和侵权法的一些思考》、A. A.阿尔钱恩（A. A. Alchain）的《关于财产权的经济学》、波斯纳（Richard Allen Posner）的《法律的经济分析》等。直至当代，法经济学的分析方法已经被广泛运用于法学的各个分支学科，它使经济学对法学，并通过法学对法律及法律的运行、对司法活动和对一般社会法律意识的影响达到了一个前所未有的深度。① 法学家们也在进行着不断的比较与反思，在关注传统法律价值的同时，似乎也必须要重视法律制度的成本收益分析，法律制度的设计及其运行也应该是有效率的。效率最大化也不仅仅是经济学上的专有概念，对于法律制度来讲，也同样适用。

---

① 李省龙：《论法经济学分析范式的一般结构——作为一种研究方式的考察和理解》，《法学家》2008年第2期。

（一）正当性基础：资源的稀缺性与私权滥用

资源是人类赖以生存的根本，离开资源，人类将无法生存和发展。而且，人类的各种需求是不断增长和扩大的，甚至可以说，人类的需求是无限的。因此，相对于人类需求的无限增长来说，资源总是不足的、是稀缺的。正是因为稀缺性的存在，才使人们在经济生活中不断进行选择，经济学理论其实就是围绕这一问题展开的，因此资源的稀缺性被视为经济学的第一原则。经济活动的目的便是以最少的资源消耗获得最大的经济效益。在现代经济运行中，政府不仅扮演着宏观调控的角色，还担当着提供公共物品、促进社会福利的职能。然而，政府所能够掌握和获取的资源毕竟是有限的，这便决定了政府必然要通过行使公权力来限制甚至剥夺公民的私有财产，其中主要为土地、房屋等不可再生性资源。因此，不动产资源的稀缺性为政府准征收行为提供了正当性基础。

在财产权的经济学理论中，安全的财产权是经济增长的前提条件，因为私人财产倾向于使产品所有价值达到最大化、使商品的生产达到理想水平。[①] 正如波斯纳在其《法律的经济分析》中所论述的在一个全部所有权被废除的社会农民所遭遇的情形。在波斯纳看来，只有通过在社会成员间相互划分对特定资源使用的排他权，才会产生适当的激励。也就是说，对财产权的法律保护将会创造有效率地使用资源的激励。如果任何一块土地都为人们所有，即如果总有一些人可以排除其他任何人接近其特定的区域，那么这个人就会通过耕种和其他措施来努力使土地价值最大化。然而，波斯纳也承认，赋予某人对资源的排他权也可能会导致降低效率，他认为在纯粹意义上保护财产权的排他性实际上只是一种法学立场，就经济学的观点而言，名义上的财产所有者很少对其财产有排他权。[②] 对于排他权的盲目崇拜，往往会导致权利人对其不动产财产权的垄断性控制，因此常会出现低效率的情形。因此，所谓财产权的排他性

[①] 阎桂芳、杨晚香：《财产征收研究》，中国法制出版社 2006 年版，第 51 页。

[②] ［美］理查德·A. 波斯纳：《法律的经济分析》，蒋兆康译，中国大百科全书出版社1997 年版，第 40—43 页。

也只能是相对的。对于实践中出现的不动产私权滥用的各种情形诸如"钉子户"问题,政府为了公共利益的需要而实施的限制、过度限制甚至剥夺,在所难免。

(二) 负外部效应的影响及克服

在经济学上,外部效应主要是指某一经济主体的经济行为对另一经济主体产生的外部影响,这种外部影响可能是某些利益的给予,也可能是某些成本的强加。外部效应可以分为正外部效应和负外部效应。如果是给另一经济主体带来利益,这种效应就应该是正外部效应,反之,如果对其他经济主体施加的是一种成本或者一定负担的话,这种效应就属于负外部效应。以此理论来分析政府的准征收行为,政府基于公共利益的目的对于公民不动产财产权所施加的合法的限制是必要的,且无须补偿。这是由于此种限制将会使大多数人受益,而且也会在一定程度上使该不动产所有人受益。这时,政府行为所带来的负外部效应是微乎其微的,是可以被忽略的。但是,当这种限制超过必要的界限,其所产生的负外部效应也将会随之增大,例如政府禁止荒山承包经营者砍伐贩卖树木、政府修建机场噪声严重干扰周围居民正常生活、政府道路扩建改建工程时间过长对沿街商铺经营的不利影响等。政府准征收行为所产生的负外部效应的扩大,不仅使不动产权利主体部分甚至完全丧失不动产之各种利益,而且也会对他们的精神生活甚至身体健康产生不利后果。因此,寻求合理的救济方式,维护不动产财产权人的合法权益,构建相应的法律制度,乃是最大限度内化和克服准征收行为负外部性的根本选择。

(三) 成本与制度选择

成本与收益问题历来是经济学中最基础的研究命题。在经济学家看来,在市场交易中一般都有一定的成本即交易成本。交易成本简单来说就是某一项交易所花费的时间和精力。从广义上说,交易成本还包括了协商和履行协议过程中的所有付出。在《法和经济学》一书中,考特教授和尤伦教授根据交易的步骤将交易成本分为:①搜寻成本;②讨价还价成本；③执行成本。① 社会成本理论（Social Cost Theory）认为，权利的配置有多种可能结构，各种结构不仅都需要社会成本，而且其社会成本有差异，这就产生了权利配置的社会选择过程和社会成本最低化问题。② 可见，在进行制度的选择和权利的配置时，必须要考虑到成本的问题。关于这一问题的讨论，无论如何是绕不开科斯定理的。科斯教授认为，如果市场交易成本为零，则无论如何选择法律和配置资源，都可以通过市场机制（自由协商）达到高效率的结果，即实现资源的最佳配置；但是，科斯教授同时也指出，这其实是很不现实的假定。为了交易，有必要寻找交易的对象、告诉人们交易的愿望和方式以及通过讨价还价达成协议和严格履行协议等，这些事项的成本常常是很高的，任何一定比率的成本都足以阻止许多在无须交易成本的定价制度可以实现的交易。③ 因而，唯有合适的制度规制才能保证资源的合理配置；提高市场效率。

关于社会资源的配置，除了发挥市场的主导性作用之外，政府在此过程中也发挥着重要的作用，也就是说，政府也可以进行资源的配置。按照波斯纳的观点，"低交易成本"的财产权交易完全可以通过市场进行，当出现"高交易成本"的财产权交易时，则需要政府的干涉。④ 在政府配置资源的场合，通常不存在市场交易成本，尤其是在政府通过立法以及颁布命令、决定或者在事实上过度限制私有不动产财产权的场合。但是，这并不是说政府干预资源配置不存在任何成本。事实上，政府干预的成本有时会大得惊人，这种成本通常被称为非市场交易成本。科斯教授将政府视为"一个超级企业"，因而它可以通过警察或其他法律执行机关来确保其管制的实施，进而影响生产要素的配置。但是直接的政府

---

① ［美］罗伯特·D. 考特、托马斯·S. 尤伦：《法和经济学》（第3版），施少华、姜建强等译，上海财经大学出版社2002年版，第77页。

② ［美］理查德·A. 波斯纳：《法律的经济分析》，蒋兆康译，中国大百科全书出版社1997年版，序16页。

③ R. H. Coase, "The Problem of Social Cost", *Journal of Law and Economics*, Vol. 3, Oct. 1960.

④ ［美］理查德·A. 波斯纳：《法律的经济分析》，蒋兆康译，中国大百科全书出版社1997年版，第70页；刘向民：《中美征收制度重要问题之比较》，《中国法学》2007年第6期。

管制往往也会因为成本较高而不一定会提高经济效率。① 从政府准征收行为来看，客观上也存在着较高的非市场交易成本，例如政府为限制公民不动产财产权而进行的搜集信息、制定法律法规或者政策所产生的成本，还有公共权力行使过程中产生的管理成本。不仅如此，过度的政府干预还将影响不动产的利用，产生牺牲效率的成本。此外，在此过程中所出现的官僚贪污腐化成本也应当予以充分考虑。② 应该说明的是，政府对不动产的过度干预也将增加市场交易的成本，从而影响经济的发展。由此可以说明，在政府对土地、房屋等不动产资源进行配置的情况下，适当的政府干预是必要的，这将有利于资源进行的利用和效率的提高；但是，过度的限制和干预不仅会侵害私有不动产财产权，还会影响资源的利用效率。所以，我们需要的是有限和有效的政府，而不是权力无限扩张不受约束的政府。在政府的权力受到法律的约束，在政府与经济保持一定的距离之后，政府作为不偏向的第三方要有所作为，应该充分发挥其支持和增进市场有效运作的积极作用。③ 综上，任何资源或者权利的优化配置，都需要相应的交易成本。问题的关键是，我们必须寻求一种完善的、有效的法律制度使各种交易成本最低化，实现不动产资源的效益最大化。

（四）两种效率最大化之辩

在经济学家眼中，效率始终是最受关注的问题。法经济学研究也同样将效率视为其核心内容，旨在探讨如何制定和实施法律使资源配置达到较高水平，即通常所说的效率最大化的问题。在经济学中，主要有两种效率标准——帕累托效率和卡尔多—希克斯效率。帕累托效率（Pareto Efficiency），也称帕累托最优（Pareto Optimality），主要是指资源分配的一种状态，即没有任何的方法能够使至少一个人受益而不使其他人的境况变得更坏。帕累托改进（Pareto Improvement）指的是可以通过资源的重新分配使至少一个人的境况变好而同时没有人的情况变得更坏。所以，

---

① R. H. Coase, " The Problem of Social Cost ", *Journal of Law and Economics*, Vol. 3, Oct. 1960.

② 谢哲胜：《不动产财产权的自由与限制》，《中国法学》2006 年第 3 期。

③ 钱颖一：《警惕滑入坏的市场经济——论市场与法治》，《经营管理者》2001 年第 2 期。

帕累托效率就是一种已经不可能存在帕累托改进的资源配置状态。因此，只要达不到帕累托最优，就说明资源有被重新配置的必要，通过资源的重组，至少可以使一人受益而他人境况不变坏。由于在经济中存在很多因素会影响帕累托条件的实现，经济学家们在帕累托效率的基础上提出了另一个概念——卡尔多—希克斯效率（Karldor Hicks Priciple）。卡尔多—希克斯效率认为，从资源配置的结果来看，只要受益者所得收益大于受损失者所遭受的损失，也就是说，在理论上，受益者在向受损失者补偿后还有剩余，此时，便实现了资源配置效率的最大化。按照卡尔多—希克斯效率原则，只要总收益大于损失，就表明社会福利增加，但在该原则下，补偿只是一种假象，在社会福利的掩盖下，受损失者通常难以获得任何补偿。相比帕累托效率，卡尔多—希克斯效率更多关注的是福利最大化，它并不要求支付实际补偿，只要在理论上表明"一项政策将具有充足的、足以补偿受损者损失的受益者的收益潜在可能性，就足以说明这项政策将能改进社会福利"①。

　　比较上述两种效率标准，帕累托效率因为其现实缺陷（该标准要求受益者对于任何改变都要向受损者补贴，如果没有这种明显的补偿，受损者便有权否决任何这样的调整）而遭受经济学们的强烈不满，由此转向对卡尔多—希克斯标准的认同。② 因为后者的条件更为宽泛，只要总体收益大于损失，便被认为是最优的，受损失者不能像帕累托效率那样阻止变革的进行。以效率最大化理论来分析政府不动产准征收的情形，我们不难发现，其实政府对私有不动产的过度限制显然也是在实现资源的最优配置，寻求资源利用效率的最大化。然而，无论如何，政府都没有对财产权人进行任何补偿。这说明，社会福利思想下的卡尔多—希克斯效率的确在此过程中发挥着重要的影响。作者认为，在追求社会福利的前提下，效率固然重要，但是"公平""正义"是永远不能忽视的法基本价值，我们不能为了多数人的福利而使少数人的财产权利益遭受过度的牺牲，"社会福利"不能成为政府权力扩张的尚方宝剑。我们需要的政

---

　　① ［美］尼古拉斯·麦考罗、斯蒂文·G. 曼德姆：《经济学与法律：从波斯纳到后现代主义》，法律出版社 2005 年版，第 23—24 页。

　　② 李军、冯志军：《法经济学分析范式的构建》，《北方论丛》2008 年第 2 期。

府是一个法治的政府,控制政府权力、确保依法行政是现代法治的必然要求。在政府配置资源的过程中,更重要的是尊重私权,通过与权利主体的沟通与协商,对受损失者进行相应补偿,来实现各种不动产资源的最优配置。因此,就不动产准征收而言,似乎仍然应该坚持帕累托最优。

三　不动产准征收的法理学分析

法哲学分析主要从应然视角在较为抽象的层面探求法律应当是什么,法律应当怎么样,侧重于对哲理的分析;相比之下,法理学的分析更加趋向于在实证层面论述法律是什么,侧重于对一般法理的分析。[①] 在法学研究中,绝大多数法律问题的审视和法律制度的建立及其运行,始终都离不开对权利和权力关系的辩证分析。"作为重要的法律资源",权利与权力总与人们的利益息息相关。[②] 在权力与权利背后,更重要的是它们所关系到的各种利益之间的冲突与调和。下文将以此为视角,通过对不动产财产权社会义务论、准征收与警察权、准征收与社会契约论等理论问题做一初步的分析,探寻不动产准征收制度所依据的法理学基础。

(一) 不动产准征收与财产权社会义务

财产权社会义务起源于 19 世纪西方国家财产权社会化思想的兴起。随着社会经济发展,原有的财产权绝对性和无限性理论的缺陷性不断暴露出来,财产权绝对化的观念逐渐受到分析实证法学派(如边沁和奥斯丁等)和历史法学派的批判,财产权保护的重心逐渐向社会公共利益偏移。德国法学家耶林教授认为,不考虑公共利益的绝对的财产权是不存在的。他说:"财产之不可侵性原理恰似将社会托付给愚昧、利己主义和冥顽不化,恰似托付给个人最邪恶的利己主义。这种邪恶的利己主义认为,只要保有我的房屋、土地和耕牛,其他的一切似乎都将消亡。然而,

---

① 参见胡平仁《从法哲学的范围与品格看部门法哲学研究》,《法制与社会发展》2010 年第 3 期;舒国滢:《走出概念的泥淖——"法理学"与"法哲学"之辨》,《学术界》2001 年第 1 期。

② 张文显:《法哲学范畴研究》(修订版),中国政法大学出版社 2001 年版,第 217 页。

你真的能保有它们吗？你太无远见了。威胁一切的也同样威胁你自己：海洋、大火、疾病诸如此类的人类之敌将威胁你，你将被埋在这些废墟中……社会利益也的确是你的利益之所在，无论什么时候社会限制你的财产，既是为你也是为社会自身的缘故"①，耶林教授甚至认为："所有权不是一种权利，而是一种社会功能。"②他在其经典巨著《为权利而斗争》一书中极力论证了"主张权利是对社会的义务"③的观点。耶林的财产权社会化思想被基尔克（Gierke）所继承。基尔克对财产权绝对化进行了深刻的批判，认为所有权不是毫无限制的，必须要顾及法律秩序和各个财产的性质与目的。④后来，法国思想家狄骥将财产权社会化理论推向了极致，他认为："所有权已不再是个人的主体权利，而趋向于成为动产与不动产持有者的社会职能。所有权对所有财富者来说包含了利用所有权增加社会财富的义务和由此引出的社会的相互依存。他所做的只是完成某种社会工作，只是通过让其支配的财富发挥价值来扩大社会财富。因而他有义务完成这一工作，并且只有当他完成了社会工作时，才能按其工作完成的程度受到社会的保障。"⑤针对土地所有权而言，狄骥也曾明确主张："土地所有权并非为土地所有人之利益存在，仅为增进人类之共同需要而赋予保有土地之社会机能而已。"⑥狄骥强调，每个人在社会中都应该负有一定的义务，应该履行其相应的职责，这意味着："第一，个人所有权不再为个人的法权而变为社会功能了；第二，为集体制定财产的情形应受到法律保障。"⑦

---

① Gottfried Dietze, *In Defense of Property*，转引自肖厚国《所有权的兴起与衰落》，山东人民出版社 2003 年版，第 201 页。

② 高富平：《物权法原论》，中国法制出版社 2001 年版，第 160 页。

③ ［德］鲁道夫·冯·耶林：《为权利而斗争》，胡宝海译，中国法制出版社 2004 年版，第 50 页。

④ 梁慧星：《原始回归，真的可能吗？》，转引自程萍《财产所有权的保护与限制》，中国人民公安大学出版社 2006 年版，第 126 页。

⑤ ［法］莱昂·狄骥：《宪法学教程》，王文利等译，辽海出版社、春风文艺出版社 1999 年版，第 239 页。

⑥ ［法］莱昂·狄骥：《〈拿破仑法典〉以来之私法的普通变迁》，徐砥平译，中国政法大学出版社 2003 年版，二版引言第 2 页。

⑦ 同上书，二版引言第 126 页。

随着财产权社会化理论的不断发展，各国立法与司法实践也开始对此予以关注。其中，最早以成文宪法确立财产权社会义务的当属德国1919 年的《魏玛宪法》，该宪法第 153 条规定："财产权由宪法予以保障，其内容及其限度，由法律定之。财产权负有义务，其行使应同时有利于公共福祉。"虽然该条款将财产权社会义务由道德约束上升到法律义务，但是，受当时学说的影响，这一规定只是一种对立法者的指示而已，未含有直接、强制性的法律拘束力。① 直至 1949 年《联邦德国基本法》(Grundgesetz für die Bundesrepublik Deutschland) 颁布，在其第 14 条（保障财产权和继承权。有关内容和权利限制由法律予以规定。财产应履行义务。财产权的行使应有利于社会公共利益。只有符合社会公共利益时，方可准许征收财产）中明确规定了财产权的社会义务。相比之下，这一规定系赋予立法者一个有拘束力的方向指标，指示立法者在制定规范人民财产权之内容及界限之时，能有一个正确的决定标准。② 此外，对于行政及司法机关而言，这项"财产权义务性"的规定，亦应作为解释的"准绳"，有所拘束。③ 在德国长期的司法实践中，德国联邦宪法法院肯定财产权具有个人和社会的双重属性。一方面，个人属性强调了财产权利对于财产所有者个人的重要作用和意义。另一方面，财产也背负着社会义务。④ 尤其是对于土地等不动产财产权来说，这种社会义务就更加显现。

正是由于财产权本身要负一定的社会义务，因而对于私有不动产来说，其权利人在对其不动产使用时就必须承担适当的限制。这种限制是一般性限制，是政府"警察权"的正当行使。但是，财产权社会义务也不能被扩大理解，不能是任意侵害私有不动产财产权的唯一借口。政府

---

① 陈新民：《德国公法学基础理论》（增订新版·上卷），法律出版社 2010 年版，第 463 页。

② 联邦宪法法院判决：BVerfGE 8, 71/80；BU；18, 121/131；25, 122ff；34, 139/146ff；37, 132/140. 转引自陈新民《德国公法学基础理论》（增订新版·上卷），法律出版社 2010 年版，第 464 页。

③ P. Badura, Eigentum im Verfassungsrecht, 转引自陈新民《德国公法学基础理论》（增订新版·上卷），法律出版社 2010 年版，第 464 页。

④ 韩姗姗：《德国法律如何看待财产权》，《法制日报》2010 年 5 月 19 日。

行使"警察权"对私有不动产财产权进行限制只能在该不动产应该承受的社会义务的范围之内，如果超过这个范围，那么政府行为的性质将发生根本性的变化。此时，如果是要剥夺某个人的不动产，那就将构成征收；如果此种限制介于剥夺和财产权的社会义务的范围之间，那么，将构成本书所研究的不动产准征收。当然，应该说明的是，财产权社会义务的范围究竟有多大，这是一个极其复杂的命题，就如同无形财产权领域的合理制度一样令人费解，需要我们为之长期钻研。

（二）不动产准征收与警察权

在公民私有财产权和政府公权力的博弈过程中，形成了最为重要的两种理论。其一是上述财产权社会义务论，主要源自德国，并在德国立法中得到明确肯定；其二便是警察权论，源自美国并为美国立法和司法实践所接受。可以说，在美国现代财产权的保护历程中，警察权问题始终是无法回避而最受争议的焦点。就财产权社会义务论和警察权论两者的关系而言，虽然源自不同国家和不同的法制传统，其实两者所关注和所要解决的主要问题是基本相同的，即如何在私有财产权人之私益和社会公共利益之间寻求一种平衡、协调私权与公权之间的冲突。所不同的只是角度和侧重点不同而已，财产权社会义务论关注的侧重点是公民私有财产权的行使，警察权论关注的是政府公权力的行使。

美国宪法第五和第十四修正案分别规定了联邦和州政府经过正当法律程序可以剥夺公民之私有财产权。但是，为了使政府侵犯公民财产权的理由更加清楚和明确，"警察权"（Police Right）理论被正式提出。所谓警察权①，是指联邦及各州可以拥有警察权力来管理人民，而且连带的也可以将人民的自由权及财产权等基本权利，予以限制及剥夺之。② 应该说明的是，这里的警察权不是我们通常所理解的大街上交通警案或公安人员的权力，而是指为保护公众的健康、安全、伦理及福利，在理性指

---

① 也有学者将其称为治安权力，参见汪庆华《土地征收、公共使用与公平补偿——评 Kelo. City of New London 一案判决》，《北大法律评论》2007 年第 2 期。

② 陈新民：《德国公法学基础理论》（增订新版·上卷），法律出版社 2010 年版，第 485—486 页。

导下，对私有财产加以限制乃至剥夺的权力。例如甲饲养的鸡群染上一种无法治愈的传染病，并威胁到乙饲养的鸡群，甲、乙所在的县议会有权颁发命令要求甲无偿地杀掉并埋葬其饲养的病鸡。① 警察权有广义和狭义之分。从最广义上讲，警察权包含最高主权政府基于统治行为之所有权力，也就是公权力，② 包括了对财产权的剥夺（征收）和所有的限制。广义上的警察权极易导致权力范围的扩张，对公民财产权的保护而言是很不利的，因而警察权一词一般仅在狭义上使用，即不包括征收在内。③ 本书所述之警察权亦是狭义上的概念，是政府基于公共安全、健康、秩序等公共利益对公民基本权利所实施的必要的限制或者管理措施。

1830—1860 年期间一直担任马萨诸塞最高法院首席法官的莱缪尔·肖（Lemuel Shaw）将有关公共利益、共和哲学的一般化言论概括为管制理论，由此确立了现代警察权的基础。④ 美国最高法院在 1905 年的洛克纳诉纽约州（Lochner v. New York）案中做了初步的阐述："在联邦各州的主权之中存在着一些大概可以被称为警察权的权力。法院尚未对这些权力做出明确的描述和限定。尽管这些权力被广泛地谈及，而且到目前为止还没有任何对其予以更加明确的描述和限定之企图，但是这些权力关系到安全、健康以及公众的普遍福利。"⑤ 在美国，警察权的行使之目的，早期主要是针对人民基本权利之"有害行使"（Noxious Use）。⑥ 任何人权利之行使，都应该受到基本的限制，均不得侵害到社会公共利益，否则将不受法律的保护。政府应该通过立法或者其他一切可能之措施，来规范私人财产权之行使，防止发生对社会有害的不利后果。爱泼斯坦（Richard Epstein）将侵权责任法中的公害（Ruisance）理论引入宪法，提出只对私有财产的利用达到公害的程度，政府才可以行使警察权力。

---

① 李进之：《美国财产法》，法律出版社 1999 年版，第 190 页。

② 谢哲胜：《财产法专题研究》（二），中国人民大学出版社 2004 年版，第 65 页。

③ 金俭：《不动产财产权自由与限制研究》，法律出版社 2007 年版，第 186 页。

④ Leonard Levy, The Law of the Commonwealth and Chief Justice Shaw，转引自王铁雄《财产法：走向个人与社会的利益平衡——审视美国财产法理念的变迁路径》，《环球法律评论》2007 年第 1 期。

⑤ Lochner v. New York, 198U. 5. 45（1905）

⑥ 陈新民：《德国公法学基础理论》（增订新版·上卷），法律出版社 2010 年版，第 486 页。

也就是说，政府在征收领域中对警察权的利用只限于反公害。①

随着美国经济社会结构的发展变化，原本只用于防止个人权利"有害行使"的警察权理论已经不能满足时代发展的实际需求。尤其是进入20世纪以来，经历过两次世界大战，美国越来越需要通过使用警察权力来促进公共利益，实现社会正义，警察权的概念随之发生了扩张。② 在有关战时立法及战争行为、为维护较高经济利益之农业、都市计划及土地使用规则、古迹与纪念建筑物的保护、保护生态环境、土地政策及租金管制等方面的一系列案件中，美国联邦最高法院大都认可了政府对于警察权扩张的做法。对于政府因警察权而侵害私有财产权尤其是不动产财产权的行为，联邦最高法院大多认为其属于"警察权"之行使而无须对受害者进行补偿。③ 然而，警察权的不断扩张却不可避免地使人们之私有不动产财产权受到过度侵害甚至使不动产财产权人对其不动产的实际拥有已经失去任何价值。如果任由立法者颁布法律或者政府采取其限制措施以扩张其权力，那么不动产财产权将会被一步步蚕食直至消失，后果将会非常严重。为此，美国联邦最高法院采用了司法审查的手段，来纠正政府之"恣意"行为。④ 在1922年的"宾夕法尼亚煤炭公司诉马洪（Pennsylvania Coal Co. v. Mahon）"案⑤中，美国联邦最高法院一改往日对警察权的宽松态度，认为宾夕法尼亚州1921年通过的《柯勒法案》对宾夕法尼亚州煤炭公司的限制超出了警察权的范围，应该构成应予补偿的不动产征收。美国联邦最高法院最终推翻了原判决，支持了煤炭公司的

---

① Richard A. Epstein, *Takings*: *private property and the power of eminent domain*, Harvard University Press, 1985, p. 164.

② 沈开举：《征收、征用与补偿》，法律出版社2006年版，第25页。

③ 这些案件主要有：United States v. Central Eureka Mining Co. 357 U. S. 155（1958），2L. Ed. 1228, 1236, 1237, 78 S. Ct. 1096；United States v. Caltex, 344 U. 5. 149（1952）；Miller v. Schoene 276 U. 272, 485. Ct. 246, 72L. Ed. 568；EucLid V. Ampler Realty Co. 272 U. S. 365, 47 S. Ct. 114, 71L. Ed. 303；Penn Central Transp. Co. v. New York City, 438 U. S. 104, 98 S. Ct. 2646, 57L. Ed. 2d. 631；Andrus v. Allard. 444 U. S. 51, 100 S. Ct. 318, 62 L. Ed. 2d 210；Hawaii Housing Authority v. Midkiff. 467 U. S. 229, 104 S. Ct. 2321, 81L. Ed. 2d 186；Ruckelshaus v. Monsanto Co. 467 U. 986, S. Ct. 2862, 81 L. Ed. 2d 815. 参见陈新民《德国公法学基础理论》（增订新版·上卷），法律出版社2010年版，第487—490页。

④ 金俭：《不动产财产权自由与限制研究》，法律出版社2007年版，第187页。

⑤ Pennsylvania Coal Co. v. Mahon, 260 U. 5. 393, 435. Ct. 158. 67 L. Ed. 322（1922）.

请求。在该案中，以霍姆斯（Holmes）大法官为首的判决意见认为，虽然每个人的基本权利都应该受到一定的限制，但是这种限制也应该有一定的限度，否则的话，契约和正当法律程序两个制度就会消失。如果限制过度，就超越了警察权的范围，应该构成征收行为。也就是说，虽然财产可以在一定程度上被管制，但是如果这种管制走得太远，就会被认定为一种取得，① 即构成"准征收"。因此，"管得过多"的管制可以认定为征收行为的规则在本案中得以正式确立。② 本案被认为是美国司法实践中首例构成不动产准征收的判决，在美国财产法的发展中具有划时代的意义。当然，如何具体确定警察权的范围？即如何判断限制的"程度"，该案并没有明确说明。这其实关系到政府"征收权"和"警察权"的行使界限问题，也就是不动产准征收的构成。对此，本书将在后面章节中专门讨论。

在我国《宪法》中，有三个条文与不动产财产权限制和征收相关，分别是第 10 条第 2 款、第 13 条、第 51 条。具体规定如下：

> 第 10 条第 2 款：国家为了公共利益的需要，可以依照法律规定对土地实行征收或者征用并给予补偿。
>
> 第 13 条：公民的合法的私有财产不受侵犯。
>
> 国家依照法律规定保护公民的私有财产权和继承权。
>
> 国家为了公共利益的需要，可以依照法律规定对公民的私有财产实行征收或者征用并给予补偿。
>
> 第 51 条：中华人民共和国公民在行使自由和权利的时候，不得损害国家的、社会的、集体的利益和其他公民的合法的自由和权利。

通过对上述条文的分析可以发现，第 51 条之规定主要是为了防止公民基本权利的有害行使，这就为政府干预不动产财产权等私人权利提供

---

① ［美］约翰·E-克里贝特，科温·W. 约翰逊、罗杰·W. 芬德利、欧内斯特·E. 史密斯：《财产法：案例与材料》，齐东祥、陈刚译，中国政法大学出版社 2003 年版，第 698 页。

② ［美］约翰·G. 斯普兰克林：《美国财产法精解》（第 2 版），钟书峰译，北京大学出版社 2009 年版，第 650 页。

了宪法依据。依照这一规定，政府为了禁止不动产财产权的有害行使而进行的必要限制是不需要补偿的。第 13 条第 1 款和第 2 款是对私人合法财产进行保护的宪法依据。第 10 条第 2 款和第 13 条第 3 款规定国家可以为了"公共利益"的需要而对集体土地和公民的私有财产进行征收或者征用，这两个条款既是政府征收公民私有财产的宪法依据，也是明确限制政府公权力行使的宪法条款。政府在征收或者征用集体土地和公民的私有财产时，必须给予补偿。我们不难发现，我国《宪法》第 10 条第 2 款和第 13 条第 3 款与第 51 条其实类似于美国法中对警察权和征收权的规定。但是，在警察权和征收权之间，还存在着一定的灰色区域，即政府对私有财产权的过度干预。这种过度之干预明显超出了一般意义上警察权的行使范围，但按照现行法之规定又无法归属于征收。本书所研究的不动产准征收即属于这种情形。作者认为，就公民私有不动产的保护而言，对介乎于政府警察权行使和征收行为之间的这种特殊情形，应当以构成"不动产准征收"而给予不动产财产权人合理补偿更为妥当。

（三）不动产准征收与社会契约理论

社会契约理论是 16 世纪以来在西方乃至全世界都极有影响的一种国家学说，它的兴起与西方的契约文化传统、与西方的社会变革，特别是与资本主义上升时期日益发展的契约经济有着密切联系。大量增加的契约现象不仅是可供构建新型社会关系和社会组织借用的理论资源，而且为人们普遍认同以契约来解说各种关系——其中包括国家——创造了一个社会接受条件。[①] 在近代的西方，先后有众多学者以社会契约理论为基础来阐述国家的起源、国家主权、政府权力与法律等问题。例如荷兰的格劳秀斯、英国的霍布斯、洛克以及法国的卢梭等。格劳秀斯继承了亚里士多德的国家和社会起源思想，提出了国家起源于契约的观点。霍布斯在自然法和契约观念相结合的基础上，构建起了西方近代第一个较为完整的社会契约理论体系，开创了西方近代以个人主义为基础的政治哲学。洛克在当时的英国资产阶级革命浪潮中，将其社会契约理论渗透到

---

① 苏力：《从契约理论到社会契约理论——一种国家学说的知识考古学》，《中国社会科学》1996 年第 3 期。

革命实践之中，为英国的政治发展甚至以后的美国政治发展做出了极为重要的理论贡献。① 与霍布斯相比，洛克的社会契约理论更清晰地显露出现代化政治社会的两个突出特征：一是个人主义倾向；二是自由主义思想。特别是自由主义的思想，不仅是符合人类社会发展的时代潮流的，而且是符合资产阶级的政治需求和经济需求的。因而，洛克的社会契约理论较之霍布斯的社会契约理论在英国资产阶级革命时期和革命以后的很长时间里，发挥了巨大的社会作用。②

法国的卢梭最终成为社会契约思想的集大成者，他在《社会契约论》一书中集中阐明了其社会契约思想，该书为 18 世纪末法国资产阶级革命和美国的资产阶级革命提供了重要的理论纲领，法国的《人权宣言》和美国的《独立宣言》以及后来两国的宪法，在很大程度上集成和体现了卢梭社会契约理论的精髓和政治理想。在卢梭看来，人是生而自由和平等的，国家不过是自由的人们协议的产物。如果人民的自由被强制剥夺，人民则有权夺回自己的自由。在谈及主权权力的界限时，卢梭认为："凡是一个公民能为国家所做的任何服务，一经主权者要求，就应该立即去做；可是主权者这方面，却决不能给臣民加以任何一种对于集体是毫无用处的约束；他甚至于不可以有这种意图，因为在理性的法则之下，恰如在自然的法则之下一样，任何事情绝不能是毫无理由的。"③ 在他看来："主权权力虽然是完全绝对的、完全神圣的、完全不可侵犯的，却不会超出，也不能超出公共约定的界限；并且人人都可以任意处置这种约定所留给自己的财富和自由。因而主权者便永远不能有权对某一个臣民要求得比对另一个臣民更多；因为那样的话，事情就变成了个别的，他的权力也就不再有效了。"④

按照社会契约理论，在国家或政府出现之前，人们都处于自由、平等和相互独立的自然状态。但是这种自然状态因为缺乏有效的约束和管理而带有很多缺陷，使人们的生命安全和财产难以得到足够的保护。为

---

① 参见韦如梅《论社会契约理论及其对于西方政治发展的影响》，《上海师范大学学报》（社会科学版）2001 年第 4 期。

② 曹宪忠：《社会契约理论：霍布斯与洛克之不同》，《文史哲》1999 年第 1 期。

③ 卢梭：《社会契约论》（修订第 3 版），何兆武译，商务印书馆 2003 年版，第 38 页。

④ 同上书，第 41 页。

了改变这种自然无序的状态，确保人们自由、平等的真正实现，人们便通过契约的方式将自己的部分权利让渡给某个共同体——政府，政府权力由此产生。"宪法和法律作为一种社会契约，体现了全体人民的共同意志和共同利益要求。同时宪法和法律是人民授权于政府的授权委托书，规定了人民允许政府行使的权力。"① 根据社会契约理论，政府对于公民私有不动产财产权的限制是为了维护不动产财产权秩序，是保障全体不动产财产权人利益的需要。政府对不动产财产权限制的根据——警察权——来源于公民的授权，它是"一个主权者（Sovereignty）固有的权力"。公民选择政府这一管理形式的同时授予它以管理社会的权力——警察权，即社会契约产生了警察权。因此，就如同卢梭的观点一样，基于社会契约而产生的警察权的行使不能超过"公共约定"的界限，不能使某些不动产财产权人受到明显超过其他人的侵害。因此，警察权的行使必须要受到严格的限制，否则，遭受损害的不动产财产权人将有权寻求法律之救济。

（四）总结与评价：不动产准征收背后的法理

从以上论述来看，无论是从不动产财产权社会义务理论还是警察权理论抑或社会契约理论等角度，都可以为不动产准征收找到相应的理论支持。但是，透过各种理论的分析，在它们背后其实蕴藏着最为根本的法理，其一为公权力与私权利的博弈与选择，其二为其所代表和维护的公共利益与私人利益之间的冲突与平衡。

1. 公权力与私权利的博弈与选择

公权力与私权利的划分就如同公法与私法的划分一样由来已久，并始终是法学理论研究的起点和核心，尤其是有关财产权保护的各种法学学说大多都是围绕着权力与权利的博弈展开的。法律制度的最终选择便是要寻求权力与权利之间的平衡与协调。权力与权利有时也被称为公权与私权，亦有公权力与私权利之说。关于二者的界分，有学者认为："公权就是人们在政治领域和社会公共事务方面的权利，私权即人们在经济

---

① 叶帆：《基于社会契约理论的政府治理监督》，《领导科学》2010 年第 5 期。

领域和民间的或私人的事务方面的权利。"① 简言之，公权力是由政府来行使的，是服务于私权社会、调整私权社会中的各种关系；私权利乃公民或者法人固有之权利，包括了人身权、财产权等各种具体之权利。在任何一个国家，公权力和私权利之间都难免会发生冲突，尤其以土地、房屋等不动产财产权最为突出。如有学者即认为："在私人权利与公共权力之间，即人类存在的个人一面与社会一面之间总是存在着、并将继续存在紧张与冲突，它所产生的张力与弹力构成了美国财产法理念的核心。"② 在发生冲突时，究竟应该以权力为主还是应该以权利优先，目前较为主流的观点仍首推"权利本位"论。因为按照社会契约理论，人们缔结社会契约，将他们的权利让渡给政府，政府当然有义务保护人民的私权利。也就是说，私权利乃公权力之基础，公权力是在私权利充分发展的基础产生的，其行使必然会以巨大多数私权的实现为宗旨。③ 从我国的实际情况来看，由早期的义务本位和权力本位到权利本位的过渡，经历了长期而复杂的过程。"在权利与权力的关系中，主张权利本位，反对权力本位，意在把权利从权力中解放出来，即人们常说的'松绑'，以实现政治与经济、政府与企业、国家与市民社会的相对分离，彻底地摒弃官本位、国家本位的封建遗迹，促进经济市场化、政治民主化、文化理性化和社会现代化。"④ 以不动产为例，政府为了公共利益的需要对私有不动产财产权进行必要的限制，这是其公权力行使的内在要求，财产权人（私权主体）必须容忍这种限制，并且不能要求任何价值的补偿。但是如果这种公权力过度膨胀，公民之私有财产权将会受到必然的侵害。因此，作者认为，不动产准征收其实是要解决私有不动产财产权受到政府公权力过度侵害所面临的制度选择问题，及如何通过恰当的制度设计来平衡二者之间的冲突。

2. 公共利益与私人利益的冲突与平衡

透过公权力和私权利相互博弈，我们不难发现，不动产准征收实质

---

① 张文显：《二十世纪西方法哲学思潮研究》，法律出版社 1996 年版，第 507 页。

② 王铁雄：《财产法：走向个人与社会的利益平衡——审视美国财产法理念的变迁路径》，《环球法律评论》2007 年第 1 期。

③ 金俭：《不动产财产权自由与限制研究》，法律出版社 2007 年版，第 119 页。

④ 张文显：《二十世纪西方法哲学思潮研究》，法律出版社 1996 年版，第 507 页。

上所体现的是其背后各种利益之间的相互冲突与平衡。正如庞德所言，"在权利后面的是一种被法律所确认和界定的利益（主张、要求或者愿望）"①。卡尔·拉伦茨也曾指出："当它以法律秩序自身的评价标准，根据这个标准，复杂的事实被仔细斟酌地加以判断，现实的利益在评价中被考虑到，越来越多地替代仅仅以形式的逻辑的推理为基础的方法时，它逐渐地在事实上彻底改变了法的适用。因此，它使法官获得了善意的良知，并使虚假的证立经常成为多余的。"② 对于作为法律的基础利益的关注和深入研究，使得法律在实践层面更加贴近实际生活，对法学研究产生了深远。庞德认为，一项法律制度要达到维护法律秩序的目的，需要通过：（1）承认特定的利益，该利益可能是个人的、公共的或者社会的；（2）确定一个范围，那些利益应当在这个范围内通过法律规范予以承认和实现，该法律规范由司法（现在还有行政）过程按照公认的程序运作和实施；（3）尽力保护在确定的范围内得到任何的利益。③

　　不动产准征收在所表现出的公权力与私权利背后，实际上代表的是公共利益和不动产财产权人个人利益。在现代社会，在人们对"个人私益高于一切"的私有财产神圣不可侵犯原则所产生的后果进行反思后，公共利益逐渐受到重视并占据了主导地位，个人本位也逐渐让位于社会本位。因此，在不动产财产权人之个人利益与公共利益发生冲突时，人们通常会以公共利益优先，个人利益往往屈从于公共利益。然而，何为公共利益？谁可以代表公共利益？公共利益的认定标准是什么？这些问题一直是法律中最为迷惑的问题之一，至今仍无法对其做出明确的解答。因此，在现行法律体系中，公共利益成了最不确定的法律概念。然而，正是由于其不确定性，导致现实中出现了大量通过对公共利益的扩张解释或者假借公共利益之名侵害不动产财产权人合法权益的纠纷。这就要求政府在行使公权力对私有不动产财产权实施限制或者征收时，必须要依法谨慎，既要为了公共利益，又要充分照顾到所有权人的个人利益。

---

　　① ［美］罗斯科·庞德：《法理学》第4卷，廖德宇译，法律出版社2007年版，第34页。

　　② ［德］卡尔·拉伦茨：《法学方法论》，转引自阿图尔·考夫曼、温弗里德·哈斯默尔《当代法哲学和法律理论导论》，郑永流译，法律出版社2002年版，第167页。

　　③ ［美］罗斯科·庞德：《法理学》第3卷，廖德宇译，法律出版社2007年版，第13—14页。

因此，对于不动产财产权来讲，政府以公共利益为由限制私有不动产财产权，原本无可厚非。但是，如果为了"公共利益"而使不动产所有人遭受到了过度的难以承受的损害以致无法获取任何不动产利益时，利益的天平便会彻底失衡。这种情况是与法律最基本的"公平"与"正义"价值背道而驰的，后果也是极其严重的。因此，唯有将该政府行为认定为不动产"准征收"并给予不动产所有人合理的救济，才能实现不动产财产权人之个人利益与公共利益之间的相对平衡。

本 章 小 结

从法哲学、法经济学等不同角度探寻不动产准征收背后的法理，对于不动产准征收理论及其制度的构建具有重要的意义。纵观中外法哲学研究文献，"价值论"始终是法哲学研究的核心问题之一。诸如法的自由、公平、秩序、效率等，通常被认为是法的核心价值或者评价准则。政府行使公权力固然要追求效率，从而最大限度服务于人民群众，但是，如果因政府合法行政行为而使部分不动产财产权人利益受到特别牺牲，政府理应做出相应的补偿。政府不能为了其他群体的利益而牺牲少数特定主体的不动产权益，这不符合行政公平的基本要求；政府过度限制或者侵害不动产财产权通常以维护"公共利益"为目的，其方式是通过限制不动产财产权人的"私益"来追求更大范围的公共利益。但是，从本质上讲，法律制度的设计应该有利于双方利益的追求与选择，最终实现利益的平衡。因此，唯有通过适当的制度设计，赋予不动产权利主体寻求救济的权利，才能充分照顾到各种利益之间的平衡；现代公共行政必须符合正义的根本性要求，政府制定关于公民不动产财产权的各项法律、政策以及具体行政行为的做出，都必须要考虑正义的价值目标，努力使"行政正义"成为可能；不动产准征收制度旨在规范政府权力，缓解和消除公权与私权之间的对抗，以维护正常的不动产财产权秩序，这是社会和谐价值目标的根本要求。

政府实施不动产准征收行为的正当性基础在于不动产资源的稀缺性和防止私权滥用。政府的准征收行为不仅存在着较高的非市场交易成本，过度的政府干预还将影响不动产的利用，产生牺牲效率的成本，增加市场交易的成本，从而影响经济的发展。所以，我们需要的是有限的政府、有效的政府，而不是公权力无限扩张而不受约束的政府。不动产准征收与财产权社会义务理论、警察权理论和社会契约理论等密切相关，但背后蕴藏的最为根本的法理在于：公权力与私权利的博弈与选择，其所代表和维护的公共利益与私人利益之间的冲突与平衡。因此，唯有将不动产的过度限制认定为不动产"准征收"并给予不动产所有人充分的救济，才能实现不动产财产权人之个人利益与公共利益之间的相对平衡。

第 三 章

不动产准征收类型化分析

　　类型就是由具有共同特征的事物所形成的种类，它是由各种特殊的事物或现象抽出来的共通点。对于不动产准征收类型的厘定有助于对其概念的界定和理解，使得原本抽象和复杂的概念得以具体化、简单化。另外，从不动产准征收的救济机制角度来讲，只有分清准征收之不同类型，才能有针对性地提出应对之策。例如，对于因管制性立法造成的不动产财产权过度限制而构成准征收的情形和因具体行政行为而引发的不动产准征收之救济，就具有很大的区别。① 从我国未来征收立法的选择来看，类型化的研究也将会使立法更加贴近和反映现实情况，确保立法的客观性和科学性。

　　在社会公共利益、社会福利、财产权社会义务等观念的影响下，权利人对不动产财产权的控制和行使遭受到各种各样的限制。因此，不动产准征收也呈现出多种样态。作为英美法系典型代表的美国和大陆法系典型代表的德国，其不动产准征收非常具有代表性。虽然属于不同法系，其法律传统具有很大差异，但是，关于不动产准征收的种类，却都是在法院的司法审判实践中逐渐产生和形成的。纵观美国、德国的法律实践，不动产准征收的表现类型呈现出多样化和复杂化的特点。下文将以美国和德国为代表，在全面考察其不动产准征收司法实践的基础上，对于不动产准征收的具体类型作一初步的分析。

---

① 关于不动产准征收之救济，详见第五章分析。

一 美国判例法中的不动产准征收类型

在美国，政府对于不动产的干涉主要是通过警察权（Police Power）和征收权（Eminent Domain）来实现的。但是，对于警察权和征收权之间灰色区域的认定，即政府行使警察权对不动产财产权的过度限制是否构成征收，这通常是由法院通过司法审查来认定的。由于导致前述情形的因素有很多种，因而关于不动产准征收也就存在不同的类型。有学者曾将准征收的类型划分为六种：（1）物理上占有；（2）政府行使征收权力故意压低土地价格；（3）法律限制使土地无法为合理经济使用；（4）政府保留征收却未伴随公平合理之行为；（5）法规实质地减低土地之价值；（6）禁止土地在一定时间内为任何使用之命令。① 从前述分类我们不难发现准征收的复杂性和多样性特征。然而，美国联邦法院和州法院对于不动产准征收的认定却主要是围绕管制准征收（Regulatory Taking）和占有准征收（Possessory Taking）而展开的。

（一）不动产管制准征收

在美国征收法中，"Regulatory"一词频繁出现，国内学者大多将其翻译为"管制"，其含义是指依据主权者固有而又受宪法限制的警察权，立法机关和行政机关对个人自由和财产权施加限制，以保护公共安全、公共卫生、公共道德以及促进公共便利和普遍福祉。② 管制准征收旨在保护不动产的财产价值，主要是指政府通过制定和实施管制性法规、实施土地分区管制或者利用其他管制性规定使私有不动产财产权遭受过度限制，严重影响不动产所有人对其不动产的使用和收益的情形。美国最高法院 1922 年审理的宾夕法尼亚煤炭公司诉马洪（Pennsylvania Coal

---

① Wiliams, Smith, Siemon, Mandelker & Babcock, *The White River Junction Manifesto*，转引自谢哲胜《财产法专题研究》（二），中国人民大学出版社 2004 年版，第 166 页。

② 李累：《论法律对财产权的限制——兼论我国宪法财产权规范体系的缺陷及其克服》，《法制与社会发展》2002 年第 2 期。

Co. v. Mahon) ① 案便是不动产管制准征收的典型判例，该案被视为美国管制准征收规则诞生的重要标志，对美国后来的不动产征收司法实践产生了重要的影响。该案发生于美国宾夕法尼亚州东北部的产煤县，该县长期受到地面下沉的困扰。从地下采煤挖掉了支撑地表的煤层，导致地表塌陷，有时会造成人身伤害和财产损失。马洪于 1987 年通过契约取得了一块土地，该地块是其前一所有人从宾夕法尼亚煤炭公司所得。宾夕法尼亚煤炭公司在转让该地块时，仅仅转让了地表之上的权利，而通过契约的形式保留了开采地下所有煤矿的权利。原告马洪在得知这一情况的前提下购买了该地块并搬入建于该地块的住宅中居住。1921 年，宾夕法尼亚州通过了一部法案——《柯勒法案》（the Kohler Act），该法案禁止在居住区进行会导致住宅塌陷的采煤活动，并规定必须保留支撑地表的位于地表下相应位置的煤柱。在宾夕法尼亚煤炭公司警告马洪一家其进一步的开采行为将会很快导致他们的住宅塌陷后，马洪一家援引《柯勒法案》诉请法院颁发禁令以禁止宾夕法尼亚煤炭公司的开采行为。初审法庭驳回了禁止令申请，判定如果《柯勒法案》适用于本案将会违反宪法。但后来州最高法院认为《柯勒法案》属于警察权的正当行使并给马洪一家颁发了他们所要求的禁令。宾夕法尼亚煤炭公司不服该判决上诉至联邦最高法院。在该案中，以霍姆斯（Holmes）大法官为首的判决意见认为，管理过多的管理可以认定为征收行为，而宾夕法尼亚州的制定法确实管得过多，它意图取消宾夕法尼亚州所承认的土地中的产权——一种非常值钱的产权。关于该法案所服务的公共利益的程度，霍姆斯（Holmes）大法官指出，该案涉及的仅是单个私人住宅的损失，因而不能视为公共侵扰或者社会整体的损失。从宪法角度来看，使得开采某些煤炭在商业上变得不可行几乎具有和征用或者剥夺采矿权同样的效果。本案中，尽管布兰代斯（Brandeis）大法官持反对意见，认为该案应该适用马格勒—哈达切克案规则：保护社会公共健康、安全或者道德不受潜在危险威胁的限制规定不属于征收。但是，联邦最高法院最终认为，《柯勒法案》对宾夕法尼亚州煤炭公司的限制超出了

---

① Pennsylvania Coal Co. v. Mahon, 260 U. 5. 393, 43S. Ct. 158. 67L. Ed. 322 (1922).

"警察权"的范围，应该构成应予补偿的不动产准征收，从而推翻了原判决，支持了宾夕法尼亚煤炭公司的请求。[1]

宾夕法尼亚煤炭公司诉马洪案是美国司法实践中非常少见的判定政府管制性法规构成准征收的案例之一。即使是该案本身，也因为标准不明尚存在较多争议。在此后的不动产征收实践中，法院一般情形下大多会以公共利益为重心，尊重立法者的立法目的。因此，管制准征收往往很难成立。在随后的几十年里，宾夕法尼亚煤炭公司诉马洪案的判例罕见地未被任何法院引用，管制性征收法基本处于休眠状态。[2] 例如1928年的米勒诉斯切尔那（Miller v. Schoene）[3] 案：1924年弗吉尼亚州颁布了一项控制香柏树病的法令，其第一条规定，任何人在其土地上拥有、种植或保管可能成为传播性香柏树病来源的红香柏树为非法，而且如果这些香柏树离苹果园达一定距离将被视为构成危害而应被伐倒。其第二条规定，法令执行人为州政府授权的昆虫学家。该法令的公布基于多种原因，苹果种植业是该州的一项主要农业，每年该州消耗大量苹果而且出口也很多，苹果种植业的大规模投资，相应地为该州提供了大量的就业机会，推动了铁路建设和冷藏业的发展。香柏树在其生长过程中会患一种红香木腐烂症，这种疾病对红香木本身没有什么影响，但是对临近的异种树木会造成有害传染，导致树叶枯萎、果实腐烂，其传播距离至少可达2英里。实践中，控制这种传染病、保护苹果树的办法就是伐倒离苹果园2英里以内的所有红香木。该案源于法令执行人依据上述法案，命令原告伐倒其位于郊区的大部分红香木，以避免传染临近的苹果树。原告向巡回法院起诉，巡回法院在听证后，肯定了上述命令并允许付给原告100美元作为伐树费用。但是法院的判决及上述法令只允许原告优先利用其所伐的木材，不允许补偿原告因香柏树被伐的损失或者其地产

---

① 案情详见［美］约翰·G. 斯普兰克林《美国财产法精解》（第2版），钟书峰译，北京大学出版社2009年版，第654—657页；［美］约翰·E. 克里贝特、科温·W. 约翰逊、罗杰·W. 芬德利、欧内斯特·E. 史密斯：《财产法：案例与材料》，齐东祥、陈刚译，中国政法大学出版社2003年版，第696—700页。

② ［美］约翰·G. 斯普兰克林：《美国财产法精解》（第2版），钟书峰译，北京大学出版社2009年版，第656页。

③ Miller v. Schoene, 276 U. S. 272, 48 S. Ct. 246, 72 L. Ed. 568（1928）.

因失去该片香柏树林而导致的地皮跌价。1928 年该案件上诉到联邦法院，联邦法院最终肯定了上述判决，认为在对两种互相冲突的利益进行抉择时，政府基于其议会的判断以损失一种利益以保护更大的利益并未超出宪法授予它的权力。这种抉择是出于公益的考虑，而不能说是把苹果园主的不幸强加在香柏树主的头上。在公益考虑存在的情况下，重视公益而牺牲个体利益以致损害个体利益正是警察权的特征之一，这种公益的考虑被赋予了合法性。①

　　1978 年的佩恩中心运输公司诉纽约州政府（Penn Central Transportation Co. v. New York City）②案是宾夕法尼亚煤炭公司诉马洪案沉寂 56 年之后的又一典型不动产管制准征收案件。该案被视为是现代唯一重要的管制准征收判例，该案所确立的管制准征收之标准至今仍然影响着大多数的征收案件。根据纽约市《地标保护法》（Landmarks Preservation Law）的规定，该市火车站被确定为地标性建筑。根据该法的规定，地标的任何外部建筑设计风格或者原址上的任何外部改善物的改变，都必须事先取得该市地标委员会的批准。上诉人佩恩中心运输公司（该中央火车站的所有人）为了增加收入，于 1968 年 1 月 22 日和另一上诉人 UGP 地产公司签订了一份 50 年可续约的租赁和转租合同。合同约定 UGP 地产公司在火车站上建造一座高层写字楼，建造期间每年支付佩恩中心运输公司 100 万美元，之后每年至少支付 300 万美元。按照法律，该建造计划需要得到地标委员会的批准。但是，地标委员会最后以该建造计划会破坏火车站的审美和历史意义为由拒绝了上诉人佩恩中心运输公司和 UGP 地产公司的申请。上诉人因而提起诉讼，主张该市地标法适用于中央火车站的情形属于征收行为。③联邦最高法院最终以 6 比 3 的投票结果判决并没有发生征收行为，即不构成管制准征收。陈述法庭意见的布伦南大法官最后指出："我们认定纽约市地标法的适用没有构成对上诉人财产的'取得'。法规附加的限制和促进公共福利有合理的联系。这些限制不仅允许

---

　　①　李进之等：《美国财产法》，法律出版社 1999 年版，第 191—192 页。

　　②　Penn Central Transportation Co. v. New York City, 438 U. S. 104, 98 S. Ct. 2646, 57 L. Ed. 2d 631（1978）.

　　③　参见［美］约翰·G. 斯普兰克林《美国财产法精解》（第 2 版），钟书峰译，北京大学出版社 2009 年版，第 660—661 页。

对地标所在地进行有益的合理使用，而且给予了上诉人进一步提高车站所在地和其他土地价值的机会。"①

1987 年的吉斯通烟煤协会诉德贝内迪克特斯（Keystone Bituminous Coal Ass'n v. Debenedictis）②案与 1922 年宾夕法尼亚煤炭公司诉马洪案案情基本相同，但是联邦最高法院最后却做出了与马洪案完全相反的判决。为了充分保护土地使用和公众安全，宾夕法尼亚州立法机关在 1966 年通过了《烟煤矿下陷和土地保护法案》（the Bituminous Mine Subsidence and Land Conservation Act）。该法案授权州环境资源局（DER）制定和执行一个全面的防止或者尽量减少地标下陷的计划并对其后果进行控制。该法案第 4 条规定：禁止因采矿对 1966 年 4 月 17 日存在的三类建筑物造成下陷性破坏——公共建筑和为公众所使用的非经营性建筑；供人类居住的住处；公共墓地。自 1966 年来，环境资源局实施了一项规则，一般要求受该法案第 4 条所保护的建筑物下面的 50% 的煤应该予以保留以防止地面下陷。法案第 6 条授权环境资源局在因采煤而损害受第 4 条保护的建筑物或者区域而经营者在 6 个月内没有修复该损害、满足因此而产生的任何权利要求或者向环境资源局支付相当于合理的修复费用的押金时，可以撤销采矿的许可。从 1982 年开始，申请人吉斯通烟煤协会及其关联公司以 1922 年宾夕法尼亚煤炭公司诉马洪案为依据向宾夕法尼亚州联邦地方法院提起诉讼，认为宾夕法尼亚州 1966 年法案第 4 条和第 6 条构成对其私有财产的征收，从而违反宪法第五和第十四修正案，并认为第 6 条还违反宪法第 1 章第 10 条，侵犯了他们的合同权利。该案经地方法院、上诉法院直至联邦最高法院，各法院均认为宾夕法尼亚煤炭公司诉马洪案不适用于本案，判决申请人败诉。法院的判决理由主要是：首先，1966 年的"下陷法案"明显不同于 1922 的《柯勒法案》，前者有着显著的公共目的，是为了防止煤矿开采而造成危害，是基于危害理论的立法。其次，《柯勒法案》使开采煤矿成为不可能，

① ［美］约翰·E. 克里贝特、科温·W. 约翰逊、罗杰·W. 芬德利、欧内斯特·E. 史密斯：《财产法：案例与材料》，齐东祥、陈刚译，中国政法大学出版社 2003 年版，第 711 页。

② Keystone Bituminous Coal Ass'n v. Debenedictis，480 U. S. 470，495，107 S. Ct. 1232，94 L. Ed. 2d 472（1987）.

而在本案中申请人并未证明法案的规定对其权利的剥夺到了足以声明是征收的程度。再次，资料表明，申诉人只可能开采其 75% 的煤矿资源，申诉人并未证明法案规定的义务使其开采受到实际影响。最后，支撑财产作为一项独立的财产，只有在保持使其所相连的财产增值时才有价值，它只是地表所有人或煤矿所有人的财产权利的一部分，法案所能影响到的支撑财产只占申诉人支撑财产的一部分，申诉人同样没有证明其受到限制的支撑财产的比例，因而法案不构成对申诉人支撑财产的征收。[①] 所以，法院认为 1966 年的法案是政府警察权的行使，不构成管制准征收。当然，在本案中，奎伦斯特（Rehnquist）首席大法官、鲍威尔（Powell）大法官、奥康纳（O'Connor）大法官和斯卡利亚（Scalia）大法官持反对意见，认为本案基本事实和宾夕法尼亚煤炭公司诉马洪案基本相同，应该构成不动产准征收。

　　然而，在 1992 年卢卡斯诉南卡罗来纳州海岸区委员会（Lucas v. South Carolina Coastal Council）案[②]中。美国最高法院却例外地认为南卡罗来纳州的管制立法构成对卢卡斯土地的准征收，从而为佩恩中心运输公司诉纽约州政府案之标准设立了例外的规则。美国南卡罗来纳州 1977 年通过的《沿海地区管理法案》（*Coastal Zone Management Act*）规定，海岸土地包括临近海滩的关键区域（Critical Area）的土地所有者必须取得南卡罗来纳州海岸区委员会（South Carolina Coastal Council）的许可才能进行开发。1986 年，上诉人卢卡斯花了 975000 美元购买了位于南卡罗来纳州查尔斯顿县（Charleston County）的棕榈岛（Isle of Palms）上的土地，准备建设独栋豪宅。这两块地当时离海滩大约有 300 英尺远，根据 1977 年的法案，这两块地都不属于所谓的"关键区域"，因此，在获得该地块后，卢卡斯并不需要从海岸委员会获得开发许可证就能进行开发建设。然而，1988 年南卡罗来纳州立法机构又颁布了另外一部法案——《滨海地区管理法》（*Beachfront Management Act*, *BMA*），该法禁止在包括卢卡斯的地块在内的海岸延伸区域上建造任何

---

① 李进之：《美国财产法》，法律出版社 1999 年版，第 206—207 页。需要说明的是，宾夕法尼亚州承认在土地上存在三种可分离的财产权，即采矿权、地上权和支撑权。

② Lucas v. South Carolina Coastal Council, 505 U. S. 1003 (1992).

永久性建筑物。该法案使卢卡斯的计划彻底泡汤。卢卡斯不久在南卡罗来纳州民事诉讼法院（Court of Common Pleas）提起了诉讼，认为南卡罗来纳州 1986 年法案的建设禁令构成对他的财产的征收，但他却没有获得任何公正的补偿。卢卡斯主张，他并不质疑该州行使警察权以确保该法案的效力，他只是要求其土地价值被该法剥夺后应该有权获得应有的补偿。经过法官审理后，该州初审法院支持卢卡斯的请求。法院认为，滨海地区管理法案的长期限制建设禁令剥夺了卢卡斯对其土地的经济合理使用并导致这些土地变得没有任何价值。因此判决该法案构成对卢卡斯土地的准征收，并要求被告支付 1232387.50 美元的公正补偿给原告卢卡斯。但是，后来南卡罗来纳州最高法院却撤销了原判决。州最高法院援引马格勒诉堪萨斯（Mugler v. Kansas）① 案等一系列判例，认为滨海地区管理法案的宗旨是为了禁止"有害使用"（Harmful or Noxious Uses）而保护公共资源，判决卢卡斯不能挑战该法案的效力，而必须接受立法机构的无争议的决定。该法案属于政府警察权的正当行使，对卢卡斯土地使用价值造成的影响不必进行任何补偿。

在斯卡利亚（Scalia）大法官撰写的联邦最高法院的判决的多数意见中，援引了霍姆斯大法官在宾夕法尼亚煤炭公司诉马洪案一案中的经典论述：如果要更加有效地保护私人财产不受物理性侵占，那么，政府重新定义包括财产所有权在内的利益的范围的权力就必须受到宪法限制的约束。否则，在警察权之下，对私有财产的使用将会受到毫无节制的、并无任何补偿的限制，人类的自然倾向也将会越来越扩大这种限制，直至最后私有财产权的完全消失。基于这些考虑，霍姆斯在马洪案中给出了被后人反复引用到极致的经典名言："虽然财产权可以被限制至一定程度，但是如果这种限制走得太远，将构成对财产的征收。"② 联邦最高法院认为，虽然联邦法院一般会依据佩恩中心运输公司诉纽约州政府案确立的标准来审理征收案件，但是也不排除例外情形，例如，当某项管制性法规使得私有财产遭受永久性物理侵占时，不论该侵占之程度多么轻

---

① Mugler v. Kansas, 123 U. S. 623 (1887).

② "While property may be regulated to a certain extent, if regulation goes too far, it will be recognized as a taking." 60 U. 5. 393, 43 S. Ct. 158. 67 L. Ed. 322 (1922).

微、背后的公共目的多么重要，都将构成准征收；① 再如，如果管制性法令否认了"对土地所有的经济性有益使用或生产性使用"而没有"充分地促进州合法的利益"，那么它就将违反宪法第五修正案从而构成管制准征收。联邦最高法院表达了这样的主张，当不动产所有人因公众利益（Common Good）名义而被要求牺牲其所有的经济性有益使用时，即当其财产变得毫无经济价值时，他就遭受到了征收。② 最终，联邦最高法院认为南卡罗来纳州 1986 年法案明显否认了卢卡斯对其不动产的所有经济性有益使用或生产性使用，推翻原判决，将该案发回重审并要求依据最高院意见处理。联邦最高法院一再强调，州政府不能仅仅提出卢卡斯之土地开发计划不符合公共利益的说法，而必须指出在本案的情况下禁止卢卡斯进行土地开发的关于妨害和财产法的根本原则，唯有证明这一点，州政府认为该法案不构成准征收的主张才成立。如同马洪案一样，卢卡斯案又一次引起了学界对不动产管制准征收的极大争论。但是，遗憾的是，此案对以后的判例的影响却相当有限。

（二）不动产占有准征收

占有准征收主要是指政府或者其授权的第三人在物理上永久性地侵占私有不动产的情形。由于此种物理上之永久性侵占，不动产财产权人之所有权受到严重的限制，基本丧失了对该被侵占不动产的实际占有、使用、收益和处分，因而应该构成不动产准征收而得到相应的补偿。相对于管制准征收，占有准征收主要保护的是所有人对其不动产的实际控制和占有，而且，占有准征收的成立不要求必须通过立法的方式，有时政府行为也会不自觉地构成准征收。

在美国，基于政府行为或政府授权对于不动产的永久物理性侵占比较容易成立准征收。这是因为，永久性物理上占有剥夺所有权人之占有而变更为他人占有，既然被占有部分财产之全部权利均受到蔑视，则这

---

① 此种情形构成占有准征收，例如 1982 年的洛利托诉曼哈顿 CATV 电子提词机公司案。Loretto v. Teleprompter Manhattan CATV Corp. 458 U. S. 419（1982）。

② When the owner of real property has been called upon to sacrifice all economically beneficial uses in the name of the common good, that is, to leave his property economically idle, he has suffered a taking.

种情形即等同于征收。① 联邦最高法院认为永久性物理占有本质上即是征收。② 在诺兰诉加利福尼亚海岸委员会（Nollan v. California Coastal Commission）一案中，美国最高法院曾经指出，"我们一再判定，对于所有人保留作为私人用途的土地，排除他人之干涉的权利是财产权所有权能中最重要的权利之一"③。因此，如果政府超越警察权的范围造成对私有不动产的永久性物理占有时，即构成不动产占有准征收。当然，这里的"永久性"只是一个技术用语，不必然和占有的存续期间有关，只是表示侵犯财产权的程度非常严重，是一种相对较长的期限而已。另外，"物理性占有"也是相对性的占有，它所代表的是对不动产限制的程度较强，几乎相当于剥夺所有人的全部权能，所以，即使未发生真正的物理性占有，只要因政府之过度限制而使不动产所有人无法实际行使其财产权能，即应构成不动产准征收。④ 下面介绍几例构成占有准征收之典型判例。

1946 年的美国政府诉高斯贝（United States v. Causby）⑤ 案。在美国北卡罗来纳州的格林斯博罗市（Greensboro，North Carolina）郊区，被上诉人高斯贝（Thomas Lee Causby）拥有一块农场并主要经营养鸡业。该农场毗邻美国政府的军用机场。自 1942 年美国政府开始使用该机场以来，每天有各种军用飞机（装载四个发动机的重型轰炸机、歼击机以及其他类型的重型战斗机）在被上诉人农场上空频繁飞行，大约每天有 4% 的时间是飞机起飞，7% 的时间是飞机降落。飞机飞行的高度离地面大约只有83 英尺，离被上诉人的房屋有 67 英尺，离养鸡棚有 63 英尺，离最高的树木也只有 18 英尺。由于飞机频繁起降带来的巨大噪声，给被上诉人的农场经营和正常生活带来了非常严重的后果。农场的鸡因为受到噪声惊吓而纷纷乱撞，每天有 6—7 只鸡因此死亡，总共有 150 只鸡受到飞机惊

---

① Manheim, *Tenant Eviction Protection and Takings Clause*，转引自谢哲胜《财产法专题研究》（二），中国人民大学出版社 2004 年版，第 167 页。

② Daniel R. Mandelker, *Roger A. Cunningham. Planning and control of land development*：*cases and materials*, Charlottesville, Va.：Michie Co., 1985, p. 90.

③ Nollan v. California Coastal Commission, 483 U. S. 825（1987）.

④ 参见谢哲胜《准征收之研究——以美国法之研究为中心，财产法专题研究》（二），中国人民大学山版社 2004 年版，第 167 页。

⑤ United States v. Causby, 328 U. S. 256（1946）.

吓而撞死。基于此，被上诉人不得不放弃了农场的经营。不仅如此，因为噪声和夜间飞机的强光影响，引起被上诉人及其家人寝食难安甚至神经过敏。无奈之下，被上诉人控告联邦政府的飞行行为构成对其财产的侵占，违反宪法第五修正案的征收条款，主张构成准征收并要求给予公正的补偿。联邦最高法院最终以 5 比 2 的投票结果肯定了被上诉人的主张。持多数意见的道格拉斯（William O. Douglas）大法官认为，政府的军用飞机频繁在被上诉人土地和房屋上空飞行，直接影响被上诉人对财产的使用和收益，构成对被上诉人不动产的实质性侵占，因而构成不动产准征收，被上诉人有权获得合理补偿。

1982 年的洛利托诉曼哈顿 CATV 电子提词机公司（Loretto v. Teleprompter Manhattan CATV Corp.）① 一案中，纽约市法令规定房东必须允许曼哈顿 CATV 电子提词机公司（简称 CATV 公司）在其财产上安装有线电视（Cable Television）设备，并且不能要求该公司向其支付超出州委员会所规定的合理数额的补偿费用。根据该法令，委员会规定安装一次的合理补偿费用是 1 美元。在纽约市购买一栋五层公寓楼之后，上诉人（房东）发现被上诉人 CATV 公司已经在此建筑物上安装了该设备，包括服务其他建筑物的"转线路"（Crossovers）和服务于他的承租人的"非转线路"（Noncrossovers）。由此，上诉人于纽约州法院提起了一个共同损害和禁令救济诉讼，主张被上诉人依据纽约市法令对其建筑物上所有的线路安装构成征收且无合理补偿。纽约州法院判决支持该法令，纽约州法院上诉庭也持相同意见，认为法令符合合法的警察权，而房东所要求的补偿则抑制了有利于教育和社会福利的有线电视的发展。法庭驳回了上诉人的主张，即政府授权的物理占有（Physical Occupation）并不构成征收。法院进一步解释到，相比较上诉人全部财产权而言，法令并没有构成过度经济影响，也没有干预任何合理的投资回报预期（Reasonable Investment-backed Expectations），从而不构成对上诉人财产的征收。

然而，随后美国联邦最高法院在审理该案时，推翻了纽约州法院的判决，它认为纽约市法令构成对上诉人部分财产的征收，上诉人根据宪法第五修正案和第十四修正案有获得合理补偿的权利。理由主要是，当

---

① Loretto v. Teleprompter Manhattan CATV Corp., 458 U. S. 419 (1982).

政府行为特征符合对不动产的永久性物理占有时，根据占有的程度可以构成征收，即占有准征收，而不论该行为是否符合重要的公共利益或者仅给财产所有人带来较小的经济影响；根据政府永久占有实质性财产的程度，导致完全破坏所有人占有、使用和处分该财产的权利。这样的侵入（Invasion）比对财产使用管制来说本质上更加严重，这是因为所有人对侵入的时间、程度和性质完全无法掌控。根据宪法对私人财产权的保护精神，不能仅根据对不动产物理占有区域的大小来判定是否构成准征收。因此，尽管电缆设施最多占用了上诉人 1.5 立方英尺的不动产，但纽约州的法令对上诉人不动产的这种侵占（过度限制）仍然构成准征收。

相比上述两个判例，1987 年的诺兰诉加利福尼亚海岸委员会（Nollan v. California Coastal Commission）① 案是一件更为特殊的不动产占有准征收的典型判例。因为在该案中，联邦最高法院确认了"对于不动产开发附加额外限制条件"等同于"永久性物理占有"的规则。诺兰夫妇在加利福尼亚州文图拉县（Ventura County）海滨拥有一块土地，他们开始租借这块土地并享有优先购买权。后来，由于该地块上的大约 46.8 平方米的小平房已经破旧不堪并无法修复，诺兰夫妇准备购买这块土地并希望拆除旧平房新建一座 230 平方米左右的房屋。但是，根据加利福尼亚州公共资源法的规定，他们这一改建行为必须取得加利福尼亚州海岸委员会的许可。加利福尼亚州海岸委员会经过审查同意了诺兰夫妇的申请并颁发了许可，但是该许可有一个条件限制：诺兰夫妇必须同意公众在其位于平均海水涨潮线和海堤之间的土地上通行。诺兰夫妇发现这一附加条件的许可行为违反宪法征收条款（没有公平补偿），并向文图拉县高等法院提出了行政职责履行令（Administrative Mandamus）的申请状，请求宣告该通行约束条件（the Easement Stipulation）无效。法院对此表示同意并发回委员会进行全面听证。委员会在听证后重新确认了上述附加条件的决定。后来，上诉法院亦判定这种附加条件的限制并不违宪。联邦最高法院最后以 5 比 4 的投票结果推翻了原判决，支持了上诉人诺兰的请求，认定这一附加性要求构成了准征收。在本案中，多数意见仍为斯卡利亚（Scalia）大法官撰写。该法庭意见指出，对于私有土地而言，排他权是

---

① Nollan v. California Coastal Commission, 483 U. S. 825 (1987).

该不动产权利束中最重要的权利，加利福尼亚州海岸委员会的附加条件允许公众永久、持续性地通行诺兰夫妇之土地，虽然没有某一个人可以永久性地停留于该土地，但是这同样也构成"永久性物理侵占"，上诉人有权要求合理的补偿。至于加利福尼亚州海岸委员会提出的设立通行地役权是为了州的合法利益的几个因素：保护社会公众观赏海滩的能力、帮助社会公众克服使用海滩的"心理障碍"和避免海滩人满为患，在斯卡利亚法官看来，本案之通行地役权与上述这些因素并不存在本质的联系（Essential Nexus）①。

在 1994 年的多兰诉迪加德市（Dolan v. City of Tigard）② 案中，美国联邦最高法院做出了与诺兰案类似的判决，判定被上诉人迪加德市对多兰不动产的强制性附加条件之限制构成准征收。上诉人多兰在俄勒冈州迪加德市（Tigard）拥有一家管道电力设备供应商店和一个砾石停车场。多兰计划将其商店面积扩大一倍，并提供更多的车位。但是，迪加德市规划委员会在颁发建筑许可的同时附加了两项条件：申请人多兰必须贡献出部分土地以修建暴雨排水系统，另外贡献部分土地作为行人与自行车道，这两项限制要求多兰贡献其大约 10% 的土地。多兰认为上述附加限制构成征收并向土地使用上诉委员会（LUBA）提起上诉，LUBA 认定了附加限制和政府绿色走廊计划以及缓解交通之间存在合理的联系。后来俄勒冈州上诉法院和最高法院均支持了迪加德市政府的主张。奎伦斯特（Rehnquist）首席大法官撰写的法庭多数意见认为，该案与诺兰案的基本标准应该相同，从案件事实来看，迪加德市提出的强制贡献土地的附加限制与上诉人的项目之间并不存在本质性的联系，因而违反宪法构成准征收。因此，联邦最高法院最终以 5 比 4 的投票结果推翻了俄勒冈州最高法院的判决，并将案件发回要求依据其意见做出处理。

二　德国法中不动产准征收的主要类型

德国虽然属于成文法国家，但是其征收法的发展却离不开法院判例

---

① ［美］约翰·G. 斯普兰克林：《美国财产法精解》（第 2 版），钟书峰译，北京大学出版社 2009 年版，第 673 页。

② Dolan v. City of Tigard, 512 U. S. 687（1994）.

的推动作用。伴随着联邦普通法院和联邦宪法法院长期司法实践中的冲突与协调，德国不动产征收法律制度获得了极大的发展。最为突出的成就在于，在古典征收的之外，不动产征收的概念及其理论被大幅扩张，形成了"准征收侵害"（Enteigungsgle-icher Eingriff）、"具有征收效果之侵害"（Enteinender Eingriff）以及"应予补偿之财产权限制"等类型，而这些类型即属于德国不动产准征收的主要表现形态。

（一）准征收侵害

在德国法中，对于不动产的侵害可分为合法侵害和违法侵害。对于不动产的传统征收以合法性侵害为前提，并附之以相应的唇齿条款对财产权人予以救济。违法侵害又可以分为过错性违法侵害和无过错性违法侵害两种情形。对于过错性违法侵害，受害者可以通过侵权法获得相应的救济；但是，对于无过错性违法侵害的情形，在法律中并没有明确的规定。① 因此，联邦普通法院通过司法实践中弥补了这一缺陷，认为不动产的违法侵害应该同合法性侵害那样获得同样的补偿救济。"准征收侵害"（Enteigungsgleicher Eingriff）又被称为"类似征收侵害"，主要意旨在于依据《联邦德国基本法》第14条第3款之规定，解决财产遭受前述无过错性违法侵害时的救济问题，因而被称为"准征收"。

根据联邦普通法院的最初定义，"准征收侵害"就是对财产的违法侵害，"就其适法性而言，无论是从内容还是从效果方面都可以视为征收，实际上具有给关系人造成特别牺牲的效果"②。依据这一定义，联邦普通法院实际将违法性等同于特别牺牲并作为补偿请求权的充分要件。也就是说，原来理论上"特别牺牲"要件转换成了"违法性"，"侵害是否违法"因此成了区分准征收侵害和其他财产权限制的主要标准。德国权威

---

① 《联邦德国基本法》第14条具体内容如下：①保障财产权和继承权。有关内容和权利限制，由法律予以规定。②财产权负有义务。财产权的行使应有利于社会公共福祉。③只有符合社会公共福祉时，方可准许征收财产。对财产的征收只能通过法律或基于法律为之，而该法律必须同时规定财产补偿的种类和范围。征收补偿的确定，应适当考虑和衡量社会公共利益和当事人之利益。对于征收补偿额度有争议的，可向普通法院提起诉讼。

② 《BGHZ》，第6卷，第270、290页，转引自［德］哈特穆特·毛雷尔《行政法学总论》，高家伟译，法律出版社2000年版，第669页。

行政法学家哈特穆特·毛雷尔教授对"准征收侵害"含义和构成做了最详尽的阐述,在他看来,"准征收侵害"是指通过主权性措施直接违法侵害作为财产保护的法律地位的行为。"准征收侵害"的构成包括:财产(《联邦德国基本法》第14条第1款规定的具有财产价值的法律地位)、主权性措施(包括法律行为和事实行为①)、侵害的直接性②、侵害的违法性。③

在德国长期的不动产征收实践中,联邦普通法院一直以准征收侵害理论为指导,解决政府行为无过错违法而对私有不动产造成直接侵害的问题。后来,"准征收侵害"的概念和适用范围不断扩大,不仅适用于无过错性违法侵害,也同样适用于过错性违法侵害。从而,不动产财产权如果因为政府之违法行为而遭受损害,都归属于"准征收侵害",不动产所有人均可以请求予以补偿。

(二) 具有征收效果之侵害

在"准征收侵害"概念之外,联邦普通法院又创设出"具有征收效果之侵害"(Enteinender Eingriff)的概念。"具有征收效果之侵害"又被称为"征收性侵害",其含义主要是指:"合法行政活动的派生效果——大多数是非常的和不可预测的——所造成的超过征收法规定的牺牲界限、从而应当给予补偿的财产侵害。"④ 也就是说,"具有征收效果之侵害"关注的是政府的合法行为对财产权过度限制如何解决的问题。当政府合法行为的附随效果(Nebenfolgen)使私有不动产财产权遭受持续、过度

---

① 事实行为往往较多,如违法计划或者执行的道路建设工程对经营的侵害;公路沿线工程对建筑物安定性的破坏;冲出道路的联邦军队的坦克对旅店造成的损害;洪水防治设施建设对水的侵害;地方净化设施的气味公害;实际上的建设禁止即建设法和土地法容许的施工行为客观上造成的不便等。另外,法律行为如邻居不动产的建设许可造成的不动产损害;根据建设法典第36条规定因乡镇拒绝同意造成建设计划的推迟等。参见〔德〕哈特穆特·毛雷尔《行政法学总论》,高家伟译,法律出版社2000年版,第707—708页。

② 侵害的直接类似于美国法中的"占有准征收",只要政府的主权性措施构成对特定财产的直接侵害,便应该负责。

③ 〔德〕哈特穆特·毛雷尔:《行政法学总论》,高家伟译,法律出版社2000年版,第707—711页。

④ 同上书,第719页。

的损失，并"逾越公益牺牲之界限者，国家亦应予以补偿"①。例如，因为道路修建工程影响周边交通，从而使道路沿线商家之经营活动遭受严重损失。根据联邦普通法院的判决，这种影响原则上属于财产权的社会义务范畴，无须做出补偿。但是也存在例外，如果该"附随效果"的范围和强度过大，对财产所有人的影响已经达到"特别牺牲"的程度，就必须根据征收原则予以补偿。②

与"准征收侵害"相比，构成"具有征收效果之侵害"的关键在于政府行为是否合法。哈特穆特·毛雷尔教授同样对"具有征收效果之侵害"的构成做了独到的论述，他指出，"具有征收效果之侵害"应当在下列条件下给予补偿：首先，侵害的客体可以是《耶邦德国基本法》第14条第1款规定的法律地位；其次，侵害是因不可预测的和反常的行政活动的派生后果所造成的；再次，派生后果必须构成对财产的直接侵害；最后，损害必须同时是特别负担并且因此构成特别牺牲。③

（三）应予补偿的财产权限制

长期以来，德国联邦普通法院一直坚持着其所创设的征收概念和财产权保障体系，并一直影响和主导着德国的征收实践。然而，20世纪80年代之后，这一情形随着联邦宪法法院裁判的影响而发生了较大的变化。其中，最突出的变化是，联邦宪法法院承认在"应予补偿的公用征收"和"不予补偿的财产权限制"之外，还存在着第三种情况，即"应予补偿的财产权限制"。应予补偿之财产权限制的根据来自《联邦德国基本法》第14条第1款第2句。财产所有人原则上应当无偿接受这种从法律或者其执行中产生的限制，但这并非没有例外。以宪法允许的方式对财产做一般限制的法律规则在特殊的例外情况下可能导致特别负担，从比

---

① 李建良：《损失补偿》，载翁岳生编《行政法》（下），中国法制出版社2002年版，第1679页。

② BGH, NJW 1965, 1907；BGHZ 57, 359；64, 220；BGH, NJW 1970, 770. 详见李建良《损失补偿》，载翁岳生编《行政法》（下），中国法制出版社2002年版，第1679页；［德］哈特穆特·毛雷尔：《行政法学总论》，高家伟译，法律出版社2000年版，第671页。

③ ［德］哈特穆特·毛雷尔：《行政法学总论》，高家伟译，法律出版社2000年版，第722页。

例原则的角度来看不再具有正当性和可预期性。在这种例外情况下，这些额外负担可以通过财产公平补偿予以消除，并且据此避免违反比例原则和财产保障原则。① 因此，应予补偿的财产权限制又被称为"应予公平补偿的内容限制"。这一概念最早来自联邦宪法法院 1981 年 7 月 14 日"无偿提交出版品样本案"的义务示范判决，具体案情如下：②

根据德国《黑森州（Hessen）出版法》第 9 条规定和以此为据制定的实施法规命令，所有的出版商都有义务将其出版物的一份样品免费提供给州图书馆。该提供义务是为了保障所有的新出版物都汇集到一个机构，以供审查。一个出版商对提供义务提起诉讼，声称所出版的书籍成本高、印数少、价值高。因交付义务遭受了特别负担。行政法院根据《联邦德国基本法》第 100 条第 1 款规定移送，联邦宪法法院认为，交付义务不构成征收，而应当视为内容限制，原则上符合《联邦德国基本法》第 14 条第 1 款规定；但是，免费提供高成本、低印数的出版物构成不符合比例和违反公平性的负担，在此范围内符合《联邦德国基本法》第 14 条第 1 款规定。联邦宪法法院据此判决义务样品规则在此范围内违反宪法，因为该规则规定赠送义务"一律不予补偿"。联邦宪法法院还声称，如果出版商得到相应的补偿，即不得对法律规定的赠送义务提出异议。③

在本案的裁判理由中，联邦宪法法院特别强调：立法者负有确定及形成财产权内容之任务，其于从事此项工作时，应考量宪法保障私有财产权之意旨，严格遵守比例原则、信赖保护原则及平等原则，避免侵犯财产权之重要内涵。立法者对人民财产权所为之限制，于个别情形，如有"限制过度"之情形者，应给予适当之补偿。换言之，联邦宪法法院认为，国家对于人民财产权之限制，有补偿义务之可能性，即"有补偿义务之财产权限制"。④

---

① ［德］哈特穆特·毛雷尔：《行政法学总论》，高家伟译，法律出版社 2000 年版，第 701 页。

② BVerfGE, 58, 137.

③ ［德］哈特穆特·毛雷尔：《行政法学总论》，高家伟译，法律出版社 2000 年版，第 675 页。

④ 李建良：《损失补偿》，载翁岳生编《行政法》（下），中国法制出版社 2002 年版，第 1681 页。

在本案中，虽然联邦宪法法院并无意创造一个全新的法律概念，但是实际上却产生了这样的结果。"应予补偿的财产权限制"逐渐为学界和后来的司法实践普遍接受，从而也引起了德国财产权保障与征收补偿制度的重大变革。"应予补偿的财产权限制"主要适用于主权性经营设施或者机构造成的不合乎比例的强烈公害，以及文物保护和自然保护领域里的不合乎比例的负担。例如，《联邦公路法》第8a条第5款：如果道路沿线的零售商店和其他经营企业因道路建设工程和相应的交通阻塞遭到生存威胁；《联邦公害防治法》第42条：如果交通噪声超过公害标准值；《联邦行政程序法》第74条第2款第3项：如果计划确定的设施对相邻不动产造成"不利影响"。在这些情况中，补偿都是最后的手段，只有在损害不能通过其他方式特别是保护设施避免或者减少的情况下，才能适用。①

此后，联邦宪法法院创设之"应予补偿的财产权限制"成为德国不动产准征收的重要类型。总的来说，"应予补偿的财产权限制"是应予补偿的征收和不予补偿的财产权限制之间一种新选择，它不仅充分尊重基于公共利益的财产权社会义务之约束，而且也确实平衡着过度限制所产生的特别之负担，是平等原则在征收法中的反映和实现。只不过是，此时的公平补偿要求和条件会更加谨慎和严格，一般要求存在与此相关的明确的公平补偿之法律规则。这一点，在1981年7月15日的"湿采石案"的水沙判决中得到进一步的明确②。在该案中，联邦普通法院认为，德国水利法第1a条第1款关于地下水使用限制之规定，未设有补偿规定，违反《联邦德国基本法》第14条之规定，遂请求联邦宪法法院进行审查。联邦宪法法院认定《水利法》之规定并不违宪，并对联邦普通法院提出强烈的批评。在裁判理由中，联邦宪法法院指出，"只有在具有法律根据并且该法同时规定了征收的方式和范围的情形下，基本法第14条第3款第2项规定的行政征收才具有适法性。如果没有补偿规则，设定征收的法律就是违宪的，以其为据采取的征收措施也是违法的。因为在这种

---

① 〔德〕哈特穆特·毛雷尔：《行政法学总论》，高家伟译，法律出版社2000年版，第703页。

② BVerfGE, 58, 330.

情况下，由于没有法定的补偿规则，关系人不能单独要求征收补偿，而只能诉请行政法院撤销征收行为。原告不能使法院撤销征收行为的，补偿请求即要被驳回。不存在诉请撤销和补偿之间的选择权。根据基本法第 14 条第 3 款第 4 句规定，普通法院的裁决限于是否提供法律已经规定的补偿，而在没有法律根据的情况下无权判决征收补偿。"① 从以上裁判理由可知，联邦宪法法院以是否有"明确的征收补偿之法律规则"来判定法律的合宪性。如果在没有明确的征收补偿法律规则的情形下，设定征收的法律将违反《联邦德国基本法》。此时，由于缺乏补偿规定，财产权人也只能通过申请撤销征收行为获得救济，而不能以补偿代替之。

前文主要是结合美国和德国的不动产准征收司法实践而对其具体样态所做的初步分析。除此之外，根据准征收的产生原因，对于不动产准征收的类型还可以有另外一种划分，即行政准征收、立法准征收和司法准征收。其中，行政准征收为不动产准征收的常态，在学理上是可以成立的。但是，对于立法和司法行为是否会构成准征收，尚存在一定的争议。在美国，立法准征收基本等同于管制准征收，由于标准较难把握，因而往往较难成立。德国的情况完全不同，"行政征收或者立法征收都是可以的"②，行政征收属于一般情形，立法征收为例外。《联邦德国基本法》第 14 条规定，对财产的征收只能通过法律或基于法律而为之。可见，立法征收乃《联邦德国基本法》的明确规定。照该规定，对于某项不动产财产权，可以直接以法律剥夺其权利。因而，如果因为立法致使不动产财产权人遭受特别牺牲，将会从根本上违法平等原则，将会导致立法准征收的成立。司法准征收是指，法院的新判决就先前对普通法、制定法或宪法做出的先例解释予以撤销或变更，从而致使财产权人因法律地位的改变而发生损失，由此而导致的征收问题。③ 对于这一问题，法

---

① ［德］哈特穆特·毛雷尔：《行政法学总论》，高家伟译，法律出版社 2000 年版，第 672 页。

② ［德］汉斯·J. 沃尔夫、奥托·巴霍夫、罗尔夫·施托贝尔：《行政法》第 2 卷，商务印书馆 2007 年版，第 405 页。

③ 参见房绍坤、王洪平《从美、德法上的征收类型看我国的征收立法选择——以"公益征收"概念的界定为核心》，《清华法学》2010 年第 1 期。

院的态度通常是否定的。对于法院来讲，即使其判决引起对私有不动产的过度限制，法院也不会承认其判决构成准征收。其理由在于，法院坚持认为其自身并不拥有征收财产的权力，也没有可供补偿的专项资金。更重要的是，法院从来不想因此而遭受公众的指责和批评，从而影响其解决不动产财产权纠纷的公正形象。

三　中国语境下的不动产准征收类型

从现代各国对不动产财产权保护与限制的立法与司法实践来看，不动产准征收已经成为加强财产权保障的必然趋势。不动产准征收的构成涉及政府公权力的正当行使与政府征收权之间的界限，进一步讲，不动产准征收的成立关键在于如何把握和认定政府对不动产财产权的"过度限制"，因而不动产准征收的复杂性和模糊性表现得异常突出。由于导致不动产准征收的原因复杂多样，所以便形成了不同的准征收种类。前文关于美国和德国不动产准征收类型的分析，对于我国不动产准征收类型的定位具有重要的启示和借鉴意义。我国目前关于不动产准征收的研究还处于探索阶段，因此，立足我国现实语境，确立合理的不动产准征收类型，对于进一步研究其构成以及法律救济机制，具有重要的基础性作用。

（一）现状之综合审视与反思

我国目前还没有直接规定不动产准征收的立法，对于这一问题的理论关注也仅停留在初步的概念探讨阶段，因而也没有相对成熟的类型区分。尽管国内有个别文献对国外准征收的类型做了初步的介绍，但是，对于如何确立适合于我国实际情况的不动产准征收类型，至今仍缺少专门的研究。与此相关的讨论，多围绕传统征收的类型而展开。而且，就传统不动产征收的类型而言，也显得极为单一，至今仍以"行政征收"作为唯一的征收类型，而对"立法征收"持否定态度。对此，从国内学者关于征收的论述便可窥见一斑。例如，在江平教授主编的《物权法教程》中，征收被认为是"一般指政府基于社会公共利益的目的以行政命令的方式取得自然人和法人财产的行为"①。梁慧星教授认为，所谓征收是指"政府以命令的方式取得自然人和法人的财产权的行为，征收对象主要限于不动产，征收的实质是国家的强制收买"②。王利明教授认为，征收是指"国家基于公共利益的需要，通过行使征收权，在依法支付一定补偿后，将集体、单位或者个人的财产权移转给国家所有。征收直接表现为对民事主体财产权的剥夺"③。

　　根据上述定义，征收通常是政府以行政命令的方式所为之行政征收，立法征收并没有获得承认和支持。这一点与美国和德国有很大差别。美国和德国都承认通过立法行为可以成立征收，即立法征收。通过"立法行为"而非行政行为实施征收。有学者指出，美、德两国的立法征收分别代表了立法征收存在的两种不同样态：前者是立法者所为的一种隐蔽性征收，经由财产权人的"反向征收"④诉讼而使之浮出水面；而后者是立法者所为的一种公开性征收，也可以说是一种"纯粹的"立法征收，无须司法的介入即直接成立。如果将征收单纯地界定为行政征收，而将立法征收排除在外，其导致的直接后果就是将现实中大量存在的立法征收行为排除在了法律规制的范围之外，从而造成规范体系上的漏洞，致使财产权人的私权陷入无从救济的境地。⑤从我国的实际来看，不仅立法征收不被接受和认可，司法征收获得承认的可能性更是渺茫。

（二）我国不动产准征收的类型定位

　　关于我国不动产准征收的类型定位，应该注意两点：一方面，应该放眼世界，要用开放的态度考察国外相关立法、司法实践以及理论学说；另一方面，应该立足于中国的实际情况，在批判性吸收国外经验的基础

---

　　① 江平主编：《物权法教程》，中国政法大学出版社 2007 年版，第 40 页。

　　② 参见梁慧星《中国物权法草案建议稿》，社会科学文献出版社 2000 年版，第 102 页；梁慧星：《关于征收和征用》，《光明日报》2004 年 2 月 20 日。

　　③ 参见王利明主编《中国物权法草案建议稿及说明》，中国法制出版社 2001 年版，第 23D 页；王利明：《论征收制度中的公共利益》，《政法论坛》2009 年第 2 期。

　　④ 在有些学者看来，准征收又可称为反向征收。

　　⑤ 房绍坤、王洪平：《从美、德法上的征收类型看我国的征收立法选择——以"公益征收"概念的界定为核心》，《清华法学》2010 年第 1 期。

上，确立适合我国发展现状的准征收类型。

第一，原则以行政准征收为主、立法准征收为例外。从不动产财产权所遭受政府之过度侵害而论，既可能因行政行为（包括法律行为和事实行为，作为和不作为）所致，也可能因立法行为所致。因此，不动产准征收也至少应该分为行政准征收和立法准征收两种情形。[①] 其中，行政准征收为常态，如政府飞机对机场周围居民不动产财产权的过度干扰或者政府道路施工对沿线商户经营状况的过度影响；立法准征收属于例外情形，如禁止荒山承包经营者砍伐树木的立法或者基于环境保护的需要禁止土地开发的立法等。不动产准征收类型的选择，应该以行政准征收为主、立法准征收为例外。只有这样，才能有效地保证公民私有不动产财产权在遭受特别牺牲的情况下寻求合理的救济，推进构建更为严格的不动产财产权保护体系。

第二，以管制准征收和占有准征收作为不动产准征收的主要类型。行政准征收和立法准征收的类型定位固然较为合理，但是仍然无法涵盖准征收的全部情形。我国学界通说认为行政行为可以分为具体行政行为和抽象行政行为，而抽象行政行为主要表现为政府制定行政法规、行政规章以及其他决定、命令的行为，从这个意义上讲，似乎行政准征收和立法准征收出现了一定的交叉和混淆。就立法准征收而言，不仅存在着与行政准征收混淆的可能性，而且还无法包含政府政策性文件对不动产财产权所造成的过度侵害。因此，作者认为，我国不动产准征收的类型选择，应当借鉴美国征收法中关于不动产管制准征收和占有准征收的分类。相比德国征收法太过细微而且复杂难分的类型，不动产管制准征收和占有准征收这一类型划分不仅相对科学、简单可行，而且更加适合我国的实际情况。以管制准征收为例，这里的管制应当做广义之理解，不仅包括了各级立法机关的规范性法律文件，也应当包括具有管制效用的通知、意见等政策性文件。有学者对管制的种类进行了详细区分，大致包括：（1）径行消灭财产，或因政府行为而导致财产为自然力量所消灭。例如，当动植物感染有害于其他动植物或人类的危险疾病时，可以将其

---

① 当然，随着环境和条件的变化，也可以逐步考虑司法判决是否构成准征收的问题。

砍伐、宰杀、焚毁、埋藏。① 发生火灾时，可以拆除一些建筑物，形成隔离地带。当洪水即将摧毁重要目标时，可将洪水引向相对次要的目标。② 与征用不同，传统上对警察权管制没有严格的补偿要求，牺牲者未必有法定权利获得补偿，但是，基于法的正义性以及尊严生活的理念，往往给予牺牲者以补偿或补助。（2）财产使用方式的限制。如限制土地用途和使用强度成为各国政府的重要工作，在各国分别叫作城市规划、分区规划、都市计划等。规划方案经过批准发布后，具有法律约束力。（3）限制、禁止生产及交易。我国宪法和法律对生产、交易规定了许多禁止和限制，如禁止买卖土地、限制土地权利的转让、限制文物交易等。（4）其他管制情形。③ 由此可见，正因为管制的多样性特征，采用管制准征收的概念和具体类型，将会更加有利于对不动产准征收的类型划分。此外，换个角度，采用不动产管制准征收和占有准征收的类型划分，也基本上能够涵盖德国法中的"准征收侵害""具有征收效果之侵害"等情形。

本 章 小 结

在社会公共利益、社会福利、财产权社会义务等观念的影响下，权利人对不动产财产权的控制和行使遭受到各种各样的限制。因此，不动产准征收也呈现出多种样态。作为英美法系典型代表的美国和大陆法系典型代表的德国，其不动产准征收非常具有代表性。虽然属于不同法系，其法律传统具有很大差异，但是，关于不动产准征收的种类，却都是在法院的司法审判实践中逐渐产生和形成的。纵观美国、德国的法律实践，不动产准征收的表现类型呈现出多样化和复杂化的特点。在美国，不动产准征收分为"管制准征收"（Regulatory Taking）和"占有准征收"（Possessory Taking）两种类型；在德国，不动产准征收可分为"准征收侵害"（Enteigungsgleicher Eingriff）和"具有征收效果之侵害"（Enteinend-

---

① Miller v. Schoene, 48 S. Ct. 246 (1928).

② William J. Novak, *The People's Welfare: Law and Regulation in Nineteenth-Century America*, The University of North Carolina Press, 1996.

③ 李累：《论法律对财产权的限制——兼论我国宪法财产权规范体系的缺陷及其克服》，《法制与社会发展》2002 年第 2 期。

er Eingriff) 以及"应予补偿之财产权限制"等具体类别。我国不动产准征收的类型定位，既应该放眼世界，用开放的态度考察国外相关立法、司法实践以及理论学说，也应该立足于中国的实际情况，在批判性吸收国外经验的基础上，确立适合我国发展现状的准征收类型。具体来讲，应该将管制准征收和占有准征收作为不动产准征收的主要类型。这样的定位既符合我国的实际情况，也基本能涵盖实践中不动产准征收的各种具体样态。

第四章

不动产准征收的构成要件

　　为了防止政府权力滥用，恣意侵犯公民不动产财产权，各国宪法普遍对政府的征收行为规定了极为严格的条件。如美国宪法第五修正案、《法国民法典》第 545 条、《意大利民法典》第 834 条、《联邦德国基本法》第 14 条第 3 款、《我国宪法》第 10 条和第 13 条等。从上述各国法律之规定来看，虽然表述与侧重点稍有差异，但是反映出来的基本要求却是共通的。一般来说，政府要对公民之不动产实施征收，必须满足三个最基本的要件：（1）必须以公共利益为目的；（2）必须严格遵守法定程序；（3）必须给予补偿。如果被征收的公民对征收的合法性或者对补偿的合理性有异议，有权向法院提起诉讼，请求法院对该征收行为是否合法及补偿是否合理做出裁判。在这种情形下，征收的三项法定条件就成为法院审理这类案件的裁判基准。① 学界一般将上述三个要件称为传统不动产征收之三要件说，成为影响各国不动产征收实践的主导性理论依据。

　　相比传统不动产征收，不动产准征收之构成更为复杂，至今仍然存在很多争议。从不动产准征收制度的发展变迁来看，从其产生直至当今，无论是在理论探究抑或司法实践中，无论是在英美法系的典型代表美国还是大陆法系的典型代表德国，最核心的问题始终是围绕不动产准征收的构成和认定而展开的。各国学者以及众多司法实践者为此进行了不懈的探索和努力，试图厘清不动产财产权征收和一般限制之间的界限，明确不动产准征收之构成，从而解决现代不动产法中这一最令人迷惑不解

---

　　① 梁慧星：《关于征收和征用》，《光明日报》2004 年 2 月 20 日。

的难题。以美国为例，虽然联邦最高法院的法官对是否构成准征收提出了各种各样的认定标准，但是从适用结果来看，这些标准通常不太确定，令人迷惑不解。尤其是管制准征收，其构成更为变化多端，正如美国财产法学者约翰·G. 斯普兰克林（Sprankling, John G.）教授所指出的，美国的管制准征收规则"无法提供指引案件的统一方向，而很像游乐场的环滑车道：突然一倾、猛地一动、疾驰而过、急转回旋、翻翻转转、掉头而行，吓得惊慌失措的乘客无法预知滑车会转向何处。人们以各种词语描述这种判例法体系，如'凌乱不堪'、'糟糕透顶'、'进退两难的沼泽地'"①。尽管如此，斯普兰克林教授认为，有两个线索可以帮助理解美国的准征收之构成，其一，美国最高法院的现代判例普遍认可征收条款的目的——"禁止政府只强制某些人承受按照公平和正义原则应由社会整体承受的负担"；其二，尽管不同判例的措辞和强调的内容有所不同，但一般会含有以下一个或者多个要素：（1）政府行为对所有人的经济影响；（2）政府行为所依据的公共利益的性质；（3）政府行为是否含有实际侵入行为或者只仅仅是管理行为。② 斯普兰克林教授的观点表明了认定准征收最重要的几个要素如公共利益、特别牺牲（特别负担）以及权利受损的程度等，还揭示了政府"侵入行为"和"管理行为"的差异。这不仅指出了认定不动产准征收时必须要考虑的一些核心要素，也说明了因政府行为类型之差异，不动产准征收的构成也应该有所不同。

　　如同无形财产权领域中的版权合理使用制度的"合理"的界定与把握一样，认定不动产准征收最大的障碍就在于如何界定对于不动产的"过度限制"，这是一个非常棘手的复杂命题。在美国，这一问题主要表现为"警察权"和"征收权"的界分；在德国，相应地体现为《联邦德国基本法》第14条第3款规定的应予补偿的征收和第14条第1款第2句规定的不予补偿的财产权限制之间的界限。虽然法学前辈们提出了各种理论，法院在征收司法实践中也创设了许多不同的规则和标准，但是，直至目前，这些理论、标准以及规则等仍不能完全令人信服，依然处于

---

　　① ［美］约翰·G. 斯普兰克林：《美国财产法精解》（第2版），钟书峰译，北京大学出版社2009年版，第650页。

　　② 同上。

激烈的争论当中。因此，沿着不动产准征收相关理论学说的发展轨迹、认真考察法官们在征收实践中的实际操作标准，深入论证不动产准征收的构成及其认定问题，是当前亟待解决的关键问题。唯如此，才能更好地解决后续不动产财产权准征收的救济问题。

一 相关理论学说的梳理与评价

关于不动产准征收的各种理论学说主要是伴随着司法审判实践而逐渐发展演变的。不动产财产权不是绝对性权利，其本身负有相应的社会义务。不动产财产权的行使通常会受到政府公权力的必要的限制，目的主要是社会公共利益，此时的限制是无须补偿的。但是，这种来自政府公权力的限制也有一定的限度，否则将构成准征收。问题的关键是，如何来把握这种界限？即不动产准征收的构成究竟需要哪些条件？围绕这一问题，形成了诸多理论学说。这些学说分别是围绕警察权和征收权的界限或者不予补偿的财产权限制和征收之间的界限而展开的。

（一）征收权与警察权的界限

在司法实践中，关于政府公权力对不动产财产权干预之认定主要有两种结果，一种是警察权的正常行使；另一种是构成对不动产的征收。有一种例外情况，即如果警察权对不动产财产权的干预超过必要的限度，就会发生由量变到质变的根本性转换，即构成准征收。因此，准征收之构成其实就是指如何界分征收权与警察权之间的模糊界限。以此为视点，在美国形成了几种不同的理论观点。我国台湾学者陈新民教授曾经做了系统的归纳与评价，① 现简要介绍如下：

由哈伦（Harlan）大法官在马格勒诉堪萨斯（Mugler v. Kansas）案②一案中提出来的权利转移论与无辜理论认为，如果政府实施警察权是为了防止财产权的有害使用，而且该实施也并未致使财产所有权发生转移，

---

① 陈新民：《德国公法学基础理论》（增订新版·上卷），法律出版社 2010 年版，第 495—503 页。

② Mugler v. Kansas, 123 U. S. 623 (1887).

那么，即使干预过度亦不构成征收，而且，相比传统征收而言，受到警察权限制的财产权人并不是"无辜"的；霍姆斯（Holmes）大法官在1922年宾夕法尼亚煤炭公司诉马洪（Pennsylvania Coal Co. v. Mahon）① 案的判决理由中提出了被后人反复引用到极致的经典名言："虽然财产权可以被限制至一定程度，但是如果这种限制走得太远，将构成对财产的征收"②，以此为基础，产生了损失程度论，为了区分警察权和征收权，霍姆斯认为应该以对权利侵犯之程度，即人民利益损失之程度（Magnitude of Loss）大小来作判断。凡是属于警察权力之侵犯，必属于"微小"，而被征收权力所侵犯到的财产权，效果必然极为庞大，故以人民财产权损失之程度可作为判断之标准；特别负担论则强调应该区分"个案性质"和"一般性质"以辨别警察权和征收权之行使，如果政府对于公民财产权的限制属于一般性质，那么即使限制过度也不构成应予补偿的征收，如战争法规对人民财产权之侵犯，相反，如果此种限制是针对特定的、个别的相对人，就会造成对相对人个人财产权的特别负担，即应该构成准征收；实质侵犯论认为，如果警察权对公民财产权的侵犯是"持续"的及"实质"的，即可能形成准征收；无定论之区分论基本上否认在警察权和征收权之间存在一个特定的"定式"（Set Formula）来区分二者之界限，主张应该用历史的眼光，采用"多种因素的衡量标准"（Multifactor Balancing），而不必去区分实体与非实体之侵害、巨大或不巨大之损失或者持续或非持续之侵害等。

（二）征收补偿与不予补偿的财产权限制之界限

自魏玛时期以来，德国的征收理论发生了很大的扩张。公民的私有财产权获得了极大的保障，只要政府公权力对私有财产权侵害过度，即可能构成准征收而要求给予补偿。但是，如同美国警察权和征收权的界分一样，如何界分政府行为属于不予补偿的财产权限制还是属于应予补偿的准征收行为，仍然是学界和法院争议不决的问题。在长期的学术争

---

① Pennsylvania Coal Co. v. Mahon 260 U. 5. 393, 43 S. Ct. 158. 67 L. Ed. 322 （1922）.

② "While property may be regulated to a certain extent, if regulation goes too far, it will be recognized as a taking." 60U. 5. 393, 43S. Ct. 158. 67L. Ed. 322 （1922）.

鸣和司法实践中，形成了以下理论学说：①

由魏玛时代著名的宪法学家安序兹（G. Anschütz）提倡的"个别处分理论"将征收视为对特定个人或是确定的及可得确定的个人之财产权利的侵害，只有在少数个案时，亦即是因为公共福祉之需要时，才会对某些个人及人群的财产予以侵犯，相反，如果某项法律侵犯的不是特定的相对人，而是使该法律适用范围内所有人或物一律受到限制，则这种侵犯属于财产权之社会义务。由德国学者奥拓·迈耶（Otto Mayer）所首创的"特别牺牲理论"（又被称为"修正的个别处分理论"）认为，使特定的、无义务的且无应课以该负担之特殊事由的人，造成其财产上或人身上的损害，这意味着使之为国家或公益而蒙受了特别牺牲，那么，这种牺牲不应由个人负担，而须由公众平均负担，办法是通过国家从公众的税收——国库中支付，给做出牺牲者一定的补偿，即"以国家负担的形式，有组织地予以平均化、经由损害补偿而转嫁给国民全体"②，如此才符合自然法上公平正义之精神，并求得国家公益与个人利益之间的协调。③ 耶利内克（Walter Jellinek）所倡导的"应保障性理论"认为征收是指对财产权值得保障之实体的一种侵害，哪些财产权利值得保护，应该依据历史和社会的一般观念以及立法本意予以确定。实质减少理论则认为征收是政府公权力对公民私有财产权的实质现状和内容的侵害，致使依照该权利本质所必需的经济性功能受到剥夺或者严重侵犯。可期待性理论又被称为"严重程度理论"，由德国公法学家史脱特（Hans Stödter）提出，主张征收应该是对财产权利的重大侵害，应该以立法措施的严重性、效果、重要性以及持续性等各方面综合因素来判断。私使用性理论认为，法律的制定必须尊重和保护公民私有财产之私利性，如果某项法律的主要功能并没有保障公民私有财产权利的私使用性，便属征收之法律，相反，如果某项法律并没有排除财产权的私使用性，该财产权仍可实现其经济上之功能与目的，即属于对财产权的轻微侵害，并不

---

①　详见陈新民《德国公法学基础理论》（增订新版·上卷），法律出版社 2010 年版，第475—480 页；李建良：《损失补偿》，载翁岳生编《行政法》（下），中国法制出版社 2002 年版，第 1675—1678 页。

②　城仲模：《行政法之基础理论》，三民书局 1982 年版，第 566 页。

③　崔卓兰、施炎：《国家补偿理论与法律制度》，《社会科学战线》1996 年第 4 期。

构成征收。目的相左理论认为，应该以侵害财产权之行为是否违背该财产本身的目的来区分征收和财产权的社会义务，如果法律或者政府公权力对于财产权之侵害并不影响该财产本身之目的，只是对财产权部分使用权能的一定拘束，应该属于财产权的社会义务，相反，如果财产权因为公权力之侵害已经无法实现其原有目的时，即应构成征收。

（三）理论学说的综合评析及其当代启示

英国学者安东尼·奥格斯曾指出，"现代'征用'及'财产'的概念实际上已经被赋予了更广泛的含义，已不限于那些有形的占有和侵犯了。有种传统理论认为，只要管制导致了财产任何重大贬值，都构成征用，都应进行公正补偿。而另一种理论则认为，对于被认为是为保护或促进全体福利——限制的理解也很宽——是必不可少的法律，并不能要求补偿"①。这说明，伴随着现代财产和征收含义的不断扩张，使得对财产的征收和限制之间的界限越来越趋于模糊，并因此引发了诸多争议。综合上述关于不动产准征收之相关理论学说，可以看出，无论是学界还是司法实务界都对不动产准征收之构成注入了大量的精力，由此所产生的各种理论学说对于征收理论的发展完善以及处理现实不动产征收纠纷都起到了不可磨灭的贡献。但是，上述理论学说自身尚存在不同程度的缺陷，并没有从根本上解决不动产准征收的构成问题。

首先，美国法中的"权利转移论与无辜论"固然在学理上比较容易理解，但是该理论却忽视了一个极为重要的问题，即如果不动产财产权人并没有对其不动产进行有害使用，而是在完全无辜的情况下受到了政府公权力的过分限制，并且因此几乎无法实现其经济价值。按照"权利转移论与无辜论"，这种情况属于警察权之行使，不构成准征收。这种情况表明了该理论以相对人是否"无辜"作为区分标准不仅自身存在矛盾之处，而且根本无法解决不动产财产权人受到过度侵害时的救济问题。

其次，由霍姆斯所提出的"损失程度论"与德国法中的"实质减

---

①　[英]安东尼·奥格斯：《财产权和经济活动自由》，载［美］路易斯·亨金、阿尔伯特·J. 罗森塔尔《宪政与权利》，郑戈等译，生活·读书·新知三联书店1996年版，第157页。

少理论"以及德国联邦行政法院 1957 年以来所坚持的"严重程度理论"（可期待性理论）相类似，虽然在理论上能够得以证成，但是在实践中却难以起到实际的功效。原因在于，该理论没有给出区分财产遭受侵害之程度的认定标准，何者为严重何者为轻微在实践中并不容易区分。因而，单纯坚持以该理论作为认定不动产准征收的理论依据，是站不住脚的，也是无法令人诚服的。作者以为，唯有和其他学说或者认定因素结合起来，该理论才会具有积极的现实意义。后来的实践了证明了，该理论通常在讨论"特别牺牲"之构成时被作为重要的参考要素。

再次，"特别负担论"以平等原则为基础，以公共负担均等化为着眼点，主张为了公共利益不应让特定的不动产财产权人受到不公平的负担，因而该理论具有较强的说服力。这一理论与德国法中的"特别牺牲理论"意旨基本相同。在德国，以原有"个别处分理论"为基础，经过联邦普通法院的阐发而形成了"特别牺牲理论"。随着时间的不断发展，虽然联邦普通法院提出了更多的实体标准，但并没有因此而放弃特别牺牲理论，"侵害的严重性、强度、可预期性等观点此起彼伏，具有双重含义的术语'特别—牺牲'为此提供了机会，因为可以容易地从形式上的'特别'过渡到实质性理解的'牺牲'。平等原则虽然明显形式化，但实际上不宜放弃其价值"①。在此后的实践中，"特别牺牲理论"始终占据主流地位，只不过，德国联邦法院已逐渐吸收其他各种理论的可取之处，加以综合判断。例如，在法院的裁判中经常提及侵害之重大性、强度或忍受程序等观点，尤其是"特别牺牲理论"之核心要素——平等原则。法院通常会依所谓"事物本质"观点去探求某特定限制是否触及系争权利之本质，或援用联邦行政法院之"重大性理论"，检视财产权所受侵害之"强度"，以判别征收之存否。② 与前述其他理论相比，"特别牺牲理论"立足于平等原则，极力主张不能为了公共利益而使特定财产权人遭受过度侵害，这一理论至今仍然为德国不动产征

---

① ［德］哈特穆特·毛雷尔：《行政法学总论》，高家伟译，法律出版社 2000 年版，第 668页。

② 李建良：《损失补偿》，载翁岳生编《行政法》（下），中国法制出版社 2002 年版，第1677 页。

收实践中认定准征收的主导性理论。因而，综合比较上述各种理论，"特别负担论"或者"特别牺牲理论"似乎更有说服力，也更具有指导和借鉴意义。

最后，关于美国法中的"实质侵犯论"，其实主要针对的是"占有准征收"问题，认为只要对私有财产权构成持续性的物理上的侵占，即构成准征收，政府必须给予财产权人以经济上之补偿。然而，该理论并没有明确指出其具体的适用场合。因而，以"实质侵犯论"来认定"管制准征收"之构成，显然无法成立。另外，"无定论之区分论"实际上也属于法院的无奈之举，如果坚持这一理论，那么就会使得法院在审理不动产准征收案件时无章可循，法院的自由裁量权也会因此无限扩大，案件审理的客观性和公正性就会受到影响。因此，作者认为，这一理论实际并不可取。再如德国法中的"应保障性理论""私使用性理论""目的相左理论"等，虽然具有一定的道理，但它们存在的一个共同点就在于太过片面，并且难以操作，对实践没有多大意义。

总的来讲，以上诸多理论之说法虽有不同，但却在客观上反映了准征收认定之复杂与不易。当然，上述各种理论之间也存在着一定的共通之处，如公权力之侵害是否触及财产权之本质？侵害的程度是否能为权利人所忍受？财产权人是否可以继续获利等。所有这些，对于我国不动产准征收理论的构建，都具有积极的借鉴意义。作者认为，我国不动产准征收构成要件的确立，应当在认真分析国外不动产准征收实践的基础上，辩证地看待和吸收前述关于认定准征收构成之理论学说，汲取其中最有价值、最精华的经验和理论精髓为我所用。具体来讲，应该以"特别牺牲理论"为主导，并且结合"损失程度论""实质侵犯论"等，对政府公权力的实施目的、所侵害的对象以及侵害的程度等进行综合判断，逐步形成明确的、合理的便于操作的认定标准。例如，我国台湾学者谢哲胜教授提出的区分标准就具有较强的借鉴意义，他首先对警察权和征收权做了明确的划分（见下图），其次按照不同准征收类型提出了不同的认定标准：对于管制准征收，应该从三个方面予以认定，即是否以公共利益为目的、是否会促进此项公共利益、不动产财产权人是否可为经济上之使用；对于占有准征收，应该从"永久性"和"实质侵占"两个方面加以判断。[①]

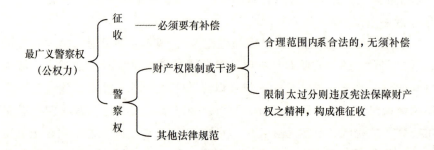

另外，亦有学者提出，可以从法规的三维特性来判断准征收之构成，即从公权力对私有不动产财产权限制的深度、宽度、长度不同层面进行考量。深度是指法规限制财产所有人使用财产的程度。如为稳定物价，物价管理部门规定蔬菜商只能将大白菜卖到每公斤 1 美元，而实际市场价格为每公斤 2 美元，这种规范不构成征收，而属于警察权。宽度是指法规剥夺的部分财产。如政府剥夺甲所拥有的土地的一半用于扩建道路，这是征收行为，政府应给予补偿。长度是指法规对财产限制的期限。如法规规定甲在 5 年内不得在其土地上修建任何建筑，传统上认为不构成征收，但在实践中对此有争议。[②] 总的来说，在我国准征收理论的初创阶段，这些观点不仅具有其内在的合理性，而且更为重要的是，它们还具有一定的宣传和引导之功效。

二　不动产准征收构成的共同要件

在我国，对于不动产准征收之研究，尚处于概念普及与理论初创阶段，对于其构成尚缺乏有针对性的、系统性的研究。[③] 作者认为，对于不

---

① 谢哲胜：《财产法专题研究》（二），中国人民大学出版社 2004 年版，第 159、168、173 页。

② 李进之：《美国财产法》，法律出版社 1999 年版，第 205 页。

③ 仅有个别文献对准征收的构成要件进行了初步的分析，认为准征收的构成要件应该包括四项：财产权、损害事实、公共利益和特别牺牲。详见李伟《论准征收的构成要件》，《哈尔滨工业大学学报》（社会科学版）2007 年第 6 期。

动产准征收之构成的探讨，应该认真借鉴国外尤其是美国司法实践的经验，综合各方面的客观要求，认真把握不动产准征收制度之真正本质。从本质上讲，不动产管制准征收和占有准征收都属于对不动产财产权的过度限制，因此二者在构成方面具有一定的共性。当然，二者本身尚存在明显的区别，因而，各自构成又有所差别。基于此，本书拟从共同要件和特殊要件两方面对其构成进行探讨。不动产准征收构成的共同要件主要为：

（一）必须是针对"不动产财产权"实施

不动产财产权是指不动产所有人对其不动产享有的支配性权利，不受其他任何组织和机构的非法侵占、剥夺或者限制。在英美财产法中，不动产财产权通常被认为是以所有权为核心的一系列权利，是一个"权利束"（Bundle of Rights），包括了财产权人对其不动产的占有、支配、使用、处分等各种权利。不仅如此，不动产一般也被认为是由"地表、地下和地上空间三个不同的成分组成，私人可以拥有三者之一、三者之二或者全部"[1]。各国宪法通常都对公民私有不动产做了极为严格的保护，禁止对公民私有不动产的随意侵犯。当然，政府为了公共利益的目的可以依法对私有不动产进行征收，不动产所有人必须服从，这种征收属于传统征收，是以不动产所有权的转移为条件的。不同的是，对于不动产准征收而言，不动产所有权本身并没有发生整体转移，主要是其占有、使用、支配、收益、处分等部分权利受到过度限制，使得不动产财产权人对其不动产的所有已经失去实质意义。从更深层次来说，甚至还包括了对于不动产限制物权和不动产债权的过度限制。因此，对于不动产准征收对象要件的确定，不能将视野仅局限于不动产所有权是否发生转移，而是要对其进行全面分析，即使所有权没有发生转移，不动产财产权人也有可能因为其财产权部分权能受到过度限制而要求给予补偿。

此外，在不动产准征收中，另外一个焦点问题是，如何正确界定该不动产的范围？例如，公民甲某购买了 200 亩土地，由于政府公权力的行

---

① ［美］查尔斯·H. 温茨巴奇、迈克·E. 迈尔斯、珊娜·埃思里奇·坎农：《现代不动产》，仁淮秀、庞兴华、冯烜等译，中国人民大学出版社 2001 年版，第 80 页。

使，致使其中的 10 亩土地受到了严重影响。在判断该政府行为是否构成准征收时，应该以 10 亩土地为对象进行认定还是应该以 200 亩土地之整体进行判定？这一问题被称为分母问题或者概念分割问题，也就是说，在认定不动产管制准征收时，应该以该不动产整体作为分母进行判定还是仅以受到限制的部分作为分母进行判定。在美国最高法院 1922 年审理的宾夕法尼亚煤炭公司诉马洪（Pennsylvania Coal Co. v. Mahon）① 案中，大法官便是以受到严重限制之部分不动产作为分母最终认定政府禁止开采之法规构成管制准征收。当时的宾夕法尼亚州将地下采矿权分为两个独立的部分：支撑产权（留在相应位置支撑地表的矿产所有权）和矿藏产权（在不影响地表的情形下开采矿产的所有权），宾夕法尼亚州通过的《柯勒法案》（the Kohler Act）只是对矿产所有人支撑产权部分的限制。但在霍姆斯看来，该制定法征收了煤炭公司的全部支撑产权，"它意图取消宾夕法尼亚州所承认的土地中的产权——一种非常值钱的产权"，"就宪法规定而言"，它与"剥夺"煤矿财产的效果"几乎完全一样"。② 这一观点遭到布兰代斯大法官的强烈反对，他反对的理由主要有两点：其一，《柯勒法案》的目的是保护公众的健康和安全，是为了防止矿产所有人的有害使用，因此应该参照"马格勒—哈达切克"规则③，不构成准征收。其二，即使以多数意见所主张的"价值减少程度"作为认定标准，也不能仅仅考虑"保留在原地的煤炭的价值"，而是应该将受到政府限制的"保留在原地的煤炭的价值"和"全部土地的整体价值"相比较。这样的话，矿产所有人所受到的限制就会是微不足道的、可以忽略的。因而从这两方面判断，《柯勒法案》并不构成对上诉人宾夕法尼亚煤炭公司的准征收。这一观点在后来的判决中逐渐占据了主导地位，正如 1978 年佩恩中心运输公司诉纽约州政府（Penn Central Transportation Co. v. New York

---

① Pennsylvania Coal Co. v. Mahon，260 U. 5. 393，43 S. Ct. 158. 67 L. Ed. 322（1922）.

② ［美］约翰·G. 斯普兰克林：《美国财产法精解》（第 2 版），钟书峰译，北京大学出版社 2009 年版，第 654—655 页。

③ 美国 1887 年的 "Mugler v. Kansas" 案和 1915 年的 "Hadacheck v. Sebastian" 案创设了一个基本的管制准征收规则：以公共利益为目的的禁止有害使用的管制行为不构成准征收，简称为"马格勒—哈达切克"规则。详见 Mugler v. Kansas，123 U. S. 623（1887）；Hadacheck v. Sebastian，239 U. S. 394（1915）。

City)① 案所表明的，"可以把其征收标准适用于'作为整体的地块'——此处的 100 英亩地块。因此，重新分区规划的经济影响最多导致 100 英亩的土地价值减少 5%，而不是导致 5 英亩的土地价值减少 100%"②。

综合上述分析，作者认为，不动产准征收的对象，应该考虑的是该不动产之整体，而不仅仅是受到限制的部分。在具体判定时，应该以"受到严重侵害部分"与不动产之整体价值进行比较，以此来客观判断该不动产受到侵害的程度是否达到准征收的标准。

（二）正当法律程序要件

正当法律程序原则起源于英国古老的"自然公正"（National Justice）原则，后为英国《自由大宪章》所肯定，旨在限制行政机关的行政权力。美国继承了英国的正当程序理论，明确将"正当法律程序"作为宪法的基本原则，以促使政府公正地行使其权力。③ 后来，正当程序理论也逐渐渗透到美国行政法领域，以至于在美国学者看来，"行政法更多的是关于程序和补救的法，而不是实体法。由各个不同的行政机关制定的实体法不属于行政法的对象，只有当它可以用来阐明程序法和补救时才是例外"④。所谓法律的正当程序，一般是指公民权的宪法保障，以确保法律不能违反理性、武断或反复无常。其最基本的要求是，当法律影响个人的生命、自由、财产时应该提前告知他们，并给他们足够的机会通过举行适当的听证来解决因此带来的争议。正当程序在西方法律发展史中起着巨大的作用，可以说，离开正当法律程序，法律几乎是寸步难行。⑤ 正当程序作为一种控权模式，体现出以下特征：从行政行为过程着眼，侧重于行政程序的合理设计，行政主体的适用技术是以正当程序下的行政

---

① Penn Central Transportation Co. v. New York City, 438 U. S. 104, 98 S. Ct. 2646, 57 L. Ed. 2d 631 (1978).

② ［美］约翰·G. 斯普兰克林：《美国财产法精解》（第 2 版），钟书峰译，北京大学出版社 2009 年版，第 654—659 页。

③ 参见美国宪法第五、第十四修正案。

④ ［美］伯纳德·施瓦茨：《行政法》，徐炳译，群众出版社 1986 年版，第 3 页。

⑤ 沈开举：《征收、征用与补偿》，法律出版社 2006 年版，第 75 页。

决定为特征的，权力的理由通过相对人的介入和行政主体共同形成，通过合理的行政程序设计来实现控制行政权力的目的。① 有学者认为，"正当程序"作为法律的限制方式，可以分解为以下具体要求和标准：（1）事前通知利益关系人；（2）听证；（3）辩解或代理人辩解；（4）行政主体公正无私；（5）行政决定的过程必须是理性推论过程；（6）自由裁量必须有程序控制；（7）行政效率应当从相对人方面进行考虑；（8）程序违法的行政行为应视为无效。② 我国台湾学者认为，关于"正当行政程序"包括了四个要素：受告知权、听证权、公正作为的义务、说明理由的义务等。③ 可见，作为现代公法中最重要的原则之一，正当程序原则有着极为丰富的内涵，正因如此，正当程序原则成为限制政府权力、保障公民基本权利不可逾越的重要鸿沟，发挥着越来越重要的作用。

从现代各国征收法来看，虽然政府可以为了公共利益的需要通过补偿而剥夺公民的私有不动产财产权，但是"正当程序"却是必须要严格遵守的。有学者曾指出："限制行政征收的目的仅仅是保护公民财产权的第一步，征收程序的逐步推进才是影响公民财产权的真正开始。因此，对征收程序的有效规范，是保护公民财产权的关键。"按照正当程序原则，行政征收必须"为利害关系人提供有效的参与机会"，这有利于保护利害关系人的实体权益，还可使利害关系人获得"过程利益"（Process Benefits）。④ 美国学者詹姆斯·安修亦曾指出："即使制宪者也承认财产权并非绝对，可以公共利益加以限制，但正当程序原则却有力地制约着公权力对财产权的任意侵夺，从而使得自然法根基并未在根本上动摇，甚至最高法院的法官们也公认它在宪法判决中有影响。"⑤ 就我国目前的法律现状而言，"重实体轻程序"的现象依然明显，因此，全面加强

① 孙笑侠：《法律对行政的控制——现代行政法的法理解释》，山东人民出版社1999年版，第124页。

② 同上书，第184页。

③ 汤德宗：《行政程序法》，载翁岳生编《行政法》（下），中国法制出版社2002年版，第1082页。

④ 李春燕：《行政征收的法律规制论纲》，《行政法学研究》2008年第2期。关于"过程利益"的论述，可参见［美］迈克尔·D. 贝勒斯《程序正义——向个人的分配》，邓海平译，高等教育出版社2005年版，第155—157页。

⑤ 詹姆斯·安修：《美国宪法解释与判例》，中国政法大学出版社1999年版，第145页。

正当程序在法律实践中尤其是在保障公民基本人身权和财产权中的应用，极为必要。例如，2005 年宁夏回族自治区银川市 6800 多名出租车司机不满银川市人民政府制定的出租车管理新规定而集体停运的事实，充分表明了在政府干预私人财产权过程中遵守正当法律程序的重要性。①

如前文所述，正当程序原则为现代各国征收法所普遍采用，成为政府征收私人财产的必备要件之一。那么，具体到不动产准征收中，是否还需要遵循正当程序原则？回答当然是肯定的。尽管不动产准征收的情形要远比传统征收复杂得多，难以像传统征收那样明确将正当程序规定为基本构成要件，但是正当程序原则仍然必须坚守，不可偏废。这是因为，"正当程序本身就是对财产权重要的实质性保护，它包括了所有对政府干预的行为所做的来自宪法的明示和默示的限制"②。虽然存在着这样一种情形：政府遵循了法律规定的程序，但在事实上确实给相对人的私有不动产财产权造成了极其严重的损坏而可能构成准征收。然而我们却不能因此而废除正当程序所起的重要作用，事实上，如果没有这一前置要件，公民的私有不动产财产权可能会更加得不到保障。这就要求，"立法机关制定法律以及政府实施管制行为必须遵循正当的法律程序"，如可以将程序分为"预告""陈述意见/听证""发布与说明理由"等阶段。③作者比较赞同张越在其著作《英国行政法》中所提出的"获得公平听审权"（the Right to A Fair Hearing）的提法，公民对行政事务的参与不应仅

①　2004 年 7 月 27 日，银川市人民政府出台《银川市城市客运出租汽车经营权有偿使用管理办法》和《银川市城市客运出租汽车更新管理规定》，将出租车报废年限由国家规定的 8 年改为 5 年，引发广大出租车司机的严重不满。7 月 29 日开始，当地出租车司机代表曾连续 4 天到市政府上访，无果，引发了从 7 月 30 日上午至 8 月 1 日宁夏银川市 6800 多辆出租车停运事件。7 月 31 日和 8 月 2 日，宁夏回族自治区银川市人民政府连续发布两个通告，对原准备于 8 月 1 日执行的《银川市城市客运出租汽车经营权有偿使用管理办法》和《银川市城市客运出租汽车更新管理规定》停止执行。此后，出租车逐渐恢复运营，风波得以平息。参见吴海鸿《银川出租车停运风波成功化解政府行为受赞誉》，《中国青年报》2004 年 8 月 6 日；《银川出租运价上调罢运事件尘埃落定》，http：//news. xinhuanet. com/politics.

②　[美] 伯纳德·施瓦茨：《美国法律史》，王军等译，中国政法大学出版社 1990 年版，第 117 页。

③　汤德宗：《行政程序法》，载翁岳生编《行政法》（下），中国法制出版社 2002 年版，第 1063 页。

仅是程序上简单的"听证",而是使利害关系人享有公平听审的基本权利。① 总之,在不动产准征收中,正当程序原则要求立法者在制定法律过程中以及政府实施管制时应该做到以下要求:(1)保证过程公开透明。立法活动和管制行为要向行政相对人和社会公众公开。对行政相对人做出不利决定时,应该告知决定的内容、事实和依据,以增强相对人对行政活动的预见性,并保证社会公众对行政活动进行有效监督;(2)保证公众的广泛参与。国家立法以及行政机关在制定抽象的规范性文件或者做出重要的行政决策时,应当吸纳公众的参与,为公众提供陈述自己意见的机会,并认真加以斟酌。行政机关在做出对私人不利的决定前,应当听取其意见,保证私人对行政活动充分而有效的参与,提高行政活动的科学性与公正性;(3)保证程序公平。立法以及管制过程中,应该给予各方利益主体以同等的程序权利。②

(三)关于公正补偿的特别说明

在西方各国,宪法对财产权保障的直接宣示性条款实际上并不重要,重要的是在国家对私人财产实施征收征用时,对私人因此而承担的特别负担给予公正补偿。征收征用补偿制度在宪法上的确立,使得公权力对于私人财产进行剥夺与限制,即使为公益所必需,由多数人以民主程序决定,也必须对于为公益承受特别负担的私人予以充分的、公正的补偿,从而使私人财产权保障真正落到实处。③ 所谓公正补偿是指对政府基于合法行政行为给私有财产权所造成的价值损失所给予的平等、公正的经济偿付。如同公共利益和正当法律程序一样,"公正补偿"是为各国宪法所普遍确认的征收的基本条件之一,是对国家权力的实质性约束,正所谓"有征收就必有补偿"。这既是公平负担原则的要求,也是"文明政府所遵奉的自然公正原则的必然延伸"。因此可以说,"补偿体现着近代宪法中的平等精神和保障个人权利、制约政府权力的精神,并成为近现代宪

---

① 张越编著:《英国行政法》,中国政法大学出版社2004年版,第243页。
② 参见姜明安、余凌云主编《行政法》,科学出版社2010年版,第100页。
③ 沈开举:《论征收征用权》,《理论月刊》2009年第2期。

法在构建征收征用制度时所必不可少的一项内容"①。根据《联邦德国基本法》的规定，公正补偿要件被视为征收的"唇齿条款"，凡是政府对私人财产权的剥夺与限制，都必须给予公平的补偿。② 不仅如此，还要求"设定或者实施征收的法律自己规定有关补偿的方式和范围的规则"，如果征收性法律没有补偿规则或者不符合《联邦基本法》第 14 条第 3 款的规定，行政机关和法院都不得"修补"。也不得直接根据《联邦基本法》第 14 条第 3 款规定提供补偿。这种法律整体因违法"一揽子条款"（补偿规则）而违反宪法和无效，因此没有充分的补偿根据。③ 美国宪法第五修正案和第十四修正案更是将"公正补偿"作为限制征收的基本条件。

　　既然公正补偿如此之重要，那么它是否可以作为不动产准征收的构成要件？从不动产准征收的本质来讲，似乎难以得出肯定的结论。不动产准征收与传统征收之间最明显的差异在于：前者并不以所有权的剥夺为必需，而且多数情况下政府事先并没有实施过度限制的主观意图；而后者以直接获取私人不动产所有权为目的。因而，为传统征收设定"公正补偿"要件是必要的，也是可行的。这是一种事先的补偿，是满足传统不动产征收构成的充分条件。然而，对于不动产准征收来说，尤其是管制准征收，由于国家法令以及政府的管制行为的对象通常为不确定的多数人，而且是否会产生特别牺牲的后果尚不确定，因而无论是在学理上还是在技术上都不宜将公正补偿作为构成要件。当然，这并不是说公正补偿不重要，也并非要放弃公正补偿。事实上，在不动产准征收中，公正补偿应该是一种事后的救济手段，而不是事先的构成条件。

---

　　① 沈开举：《论征收征用权》，《理论月刊》2009 年第 2 期。

　　② 《联邦德国基本法》第 14 条具体内容如下：①保障财产权和继承权。有关内容和权利限制，由法律予以规定。②财产权负有义务。财产权的行使应有利于社会公共福祉。③只有符合社会公共福祉时，方可准许征收财产。对财产的征收只能通过法律或基于法律为之，而该法律必须同时规定财产补偿的种类和范围。征收补偿的确定，应适当考虑和衡量社会公共利益和当事人之利益。对于征收补偿额度有争议的，可向普通法院提起诉讼。

　　③ ［德］哈特穆特·毛雷尔：《行政法学总论》，高家伟译，法律出版社 2000 年版，第 692 页。

三　不动产管制准征收之构成——特殊要件之一

不动产管制准征收旨在保护不动产的财产价值，主要是指政府通过制定和实施管制性法规、实施土地分区管制或者利用其他管制性规定使私有不动产财产权遭受过度限制，严重影响不动产所有人对其不动产的使用和收益的情形。不动产管制准征收的构成，是整个准征收制度的重点和难点所在。通常情况下，司法机关都会充分尊重立法者的意愿，在认定管制准征收时都会格外谨慎小心。因此，不动产管制准征收的构成条件是极其严格的。本书将从不动产准征收的目的要件、客观要件、结果要件三个方面，在理论上对其构成进行深入研究。

（一）目的要件：须为"公共利益"之需要

德国学者汉斯·J. 沃尔夫等认为，在民主法治国家、社会国家和环境国家，公共行政的目的是维护和促进公共利益或者重大福祉。这是任何类型公共行政的一个不成文的基本原则。以公共利益为目的是公共行政的概念属性和功能属性，是公务人员执行职务的基础。为了实现公共利益，人民赋予了国家公共利益代表的身份。因此，受法律约束就是受立法机关认为必要的公共利益的约束。① 这段话表明了，无论在法律活动还是公共行政管理中，"公共利益"始终都处于核心地位。不仅如此，"公共利益"通常还被视为一种价值判断准则，以此来衡量立法活动以及行政行为的正当性。因而，各国的立法和司法活动通常都会以维护"公共利益"为使命。此外，为了公共利益的需要，"作为现代国家使命的积极推进者，现代行政被赋予广泛的行政裁量权——包括行使准立法权、准司法权和狭义上的行政权的极为广泛的裁量权能"②。这种情况当然是应该肯定的，但是，究竟什么是"公共利益"，众说纷纭，各抒己见，目前尚无确定的内涵。正如哈罗德·威尔逊曾在美国国会抱怨说："我认为

① ［德］汉斯·J. 沃尔夫、奥托·巴霍夫、罗尔夫·施托贝尔：《行政法》第3卷，商务印书馆2007年版，第323页。

② 杨建顺：《行政裁量的运作及其监督》，《法学研究》2004年第1期。

在场的每一位国会议员，都明白自己所使用的公共利益这个词的意义，并且会将其用来决断众多形形色色的问题。但我怀疑没有哪位先生，能够对自己所使用公共利益这个词的意义，给出一个法律上的概念。"① "公共利益"不仅极具抽象性，而且其内涵通常会随社会环境的变迁而发生变化。德国著名公法学者将公共利益视为行政的出发点，但同时也指出，"'公共利益'并非恒定，而是随着时代的发展而演变，并且在其所处的时代中经常充满冲突。尤其在当今国家事务多元化的时代，关于什么是公共利益，以及发生利益冲突时如何选择重点，总是疑问丛生"②。正因如此，公共利益经常被扩大甚至随意解释，其结果是，导致了公权力的普遍扩张甚至滥用。尽管如此，公共利益却始终为立法者所坚持，在他们看来，虽然公共利益的内涵极其不确定，但如果没有公共利益的要求，政府公权力将会更加无法控制。从世界各国的宪法及其民商法、行政法、经济法以及诉讼法等其他法律部门来看，"公共利益"被广泛规定于现行法中。以我国为例，在现行法律中，"公共利益"出现得非常多。作者以北大法意法律法规数据库作为平台，检索发现，在七大类别中，"公共利益"共计出现7944次，其中以地方性法规最多，达到6717次。③

在政府行使公权力来强制取得公民之不动产财产权时，必须首先以公共利益为目的。同样，政府公权力对于不动产的准征收，也应该坚持以公共利益为目的。否则，公权力的行使便会失去有效的约束，公民的不动产财产权将会时常处于不稳定状态，政府可能会以各种理由对私有不动产进行过度限制。正如某学者所言："没有了公共利益原则的限制，征收权的发动将完全随意化，任由行政机关自由裁量；若如此，征收权势必将变成悬浮于私人财产权之上的幽灵，无时无刻不在威胁着每个人的财产安全。"④ 但是，公共利益始终具有较强的不确定性，这将会大大减少其对公权力的限制作用。因而，在研究不动产管制准征收时，仍有

---

　　①　闫桂芳、杨晚香：《财产征收研究》，中国法制出版社2006年版，第84页。

　　②　[德]哈特穆特·毛雷尔：《行政法学总论》，高家伟译，法律出版社2000年版，第6—7页。

　　③　这也足见地方政府公权力为何得以普遍扩张和滥用，随意侵犯公民财产权尤其是土地和房屋等不动产。

　　④　王洪平、房绍坤：《论征收中公共利益的验证标准与司法审查》，《法学论坛》2006年第5期。

必要对其进行一定的探讨。下文将择其关键，对不动产准征收中公共利益的内涵、公共利益的界定、公共利益的立法模式选择等问题进行论述。

1. 公共利益含义的学理解读

公共利益（Public Interest），简称公益，又被称作公共福祉、公共福利、公众利益等，它是和私人利益或者个人利益相对应的利益类型，其核心在于"公共性"。由于公共利益在内容和受益对象方面均存在较大的不确定性，使得这一概念极具模糊性和抽象性。正如学者所言："无论将公共利益定义为什么，我们都会面临一个基本难题：如果公共利益被定义为一个漫无边界、包罗万象的概念，那么它就完全失去了法律意义；如果公共利益是确定并有界限的，那么又如何看待和公共利益对立的社会利益？糟糕的是，我们在大多数时候只是将这个概念挂在嘴边一带而过，但很少有人真正理解它究竟是指什么并直面它所带来的困惑。"①

然而，为了发挥公共利益的真正功效，我们必须明确其概念的内涵。《公共政策词典》将公共利益定义为："社会或者国家占绝对地位的集体利益而不是某个狭隘或者专门行业的利益。公共利益表示构成了一个政体的大多数人的共同利益，它基于这样一种思想，即公共政策应该最终提高大家的福利而不只是几个人的福利。"②《西方哲学英汉对照辞典》将公共利益解释为"任何人都可以享受的利益，而不管他们是否对这些利益做过贡献"③。法国哲学家爱尔维修以"公众无非是一切个人的集合"为由，主张以公共利益为准绳，根据各种对公众有利、有害或无谓，把它们分别称为道德的、罪恶的，或者可以容许的。他主张公共利益是个人利益的集合，是由无数个人利益组成的，要求人们为自己的个人利益而服从追求公众利益，并推出"公共的福利——最高的法律"（Salus Populi Suprema Lex Esto），即公共利益是一条唯一的不可侵犯的法律，以这条法律为准绳就可以衡量国家的法律、道德、习俗的明智和荒谬，合

---

① 张千帆：《"公共利益"是什么？——社会功利主义的定义及其宪法上的局限性》，《法学论坛》2005 年第 1 期。

② ［美］克鲁斯克、杰克逊：《公共政策词典》，麻理斌等译，上海远东出版社 1992 年版，第 30 页。

③ ［英］布宁编：《西方哲学英汉对照辞典》，余纪元译，人民出版社 2001 年版，第 836—837 页。

理与不合理。如何使个人利益和公共利益有机结合，爱尔维修认为，在这个问题上必须求助于理性。理性告诉我们，作为社会的一个成员，人们必须估计到行为的后果，有时不放弃眼前的快乐，就会在以后得到更痛苦的结果。① 功利主义法学家边沁也曾认为，公共利益是道德术语中所能有的最笼统的用语之一，因而它往往失去意义。由于公共体（共同体）是由其成员个人组成的，因而公共利益就是组成共同体的若干成员的利益总和。② 德国学者阿尔弗莱德·弗得罗斯（Alfred Verdross）则不同意边沁之观点，他认为：公共利益既不是单个个人所欲求的利益的总和，也不是人类整体的利益，而是一个社会通过个人的合作而生产出来的事物价值的总和；而这种合作极为必要，其目的就在于使人们通过努力和劳动而能够建构他们自己的生活，进而使之与人之个性的尊严相一致。③英国自由主义学者哈耶克则对公共利益有其独特见解，他认为："自由社会的共同福利，或公共利益的概念，决不可定义为所要达到的已知的特定结果的总和，而只能定义为一种抽象的秩序。作为一个整体，它不指向任何特定的具体目标，而是仅仅提供最佳渠道，使无论哪个成员都可以将自己的知识用于自己的目的。"④ 庞德曾经延续德国法学家耶林对利益的分析，对利益做了"门捷列夫元素周期表"式的分类，将利益分为三类：个人利益、公共利益和社会利益。个人利益就是那些直接涉及个人生活和从个人生活的立场看待的请求、需求和欲望——严格说，是指以个人生活的名义提出的。公共利益是那些由有关的个人提出或从政治生活——有组织的政治社会的生活——的立场提出的请求、需求和要求，它们以该组织的名义提出，因此把它们看作是作为法律实体的有组织的政治社会的请求是适宜的。社会利益，尽管从其他方面看，包含了前述的一些内容，但它是指从社会生活的角度考虑，被归结为社会集团的需求、要求和请求。它们是事关社会维持、社会活动和社会功能的请求，是以社会生活的名义提出、从文明社会的社会生活的角度看待的更为宽

---

① 马晶晶：《爱尔维修的功利主义》，http：//www. douban. com/group/topic/11051839/。

② ［英］边沁：《道德与立法原理导论》，时殷弘译，商务印书馆 2000 年版，第 58 页。

③ 闫桂芳、杨晚香：《财产征收研究》，中国法制出版社 2006 年版，第 92 页。

④ ［英］哈耶克：《经济、科学与政治——哈耶克思想精粹》，冯克利译，江苏人民出版社 2000 年版，第 393 页。

泛的需求与要求。①

从学者们的论述来看，对于公共利益之定义，既有相互继承和发展，又有激烈的观点交锋。他们分别从不同的视角，穷其智慧，挖掘公共利益的真正内涵，对于公共利益理论的发展与创新功不可没。但是，可以看出，对于这一命题的争议至今仍然很大。我国学者对公共利益亦有着浓厚的兴趣，他们对公共利益的含义也都具有较为精彩的诠释。如梁慧星教授以列举方式对公共利益所作的定义：所谓公共利益，指公共道路交通、公共卫生、灾害防治、科学及文化教育事业、环保、文物古迹及风景名胜区的保护、公共水源及饮水排水用地区域的保护、森林保护事业及国家法律规定的其他公共利益。② 台湾学者陈新民教授则提出了不同的观点，他在对公共利益概念的特征、公益内容的决定方式、公益内容的具体化、利益冲突之问题等进行综合讨论后指出，对于公共利益的概念，无法给予一个放诸四海皆准的绝对适用之定义，公共利益概念最大的特色表现为其内容的不确定性，以及公益的受益人及利益的抽象性。现代社会最重要的社会利益，是以宪法的基本精神来决定的，因而，即使对少数人（如社会弱势群体）的扶助措施，亦可认为合乎现代公益之概念。故而，对于公共利益概念的了解，应当由量（受益者之数量）转向对质（公益的性质）的方向上。③ 王利明教授的观点与之较为相似，他认为：作为限制私人权利前提的公共利益，其概念具有不确定性、发展性和开放性、宽泛性、抽象性和模糊性等特点，因此，法律上不宜直接对公共利益的概念进行界定，这是法律所不能承受之重。我国《物权法》回避对于公共利益的定义是科学合理的，这是出于立法技术的考虑，目的在于保持法律规范的弹性。由于公共利益作为不确定概念需要具体化，在就公共利益发生争议时，应当由司法针对个案是否属于公共利益进行价值判断。④ 但是，张千帆教授却旗帜鲜明地采用了相反的观点来论证公共利益的概念，在他看来，法学界对于公共利益概念界定之困惑的部分

---

① ［美］庞德：《法理学》第 3 卷，廖德宇译，法律出版社 2007 年版，第 18—19 页。

② 梁慧星：《中国物权法草案建议稿》，社会科学文献出版社 2000 年版，第 192 页。

③ 陈新民：《德国公法学基础理论》（增订新版·上卷），法律出版社 2010 年版，第 258 页。

④ 参见王利明《论征收制度中的公共利益》，《政法论坛》2009 年第 2 期。

原因在于我们对这个概念的要求过于完美，与其苛求十全十美而使概念复杂得不可定义——至少不同的人很难对其达成一致的理解，不如满足于一个有局限甚至有缺陷的定义。至少，局限性意味着概念具有确定的边界，缺陷性可以通过其他方式予以补救，我们应该做的就是为公共利益"减负"，尽量避免让其概念变得包罗万象而失去意义或者无法操作。作为一个法律概念，公共利益的重心在于"公共"，而公共是由一个个实实在在的个体组成的，公共利益也就应当是个人利益的某种组合，并最终体现于个人利益。[①] 张千帆教授认为，运用方法论个体主义和功利主义理论来定义公共利益，即能解决原先遇到的公共利益难题。

综上所述，在学理上对公共利益进行定义总是存在着此种或彼种困境。作者认为，在不动产管制准征收过程中，必须坚持以"公共利益"为首要条件。至于要不要赋予"公共利益"一个明确的含义，这并不重要。关于这一问题，前述陈新民教授、王利明教授的观点似乎更值得推广。然而，虽然公共利益如同正义一样也有着"一张普洛透斯似的脸"[②]，但在学理上对"公共利益"的含义进行激烈的争锋也是积极的、必要的。作者认为，如果暂时不能达成共识，我们不妨把对于公共利益的学理争议转向实践，把关注的重点放在公共利益本质属性以及要解决的实际问题中来，通过实践的检验和不断积累，重新认识公共利益的真正内涵。当然，这并不是说我们不需要学理上内涵之界定，实际上，学理上的讨论也有助于我们在实践中认识公共利益的真面孔。[③] 学理上的讨论说明，

---

① 参见张千帆《"公共利益"是什么？——社会功利主义的定义及其宪法上的局限性》，《法学论坛》2005 年第 1 期；张千帆：《"公共利益"的困境与出路——美国公用征收条款的宪法解释及其对中国的启示》，《中国法学》2005 年第 5 期。

② 王太高：《土地征收制度比较研究》，《比较法研究》2004 年第 6 期。

③ 例如，作者比较赞同彭诚信教授结合一般概括和开放式列举方法对于公共利益的论述："公共利益"是人们在日常生活中所体会到的、不专属于任何具体个人但每个人都享有的、不可缺少的利益形态。它能给社会公众带来好处，是人们认可并予以接受的共同善。不管用什么名词称呼它，如公共利益、公序良俗、社会福利等，其内容都不外乎是由人们所共同接受的诸如安全、稳定、正义、和平、文明、富足、进步等价值，具体表现为清洁的自然环境、安全的社会秩序（如交易的安全、社会的稳定）、良好的文化氛围、完备的社会保障等。参见彭诚信《主体性与私权制度研究——以财产、契约的历史考察为基础》，中国人民大学出版社 2005 年版，第 184—185 页。

我们在认识公共利益的含义时，至少应该注意以下因素：第一，公共利益中的不可分性和公共性。第二，公共利益中的个人利益因素。虽然公共性是公共利益的重心，但是公共利益的认定终究不能离开个人利益。第三，公共利益内容的不确定性。第四，公共利益主体（受益人）的模糊性和不确定性。

2. 不动产准征收中公共利益的界定

当前，有关公共利益的争论主要发生在政府对不动产进行征收或者拆迁改造过程中。此时，人们对政府公权力的限制主要寄希望于对公共利益作出明确的界定，然而，"这很容易陷入一种误区，从而成为教条主义的牺牲品。因为公共利益的界定虽然有些标准如受益人数、直接受益程度等可供参考，但事实上任何一个标准都可能存在其不完善、不周全之处。而在这一过程中，我们恰恰忽视了另一个重要的问题，即公共利益应由谁来界定以及公益征收的程序机制这一对公民不动产财产权具有重大影响的问题的考虑"①。因而，既然难以给出公共利益明确的含义，作者建议，我们应该把重点放在实践中，在具体的操作过程中来理解和科学界定公共利益。下面本书将从谁来界定公共利益（界定主体）、依照什么来界定（界定标准）以及怎样来界定（程序实现机制）三个层面予以分析。

（1）谁来界定公共利益——界定主体

关于公共利益的界定主体，学界共有四种不同的观点：第一种观点认为，应该由立法机关作为公共利益的界定主体。第二种观点认为，应该由各级人民政府及其行政机关作为界定的主体。第三种观点认为，应该由司法机关作为界定的主体。第四种是一种综合性观点，认为公共利益的界定属于一个宪法分权问题，是由立法机关、行政机关和司法机关共同分享的。② 作者认为，对于公共利益的一般界定，应该坚持司法认定

---

① 金俭：《不动产财产权自由与限制研究》，法律出版社 2007 年版，第 180—181 页。

② 相关论述参见张千帆《"公共利益"是什么？——社会功利主义的定义及其宪法上的局限性》，《法学论坛》2005 年第 1 期；张千帆：《"公共利益"的困境与出路——美国公用征收条款的宪法解释及其对中国的启示》，《中国法学》2005 年第 5 期；刘向民：《中美征收制度重要问题之比较》，《中国法学》2007 年第 6 期；褚江丽：《我国宪法公共利益原则的实施路径与方法探析》，《河北法学》2008 年第 1 期；闫桂芳、杨晚香：《财产征收研究》，中国法制出版社 2006 年版，第 161 页；王利明：《论征收制度中的公共利益》，《政法论坛》2009 年第 2 期。

的权威作用，无论是对于立法机关的立法行为还是行政机关的行政行为，最终都应当纳入司法审查的范围。如有学者认为，对于公共利益的内容"除通过众多判例的积累，逐渐更加具体以外，没有别的途径"①。关于立法机关界定公共利益，"虽然在有的国家宪政的民主理论中，公共利益应当由议会来决定，或由公民行使创制权和复决权直接界定公益"②，但这并不适合我国的实际情况，因为各级人大作为国家权力机关，并不具有认定公共利益的具体职能。因而，各级人大只能通过制定法律或者其他规范性文件对公共利益做出概括性规定，但并不适合在个案中去认定公共利益。关于行政机关对公共利益的界定，从我国目前实际来看，在征地和拆迁过程中对公共利益的判断其实主要都是由地方政府及其行政机关来进行的，这是极其不妥当的。作为政府及其行政机关，不能既当运动员又当裁判员，既是当事人又是法官。如果任由政府来认定公共利益，那就将会导致政府的公权力过度膨胀而无法约束，公民的财产权将会随时遭受侵害的威胁。而且，按照政府规制俘获理论（Capture Theory of Regulation）③，政府往往还有可能被其背后的利益集团"捆绑"或者"俘获"。此时，政府所认定的公共利益将会严重偏离其本质，实际上最终是为了利益集团的利益而已。法国法律规定，只有因"公益用途"（Utilite Publique）之原因才准许征收私人财产。然而法律并未对作为征收理由的"公益用途"做出过任何定义，实践中一般是由行政部门来具体认定是否存在此种公益用途。但是，行政部门在进行认定时也要接受行政法院的全面监督。④ 司法权的合理介入，控制了政府行政权的任意行使。"尽管这种控制是有限的，法官也并不总是对行政机关的征收的权威进行干涉，

---

① ［日］宫泽俊义：《日本国宪法精解》，董璠舆译，中国民主法制出版社1990年版，第175页。

② 陈新民：《德国公法学基础理论》（下册），转引自王利明《论征收制度中的公共利益》，《政法论坛》2009年第2期。

③ 这一理论的基本假设是：第一，政府的基本资源是权力，利益集团能够说服政府运用其权力为本集团的利益服务；第二，规制者也是经济人，能理性地选择可使效用最大化的行动；第三，政府规制是为了适应利益集团实现收入最大化所需要的产物。参见刘连泰《"公共利益"的解释困境及其突围》，《文史哲》2006年第2期。

④ ［法］弗朗索瓦·泰雷、菲利普·森勒尔：《法国财产法》，罗结珍译，中国法制出版社2008年版，第594页。

不过，法官对行政程序的限制仍然具有可能，因为在所有权征收程序中，需要法官的密切配合才能得以完成，特别是所有权转让的裁定的颁布，对公共利益与具体所有权的调查完结的确认，可以实现对程序间接控制的效果。"① 一定程度上的司法控制，有效地保护了公民的私有财产权，也实现了与国家征收权的协调与平衡。实际上，"法国实行的是由司法机关与行政机关共同保障征收程序符合公益的制度，同时，为防范法官权力扩张，法国法对法官权力在主观和客观方面均有一定控制"②。可见，法国并不是由行政机关来单独认定公共利益，司法权在此过程中也起着重要作用。

然而，对于本书讨论的不动产管制准征收之构成，其中的公共利益要件与上述公共利益的一般界定应该有所区别。上述关于公共利益之界定，一般是针对征收或者拆迁等具体行政行为而言的，因此本书主张应该最终以法院司法认定最为适当。但是，不动产管制准征收，通常大多是因为法律或者其他规范性文件过度限制公民之不动产财产权而引起的。因而，在判定不动产管制准征收时，并不能排除立法机关（议会或者人大）对于所涉及的公共利益的认定。例如，全国人大和各级人民代表大会可以对下级立法机关以及相应各级政府所制定的各种规范性法律文件是否为了公共利益进行认定。当然，此时亦应当坚持以法院的司法审查为主、立法机关的认定为辅，并明确排除政府的认定权限。就我国目前的现实来看，由于违宪审查制度和宪法法院的缺失，似乎唯有通过立法机关（各级人大）对公共利益做出认定才较为可行。

（2）依照什么来界定公共利益——界定标准

从现有立法来看，并没有对公共利益做出明确清晰的界定。那么，为了使公共利益在实践中真正发挥其功能，就必须创设一些行之有效的具体标准，供相关主体在界定是否构成公共利益时作为参考。王利明教授认为，在具体判断公共利益时，首先要具体平衡各方当事人的利益，

① 许中缘、陈珍妮：《法中两国不动产征收制度的比较研究》，《湖南大学学报》（社会科学版）2009 年第 6 期。

② 许中缘：《论公共利益的程序控制——以法国不动产征收作为比较对象》，《环球法律评论》2008 年第 3 期。

其次要考虑利益性、多数人享有、比例性原则、程序的正当性和公开参与性等标准。① 莫于川教授则明确地提出了判断公共利益的六条标准：合法合理性、公共受益性、公平补偿性、公开参与性、权力制约性、权责统一性。② 从现有理论成果来看，房绍坤教授和王洪平副教授两位学者在其《论征收中公共利益的验证标准与司法审查》一文中所提出的验证征收过程中公共利益的六条标准显得更具说服力、具有一定的系统性，也较为符合实际：

其一，受益人的不特定性和多数性标准。公共利益是公众之利益，而"公众"所指涉的群体必然具有身份上的不特定性和数量上的多数性。受益人是否特定、受益人人数多寡等是判断公共利益的重要因素。其二，征收目的实现上的必要性标准。必要性标准是指对某一私人财产的征收是实现某一特定公共利益所必须的和必要的，如若不然，特定的征收行为就不能完成，其所追求的公共利益也就不能实现。设置必要性验证标准非常必要，它可以有效防止征收主管机关打着"公共利益"的旗号在非必须发动征收权的情况下滥用征收权。其三，征收前后财产利用上的效益性标准。效益性标准是指征收后财产的利用效率要远远地高于征收前财产的利用效率。即如果征收使得被征收财产的利用处于一种完全低效（或相当低效）的状态，那么，无论如何都不能证明该征收行为具有正当性。因为在后一种情况下，财产的低效利用只能使公众利益受损而不可能增进公共利益。其四，公众的直接受益性和实质受益性标准。依直接受益性标准，公众必须直接地在实质上享受到征收所带来的利益和好处，如果仅是间接地、附带地沾了一点光，则不符合公共利益原则的要求。直接受益性标准主要用来控制私人征收。私人征收是指产生有利于特定私人利益结果的征收。各国征收法制往往在严格控制的前提下，有条件地承认私人征收的合法性。在所有的控制性条件中，公众能够直接获得征收所带来的益处，就是其中最重要的一条。实质受

---

① 王利明：《论征收制度中的公共利益》，《政法论坛》2009 年第 2 期。该观点进一步认为，依照比例原则判断公共利益时，应该重点考察用地目的的公益性、征地之后实现的公共利益大于维持现状所获得的公共利益、利用方式的不可替代性等因素。

② 莫于川：《判断"公共利益"的六条标准》，《法制日报》2004 年 5 月 27 日。

益性标准主要用来控制行政机关打着抽象的"公益"幌子而滥用征收权。真正的公共利益必须要具有实质的内容，要使受益公众能够切身体会到征收所带来的益处。其五，被征收财产的位置依赖或垄断性标准。所谓位置依赖或垄断性标准，是指某一计划中的拟建项目要完成，必须使用被征收财产所坐落于其上的土地，这时即会产生被征收财产的位置依赖（Site-Dependency）和垄断问题（Hold Out or Monopoly-problem）。垄断性标准实际上并未正面界定何为公共利益，而是将征收视为达到某种合法目的的手段，只要征收决定是在迫不得已、没有其他可替代性的选择方案时做出的，即被视为具有正当性，也就符合了公共利益原则的验证要求。其六，征收利益的确定性标准。征收利益的确定性标准是指通过征收所拟实现的公共利益在被征收财产的未来使用中，要确实地能够发生，即使不能完全按原定计划目标实现，也要达到在相当程度上实现的要求。上述六个方面的标准是一个有机统一的整体，共同构成证明征收之公益性的标准，其中任何一个标准不能达到，即不得认定为公共利益。①

　　上述"受益人的不特定性和多数性标准"等六条验证标准借鉴了德国和美国的司法实践和理论研究成果，又充分考虑了我国的实际情况。例如，关于必要性标准的论述，即是借鉴了德国的宪政理论，"征收必须符合比例原则。据此，只有在相对法定征收目的是必要和适当的情况下，征收——无论是一般情况还是具体情况——才具有适法性，征收法必须规定这些要求。具体的征收行为必须满足这些要求"②。"公众的直接受益性和实质受益性标准"可以有效防止我国当前存在的诸多假借公共利益权力滥用的情形，如把城市文明形象视为公共利益，以抽象的形象维护名义损害人民群众实质上的合法权益；把招商引资环境视为公共利益，以抽象的软环境维护名义限制或者剥夺社会主体的合法权益；把压制群众上访保证所谓"稳定"视为公共利益；甚至把地方政府弄虚作假、欺

---

① 王洪平、房绍坤：《论征收中公共利益的验证标准与司法审查》，《法学论坛》2006 年第 5 期。

② ［德］哈特穆特·毛雷尔：《行政法学总论》，高家伟译，法律出版社 2000 年版，第 690 页。

上瞒下、套取国家资金也视为公共利益。① 关于"公众的直接受益性标准"，其实在美国 2005 年的凯洛诉新伦敦（Kelo v. City of New London）②一案中，奥康纳大法官就曾有过经典的评述。该案件焦点问题在于新伦敦市政府以复兴经济为目的而进行的征收是否是"公共使用"，联邦最高法院最后以 5：4 的比例给出了肯定性结论。但是，持反对意见的奥康纳大法官就曾针锋相对地指出，该案中所谓的经济发展目的最多只不过是一种间接的公共利益，是一种"附带的公共利益"，公众并不能从直接受益，如果以此作为征收理由的话，那么公民的私有财产权将会普遍处于危险之中。在奥康纳看来，如果为私人使用之征收所带来的附带公共利益就足以确保征收的合宪性，征收的最初动因将变得无关紧要，这显然不是宪法第五修正案追求的目标。③ 此外，上述验证标准既考虑到了以公共利益征收的必要性，如"必要性标准"和"被征收财产的位置依赖或垄断性标准"，又考虑到了效率因素的作用，如"征收前后财产利用上的效益性标准"。同时，从"必要性标准"到"确定性标准"，也反映了公共利益在整个不动产征收过程中的考量与实现。总之，上述标准暂时回避了对于公共利益内涵的无尽争论，把重点放在公共利益在征收实践中的具体运用及其实现上，它虽然没有回答什么是公共利益，但是却为公共利益的真正落实指明了方向，对于我国目前的不动产征收实践来说，这无疑具有重要的应用价值。当然，任何理论的提出难免存在一定的缺陷与不足，但是我们却不能因此忽视它的内在价值及其推动作用。对于公共利益的界定标准，只有在实践的反复检验和理论的不断创新中，才会更加合理、完善。具体到不动产管制准征收中，公共利益的界定更为必要。作者认为，前述"不特定性和多数性标准""必要性标准""公众的直接受益性和实质受益性标准""征收利益的确定性标准"四个标准应该成为界定不动产管制准征收中公共利益的主要标准。

---

① 张武扬：《公共利益界定的实践性思考》，《法学》2004 年第 10 期。

② 545 U. S. 469（2005）.

③ 汪庆华：《土地征收、公共使用与公平补偿——评 Kelo v. City of New London 一案判决》，《北大法律评论》2007 年第 2 期。

此外，法国土地征收中司法实践中形成的界定公共利益的"损益对比分析方法"对我国不动产准征收中公共利益之判定亦具有一定的启示作用。在法国的征收法律中，对于公共利益的界定和批准通常是由行政机关来完成的，行政法院通常是通过受理不服行政决定的越权之诉来审查公用征收的合法性。[1] 对于公用征收，行政法院无权审查其在政策上的适当性，而只能考察批准公用目的决定的合法性。在土地征收公用目的性宣告问题上，1971 年以前法官通常只核查项目是否满足某种公共利益，而不过问项目内容，特别是所需征用土地的地块选择等具体问题。[2] 自从1971 年的新东城（Ville Nouvelle Est）案以来，法官对于公共利益的审查就逐渐转向了对收益与成本的审查。有位法官指出："事先知道某项行为能够带来公共利益是不可能的。应该根据它的缺陷与优点，它的成本与收益，或者说，按照经济学家的观点，来判断它的公益与非公益。"[3] 在"新东城"案中，法国政府决定在里尔进行一次城市规划与建设的试验，在里尔市东部建设一座高教新城。在和民众进行激烈的争论后，政府决定拆除 88 栋房屋。该方案遭到一个协会的质疑，该协会认为，为了避免这 88 栋房屋被拆除，政府应当另行规划新城南北主干道路线。1968 年 4 月 3 日，里尔新东城征地项目最终被装备和住房部长批准。该协会针对该部长令向行政法院起诉。该协会除了认为受诉行政决定存在程序违法和实体违法外，还特别强调拆除 88 栋房屋使得项目支出过高，而这一点完全可以通过重新设计主干道路线路来避免。在该协会看来，政府的新城计划因造价过高而不具有公用目的，部长为其做出的公用目的宣告应当因此被撤销。审理该案件的法官认为，为了重新安置 50 户居民而拆除 100 户居民的住房显然不合理，而为了接纳几千名住户而拆除 100 户居民住房的做法就显得合理得多。本案中，项目

---

① 王名扬：《法国行政法》，北京大学出版社 2007 年版，第 297—299 页。

② 张莉：《法国土地征收公益性审查机制及其对中国的启示》，《行政法学研究》2009 年第1 期。

③ Nicolas Molfessis. Le Conseil Constitutionnel et le Droit Privé, L. G. D. J, 1997，转引自许中缘、陈珍妮《法中两国不动产征收制度的比较研究》，《湖南大学学报》（社会科学版）2009 年第 6 期。

人可以像原告要求的那样对城市中心道路重新调整，但这样将使未来建成的大学城同城市的其他部分割裂开来，而政府斥巨资兴建本项目的主要目的就是使二者更接近、更融合。因而，拆除 100 户居民住房并不足以产生撤销部长做出的项目公用目的宣告决定的法律效果，法院最终判决驳回原告起诉。① 在判决中，法国最高行政法院指出："一项工程只有在对私人财产的损害、工程造价和可能存在的社会不利因素不超过项目带来的利益时，才能被合法宣告为具有公用目的。"② 该案中，法国行政法院有效地解决了土地征收中的私人利益与公共利益的平衡，从而为"损益对比分析方法"的形成奠定了良好的基础。此后，经过 1972 年的圣玛利私立医院（Sociétécivile Sainte-Marie de l'Assomption）案和 1974 年的"Adam"案，法国行政法院的土地征收公益审查理论方法——"损益对比分析方法"得以完全确立。③ 近 40 年来，"损益对比分析方法"作为法国行政法院审查公共利益的重要标准，在法国的不动产征收中一直发挥着重要的作用。该方法以成本与收益（损失与所得）的综合比较为基础，强调在个案中平衡公共利益与不动产财产权人之私人利益并且兼顾平衡各种不同种类的公共利益。总之，法国法院"在将越权之诉发挥到极致的同时，法国行政法官又没有跨越'行政行为司法审查限于合法性审查'的雷池半步，表现出超常的司法能动性和极高的司法技艺"④，这一点确实值得我们在不动产征收与准征收实践中认真思考和借鉴。

（3）怎样来界定公共利益——程序实现机制

既然公共利益因其不确定性和模糊性而难以在实质上进行准确界定，那么，我们不妨引入科学的程序机制，来保证公共利益在具体不动产准

---

① 张莉：《法国土地征收公益性审查机制及其对中国的启示》，《行政法学研究》2009 年第 1 期。

② CE Ass. 28 mai 1971，VilleNouvelle Est，Rec. 409，转引自张莉《法国土地征收公益性审查机制及其对中国的启示》，《行政法学研究》2009 年第 1 期。

③ 黄毅、汪厚冬：《土地征收中公益控制的司法途径》，《国家检察官学院学报》2010 年第 4 期。

④ 张莉：《法国土地征收公益性审查机制及其对中国的启示》，《行政法学研究》2009 年第 1 期。

征收过程中能够得以真正实现。这是因为，"程序本身具有减压阀和缓冲期的功能，能够将一些征收中的矛盾转化为技术问题。而程序通常是客观的、确定的，程序的公正性在一定程度上能够缓和公共利益不确定性的缺陷。另一方面，程序的公正性易于为利益相关方所实际感受，能增加彼此理解和认可，有助于争议的有效解决，并可以通过程序的控制，预防争议的发生"①。换个角度，从公共利益本身来讲，公共利益的形成是一个公共决策的过程，要保证最终决策结果的科学性、民主性和正确性，决策过程必须向公众公开，充分保障公众的知情权、参与权和意见表达权。② 从我国实际来看，关于公共利益的界定主要是由行政机关在具体的个案中综合各种因素而进行综合判定的。例如，我国房屋和土地管理部门确定征收申请是否符合公共利益的主要依据是用地单位的建设项目计划书和可行性报告，这种缺乏公众参与的审查带有很大的局限性。③总的来说，行政机关这种被视为"绝对的支配权"的行政权力，④ 比较容易形成权力滥用，并产生各种腐败现象。因而有学者认为，对公共利益界定最好的方法就是对公共利益进行程序控制，这既是公共利益本身的要求，也是现代商谈行政发展的必然结果，更是保护私有财产权人利益的需要。⑤ 因此，在不动产准征收中，只有确立科学、严格而有透明的程序机制，才能更好地控制政府公权力滥用，增强不动产准征收的正当性，也能比较充分地顾及准征收中的各方利益，减少不必要的冲突和纠纷。

从比较法的角度来看，法国公用征收法典所规定的公共利益的程序实现机制，最具典型性，具有较强的借鉴意义。在法国，不动产征收是按照公共利益的调查与宣告、不动产所有权的转移和不动产征收的补偿等几个阶段来完成的。公共利益因其重要性而被贯穿到整个征

---

① 王利明：《论征收制度中的公共利益》，《政法论坛》2009 年第 2 期。

② 房绍坤：《论征收中"公共利益"界定的程序机制》，《法学家》2010 年第 6 期。

③ 金俭：《不动产财产权自由与限制研究》，法律出版社 2007 年版，第 181 页。

④ 参见胡锦光、杨建顺、李元起《行政法专题研究》，中国人民大学出版社 1998 年版，第 14—16 页。

⑤ 许中缘：《论公共利益的程序控制——以法国不动产征收作为比较对象》，《环球法律评论》2008 年第 3 期。

收过程当中，其程序实现机制相当完备。具体体现为：第一，征收前的公共利益调查与宣告程序。第二，在对单个的所有权调查档案公布之后，需要由省长颁布不动产转让的命令。第三，不动产征收的补偿。① 总之，在法国的不动产征收中，对于公共利益的界定始终处于核心地位。在制度设计中，将公共利益的界定作为整个征收程序的前置程序，体现了"立法者对征收之公共利益目的性的重视，体现了私有财产权保障及慎用征收权的立法指导思想"②。公共利益实现过程中的民主协商机制以及公众对于调查结论的"公开辩论"程序，都体现了立法对民主的崇尚和对民众意志的尊重。行政机关和司法机关各司其职、紧密配合并相互制约，充分保证了公共利益的实现，也有力地平衡了各方主体之间的利益。

　　具体到我国的实践，关于公共利益的程序实现饱受争议，由行政机关主宰的公共利益认定机制遭到学界的普遍批评。因而出现了要求以民主的方式由各级立法机关、司法机关或者通过平等协商机制来解决公共利益的程序界定问题。其中，利用司法程序界定公共利益的呼声占据主要地位。司法权的优越性、公正性和终局性为学者们极力推崇，如有学者所言："司法权存在的目的，一方面是给那些受到损害的个人权利提供一种最终的、权威的救济，另一方面也对那些颇具侵犯性和扩张性的国家权力实施一种中立的审查和控制。"③ 然而，与传统不动产征收所不同的是，不动产管制准征收主要是由具有相应立法权限的立法机关或者行政机关所制定的各种规范性法律文件造成的。对行政机关来说，不动产管制准征收通常是由其抽象行政行为产生的。因而，对于不动产管制准征收中公共利益的程序实现机制，应该与传统征收有所区别。作者认为，我国不动产准征收之公共利益的程序实现机制，应该分为两种情况：其一，通过常规程序来确定公共利益。掌握立法权限的各级立法机关以及各级行政机关在制定各种法律、命令、通知、决

---

　　①　具体参见许中缘、陈珍妮《法中两国不动产征收制度的比较研究》，《湖南大学学报》（社会科学版）2009 年第 6 期；许中缘：《论公共利益的程序控制——以法国不动产征收作为比较对象》，《环球法律评论》2008 年第 3 期。

　　②　房绍坤：《论征收中"公共利益"界定的程序机制》，《法学家》2010 年第 6 期。

　　③　陈瑞华：《司法权的性质——以刑事司法为范例的分析》，《法学研究》2000 年第 5 期。

定或者其他规范性文件时，如果涉及对公民不动产财产的过分限制，必须首先符合公共利益之要件，这就需要要建立一套适合我国实际的事先公共利益调查和确定程序。公共利益的程序界定必须建立在充分的民主程序的基础之上，应该通过事先的调研、邀请各个阶层的广泛参与讨论、广泛征求社会公众的意见以及通过举办公共利益听证会等形式，确保公共利益程序实现的公开、公正和民主。其二，在对公共利益存在争议的情况下，对于公共利益的程序界定应该由立法机关按照民主、公开的原则来进行。具体来讲，对具有立法权的行政机关的管制性立法，其公共利益应该由同级权力机关——人民代表大会或其常务委员会按照民主原则予以认定；对于具有立法权的各级权力机关的管制性立法中的公共利益之争，应该由其上级人大及其常委会来具体认定。当然，从以法治国的长远目标来看，探索适合我国国情的公共利益司法审查制度，应该是我们最终所追求的法治理想。将立法机关的立法行为和行政机关的行政行为纳入司法审查的范围，由法院来负责审查立法行为的合宪性和行政行为的合法性，这是现代法治国家的基本要求。唯其如此，"立法权和行政权方能得到有效控制，权力分立的政治架构和权力制约的宪政思想才成实现"。此外，上述法国不动产具体征收中公共利益的行政与司法双重控制程序，对我国亦具有重要的启示和借鉴意义。

3. 公共利益的立法模式选择

从各国立法来看，关于公共利益的立法模式，主要有三种：一种是列举式，通过详细列举的公共利益的范围来限制政府公权力的行使。最典型的是日本，在土地征用有关的法律法规中"穷尽"性地列出了所有35种可以发动土地征用权的"公共（益）事业"，并且几乎每种"公共事业"均相应有一部法律来约束，政府没有任意行政权，没有超法律限制，没有但书条款或保留条款，在这种情况下，不可能出现"因公之名"而为私益发动征用权的现象。[①] 此外，巴西、韩国、印度、波兰等国家亦

---

① 张迎新、王正立：《国外土地征用公共利益原则的界定方式》，《国土资源情报》2003年第9期。

采取此种立法例。① 第二种为概中式，只在立法总概括规定必须出于公共利益之目的，但对于具体情形却没有明确规定。采取这一模式的国家有美国、加拿大、澳大利亚等国。第三种为折中式，既概括规定必须以公共利益为目的，又对公共利益的具体情形予以列举。我国台湾地区即采用此种立法例。台湾《土地法》第 208 条规定："国家因下列公共事业之需要，得依本法之规定征收私有土地。但征收之范围，应以其事业所必需者为限：国防设备；交通事业；公用事业；水利事业；公共卫生；政府机关、地方自治机关及其他公共建筑；教育学术及慈善事业；国营事业；其他由政府兴办以公共利益为目的之事业。"《土地征收条例》第 3 条之规定与《土地法》较为类似："国家因公益需要，兴办下列各款事业，得征收私有土地；征收之范围，应以其事业所必需者为限；国防事业；交通事业；公用事业；水利事业；公共卫生及环境保护事业；政府机关、地方自治机关及其他公共建筑；教育、学术及文化事业；社会福利事业；国营事业；其他依法得征收土地之事业。"

我国法律关于公共利益的立法模式比较特殊。首先，部分立法采用了

---

① 巴西对公共利益范围的列举：如能实现以下两个目的方可征用土地：1. "公益事业"，这要通过一个适度的特定清单确定，包括国防、公共卫生、市政工程和国家专利成果的建设；2. "社会利益"，一般准则允许为有益于达到"地方"的社会功能，包括地产的分配目的。波兰对公共利益的列举范围如下：1. 公路、公共交通设施的建设和养护，通信系统、环境保护、政府办公场所、公用水场、废水处理厂以及防洪堤的建设和设施；2. 小学、医院、护理站、卫生设施和墓地的建设和养护；3. 必不可少的国防和公安的建筑物和设施的建设和养护，包括监狱和少年管教所的建设和养护；4. 规划的市政房屋建设；5. 其他的公认的公益事业。韩国对公共利益范围的列举如下：国防军事、国家基础建设、公共设施、文教艺术、重要产业、住宅，及前6 项事业实施中涉及的相关设施及其附属设施事业，以及其他法律规定的事业。印度对公共利益范围的列举如下：1. 为建立村庄或扩建村庄提供土地、为规划发展或改善现有村庄提供土地；2. 为城镇与农村发展规划提供土地；3. 为从公众基金拿出资金落实政府任何计划或政策的土地规划发展提供土地和确保像规划的那样进一步发展的目的通过出租、签约或彻底销售对全部或部分土地进行处置；4. 为州政府拥有或控制的公司提供土地；5. 为贫困或无土地的人提供土地，或为受到自然灾害影响地区上居住的人提供土地，或为政府、地方政府或州政府拥有或控制的公司实施正当规划而被迫迁移或受到影响的人提供土地；6. 为政府或政府为落实计划而建立或政府以前批准的机构，或地方当局，或依据团体登记法登记的团体或依据州的法律登记的团体实施教育、住房、健康或脱贫计划提供土地；7. 为政府或政府以前批准的，或地方政府的其他发展规划提供土地；8. 为公共办公室提供建筑物提供土地。参见廖家龙《关于"公共利益"的范围》，《人大研究》2006 年第 7 期。

列举式的模式，对所涉及的公共利益做了开放式列举。如 1999 年颁布实施的《中华人民共和国公益事业捐赠法》（以下简称《公益事业捐赠法》）第 3 条："本法所称公益事业是指非营利的下列事项：（一）救助灾害、救济贫困、扶助残疾人等困难的社会群体和个人的活动；（二）教育、科学、文化、卫生、体育事业；（三）环境保护、社会公共设施建设；（四）促进社会发展和进步的其他社会公共和福利事业。"另如 2001 年颁布实施的《中华人民共和国信托法》（以下简称《信托法》）第 60 条："为了下列公共利益目的之一而设立的信托，属于公益信托：（一）救济贫困；（二）救助灾民；（三）扶助残疾人；（四）发展教育、科技、文化、艺术、体育事业；（五）发展医疗卫生事业； （六）发展环境保护事业，维护生态环境；（七）发展其他社会公益事业。"其次，有关不动产征收的所有现行立法均采用了概括式的立法模式。例如《宪法》第 10 条第 3 款"国家为了公共利益的需要，可以依照法律规定对土地实行征收或者征用并给予补偿"和第 13 条第 3 款"国家为了公共利益的需要，可以依照法律规定对公民的私有财产实行征收或者征用并给予补偿"之规定。再如《土地管理法》第 2 条第 4 款"国家为了公共利益的需要，可以依法对土地实行征收或者征用并给予补偿"之规定，都采用了概括式的立法模式。在《物权法》的制定过程中，关于公共利益的立法模式曾经引起激烈的讨论。争议的焦点不是要不要规定公共利益条款，而是究竟要不要采用列举的方式界定公共利益。一种观点认为，对公共利益进行立法界定是不切实际的，应该采用概括式立法模式；① 另一种观点认为，应该采用折中式立法模式，首先规定财产征收必须以公共利益为目的，其次再对公共利益的具体情形予以列举。②

---

① 参见王利明主编《中国物权法草案建议稿及说明》，中国法制出版社 2001 年版，第 17—18 页；王利明主编：《中国民法典学者建议稿及立法理由：物权编》，法律出版社 2005 年版，第 96 页。

② 如梁慧星教授在其主持起草的《物权法草案建议稿》第 48 条第 1 款和《中国民法典草案建议稿》第 258 条第 1 款明确阐明了折中式立法模式的主张："基于社会公共利益的目的，并依照法律规定的程序，国家可以征收自然人和法人的财产。所谓公共利益，指公共道路交通、公共卫生、灾害防治、科学及文化教育事业、环境保护、文物古迹及风景名胜区的保护、公共水源及引水排水地区域的保护、森林保护事业，以及法律规定的其他公共利益。"参见梁慧星《中国物权法草案建议稿》，社会科学文献出版社 2000 年版，第 13 页；梁慧星：《中国民法典草案建议稿附理由：物权编》，法律出版社 2004 年版，第 52 页。

此种观点认为单纯采用概括式的缺点在于太过笼统，难以真正发挥对公权力的限制作用；而单纯采用列举方式进行界定也只能是立法者不切实际的"幻想"或者是一种"理性的愚昧与狂妄"而已。折中式的立法模式是近现代成文法在立法技术上近于成熟的表现，既可克服列举式的僵化，保持法律的灵活发展性，又可克服概括式的高度不确定性，使法律便于操作并能控制日益膨胀的司法专断与行政态意，因而是可取的。① 据当时媒体的报道，似乎要求对公共利益做出具体列举的观点获得了相当多的人民代表的支持。② 但是，最终通过的《物权法》并没有采用折中立法的模式，未对公共利益进行详细列举。

2010 年 1 月 29 日国务院法制办公布了《国有土地上房屋征收与补偿条例（征求意见稿）》（以下简称《征求意见稿》），再一次把公众的目光聚焦于公共利益问题之上。该《征求意见稿》明确采用了折中式的立法模式来界定公共利益，这在以前的立法中并不多见。《征求意见稿》第 2 条和第 3 条分别规定："为了公共利益的需要，对国有土地上单位、个人的房屋实行征收以及对被征收房屋的所有权人（以下简称被征收人）给予补偿的，适用本条例。""本条例所称公共利益的需要，包括：（一）国防设施建设的需要；（二）国家重点扶持并纳入规划的能源、交通、水利等公共事业的需要；（三）国家重点扶持并纳入规划的科技、教育、文化、卫生、体育、环境和资源保护、文物保护、社会福利、市政公用等公共事业的需要；（四）为改善低收入住房困难家庭居住条件，由政府组织实施的廉租住房、经济适用住房等建设的需要；（五）为改善城市居民居住条件，由政府组织实施的危旧房改造的需要；（六）国家机关办公用房建设的需要；（七）法律、行政法规和国务院规定的其他公共利益的需要。"《征求意见稿》此种"列举加兜底条款"的方式相对比较具体、明确，既容易操作又可以防止"挂一漏万"，③ 因而受到普遍的好评。2010年 12 月 15 日公布的《国有土地上房屋征收与补偿条例（第二次公开征

---

① 房绍坤、王洪平：《论我国征收立法中公共利益的规范模式》，《当代法学》2006 年第 1期。

② 吴绅：《物权法草案焦点：何为公共利益怎样合理补偿》，《法制日报》2005 年 11 月 18日。

③ 黄文艺、范振国：《公共利益内涵的法哲学界定》，《南京社会科学》2010 年第 9 期。

求意见稿)》删除了原来第 2 条之规定，将第 3 条作了局部修改并规定在征收程序的第 8 条之中："为了保障国家安全、促进国民经济和社会发展等公共利益的需要，有下列情形之一，确需征收房屋的，由市、县级人民政府作出房屋征收决定（一）国防设施建设的需要；（二）由政府组织实施的能源、交通、水利等基础设施建设的需要；（三）由政府组织实施的科技、教育、文化、卫生、体育、环境和资源保护、防灾减灾、文物保护、社会福利、市政公用等公共事业的需要；（四）为改善住房困难家庭居住条件，由政府组织实施的保障性安居工程建设的需要；（五）由政府依照城乡规划法有关规定组织实施的对危房集中、基础设施落后等地段进行旧城区改建的需要；（六）国家机关办公用房建设的需要；（七）法律、行政法规规定的其他公共利益的需要。"2011 年 1 月 21 日，《国有土地上房屋征收与补偿条例》（以下简称《征收补偿条例》）正式公布，明确通过折中式立法模式对公共利益进行了规定。《征收补偿条例》首先在第 2 条对公共利益作了概括性规定："为了公共利益的需要，征收国有土地上单位、个人的房屋，应当对被征收房屋所有权人（以下称被征收人）给予公平补偿。"进而在第 8 条对于公共利益作了开放式列举："为了保障国家安全、促进国民经济和社会发展等公共利益的需要，有下列情形之一，确需征收房屋的，由市、县级人民政府作出房屋征收决定：（一）国防和外交的需要；（二）由政府组织实施的能源、交通、水利等基础设施建设的需要；（三）由政府组织实施的科技、教育、文化、卫生、体育、环境和资源保护、防灾减灾、文物保护、社会福利、市政公用等公共事业的需要；（四）由政府组织实施的保障性安居工程建设的需要；（五）由政府依照城乡规划法有关规定组织实施的对危房集中、基础设施落后等地段进行旧城区改建的需要；（六）法律、行政法规规定的其他公共利益的需要。"

综上所述，我国现行立法对于公共利益的立法模式其实体现为一种"混合式"的立法模式，即概括式、列举式和折中式。其中，概括式立法模式在现有立法体系中占据主导地位，如《宪法》《土地管理法》《物权法》等均采用此种模式。采用列举式的《信托法》和《公益事业捐赠法》影响力较小，没有引起太多的关注。而此次《征收补偿条例》以折中方式明确界定公共利益，在我国现行立法中还属首次。虽然因其适用范围的局限性而备受指责，虽然在效力层次上属于行政法规而不及普通法律，但是，《征收补偿条例》却实现了我国公共利益立法的实质性跨越。概括规定加上开放式列举的立法模式选择，既体现了国家严格限制公权力扩张以保护公民私有财产权的决心和态度，也反映了立法机关立法技术的日臻成熟，为以后的立法提供了有益的尝试，并指明了发展的方向。因此，作者建议，我国不动产准征收中公共利益的立法模式选择，当以《征收补偿条例》为参考，采用折中方式对公共利益做以明确的规定。

（二）客观要件：存在对不动产进行"管制"之行为

不动产管制准征收主要是由于享有相应立法权限的立法机关的立法行为和各级政府机关的行政管制措施造成的。因此，是否构成不动产管制准征收，必须要看是否存在对不动产进行管制之行为。一般来讲，管制一词属于经济学中的专有术语，是政府干预市场活动的总称。政府管制（也被称为政府规制）亦来源于经济学领域，[①] 如植草益认为，"政府规制是社会公共机构（一般指政府）依照一定的规则对企业活动进行限制的行为"[②]。施蒂格勒认为："管制作为一项规则，是对国家强制权的运用，是应利益集团的要求为实现其利益而设计和实施的。"[③] 史普博则认为，"管制是由行政机构制定并执行的直接干预市场配置机制或间接改变企业和消费者的供需决策的一般规则或特殊行为"[④]。随着现代政府行政权力的扩张和行政法制的发展，管制与政府管制已经由经济学领域逐渐转向法学研究领域，使得政府管制成为法学和经济学共同关注的交叉研究重点。虽然如此，在法学研究中，却更加偏重于使用规制的提法。普

---

① 有学者认为管制属于经济学范畴，而规制属于法学研究范畴。本书无意界分政府管制与政府规制之间的差异，为了研究方便，暂时将二者等同。

② ［日］植草益：《微观规制经济学》，朱绍文译，中国发展出版社 1992 年版，第 1—2 页。

③ ［美］丹尼尔·F. 史普博：《管制与市场》，余晖、何帆、钱家骏等译，上海三联书店、上海人民出版社 1999 年版，第 45 页。

④ ［美］斯蒂格勒：《产业组织和政府管制》，潘振民译，上海三联书店、上海人民出版社 1996 年版，第 210 页。

遍认为，"政府规制是指政府运用公共权力，通过制定法律法规和其他手段，对市场主体微观经济行为进行规范和制约。政府规制既包括政府制定法律、法规、规章、决定、命令等抽象行政行为，也包括对前述规范性文件的具体执行。政府规制不仅是中央政府的职能，更多体现为地方政府和各级政府部门对经济的直接干预和规范"①。从实践来看，尽管政府管制较多出现在经济学研究中，即使是在法学研究领域中，一般也被定性为政府行政行为。如前文所述，对于公民不动产产权遭受过度侵害之研究，分为管制准征收与占有准征收较为合理。因此，本书探讨的对于私有不动产的管制行为，主要是指法律意义上的管制，具体来讲，应该从以下几个方面来进行界定：

第一，不动产管制准征收中的管制行为属于广义上的管制。该管制行为不仅包括了狭义上的政府行政行为造成的管制，还包括了各级立法机关的立法行为对公民不动产财产权所实施的管制。不动产管制准征收，主要是政府通过制定行政法规、部门规章、地方政府规章和其他通知、决定、命令等规范性文件以及地方立法机关通过制定地方性法规对不动产所实施的过度管制所造成的。国家最高立法机关制定法律通常由全国范围内的各阶层民意代表表决通过，代表了最广泛的民众的意愿和利益，因而出现管制准征收的情形可能性较小，因属例外。在极少数情况下，部分具有管制性质的具体行政行为亦有可能造成准征收。例如，因政府颁发某种开发许可而致使相邻不动产财产权人遭受严重影响的情形。此外，这里的管制还包括了没有事先的管制目的但却在事实上产生了过度侵害的法律后果的行政事实行为，如由于政府道路施工而对沿街商铺经营状况造成的严重不利影响。第二，该管制行为的实施主体必须是国家公权力机关，通常为各级立法机关和行政机关。行业协会、国有企业事业单位以及私营企业都无权制定规范性文件限制私有不动产财产权，这些组织对不动产财产权的过度侵害应该通过民事侵权法律来解决。第三，该管制行为必须是针对行政相对人之不动产财产权而实施的一种限制，不是国家机关内部的管理行为，更不是行政契约行为。第四，该管制行

---

① 王思锋、彭兴庭：《论我国房地产市场的政府规制——兼评"房屋限购令"的合法性》，《西北大学学报》（哲学社会科学版）2011 年第 3 期。

为必须在根本上是合法的。只有合法的管制行为造成的过度侵害，不动产财产权人才可能通过准征收制度请求救济。如果管制行为违法，则应该通过损害赔偿救济而非补偿性救济的途径予以解决。因此，不动产管制准征收之管制行为必须是合法行为。第五，此处所探讨的管制行为是否包括行政机关的"行政不作为"，这是一个比较有争议的问题。实践中，德国联邦最高法院对"一般的不作为"表示反对，而在例外情况下表示肯定，即不作为"例外地构成侵害侵入关系人权利范围的行为"（所谓的特定的不作为）。"建设许可的拒绝形式上是有利行政行为的拒绝，实质上是对自由和财产的真正侵害。"① 作者认为，如果因为政府延迟批准或者无合法理由拒绝不动产开发利用申请等行政不作为而使申请人对其不动产的使用遭受长久之使用限制，也应该构成管制准征收。当然，这在实践中会比较难以把握。如果法律有明确规定的许可或者批准期限，那么不作为即构成行政违法；如果法律没有期限的限制，那么其行为就难以认定，唯有通过准征收制度予以救济方为妥当。对于前者来说，本应该以国家赔偿法为依据请求国家赔偿，但是，鉴于我国国家赔偿法并未明确将行政不作为纳入赔偿范围，因而也可以暂时借鉴准征收制度寻求适当的补偿。

（三）结果要件：必须达到"特别牺牲"的程度

判断不动产管制准征收之构成，不仅要看在形式上是否符合条件、在目的上是否为了公共利益，更重要的是要看该管制行为所造成的损害结果，这是判断不动产管制准征收的核心要件。不动产准征收的核心论题是，政府对于不动产所造成过度限制或者侵害是否需要补偿。但是，对于"过度限制或侵害"如何认定，这一问题一直是界分不动产财产权保护与政府管制的关键。对此，法官和学者们投入了极大的热情和精力，企图找出既合理又便于操作的区分标准，并提出了"个别处分论""权利转移论""损失程度论"等主张。作者认为，关于"过度限制或侵害"结果的认定，应该认特别牺牲理论为标准。

---

① ［德］哈特穆特·毛雷尔：《行政法学总论》，高家伟译，法律出版社 2000 年版，第 709 页。

特别牺牲理论为德国学者奥拓·迈耶（Otto Mayer）首创。他认为，使特定的、无义务的人为国家或公益而蒙受的特别牺牲不应由个人负担，而须由公众平均负担。① 特别牺牲理论的核心意旨是，为了公共的利益而使少数特定人遭受过分损失，这有违公共平均负担的基本原则，因而构成征收，政府应该予以补偿；相反，如果没有特定的侵害发生，即未达到特别牺牲的程度，则属于财产权的社会义务，政府没有相应的补偿义务。② 在美国和德国的不动产征收实践中，特别牺牲理论一直是区分政府警察权和征收权的主要标准。③ 截至目前，法院在判断政府限制相对人私有不动产财产权之管制行为是否构成准征收时，仍坚持以"特别牺牲"作为实质性区分标准。只不过是，法院在实践中更加趋向于综合性判断，不仅看形式上是否对不特定相对人构成特别牺牲，还在本质上看对于涉案不动产侵害的程度如何，以此辨别是财产权之合理限制还是构成准征收。④ 我国台湾地区在不动产准征收实践中，也因地制宜引入特别牺牲理论，以此作为判定标准。该理论不仅为学者们所普遍倡导，更为司法当局所采纳。从台湾"司法院"大法官会议所做的相关司法解释，可以看出特别牺牲理论在台湾实际应用，也可以看出这些解释对准征收认定的发展过程。从现有大法官解释来看，涉及的特别牺牲的主要有：

释字第 336 号解释（1994 年 2 月 4 日）。该解释主要针对的是公共设施保留的问题，主要内容为："1988 年 7 月 15 日修正公布之《都市计划法》第 50 条，对于公共设施保留地未设取得期限之规定，乃在维护都市计划之整体性，为增进公共利益所必要，与《宪法》并无抵触。至于兼顾土地所有权人之权益，主管机关应如何检讨修正有关法律，系立法问

----

① 崔卓兰、施炎：《国家补偿理论与法律制度》，《社会科学战线》1996 年第 4 期。

② 详可参阅 BGHZ 6，270（280）；BGHZ 15，268（272）；30，338（341）；32，208（213）；58，124（127）；60，126（130）；60，145（147）；63，240（246）；50，93（96）；72，211（217）；77，351（354）；80，111（117）；100，335（337）；105，15（20）；李建良：《损失补偿》，载翁岳生编《行政法》（下），中国法制出版社 2002 年版，第 1675—1676 页。

③ 美国并没有发展出成熟的特别牺牲理论，但法院通常在认定是否构成准征收时却会重点审查管制行为是否对不动产权利人造成特别的负担以及负担是否过大，这与源自德国的特别牺牲理论在本质上是一致的。

④ 参见李建良《损失补偿》，载翁岳生编《行政法》（下），中国法制出版社 2002 年版，第 1677 页。

题。"在该解释的理由书中，大法官指出："其中公共设施保留地，经通盘检讨，如认为无变更之必要，主管机关本应尽速取得之，以免长期处保留状态。若不为取得（不限于征收一途），则土地所有权人既无法及时获得对价，另谋其他发展，又限于都市计划之整体性而不能撤销使用之管制，致减损土地之利用价值。其所加于土地所有权人之不利益将随时间之延长而递增。虽同法第49条至第50条之一等条文设有加成补偿、许为临时建筑使用及免税等补救规定，然非分就保留时间之久暂等情况，对权利受有个别损害，而形成特别牺牲（Sonderopfer）者，予以不同程度之补偿。为兼顾土地所有权人之权益，如何检讨修正有关法律，系立法问题。"

释字第400号解释（1996年4月12日）。该解释主要解决既成道路的纠纷问题，主要内容为："《宪法》第15关于人民财产权应予保障之规定，旨在确保个人依财产之存续状态行使其自由使用、收益及处分之权能，并免于遭受公权力或第三人之侵害，俾能实现个人自由、发展人格及维护尊严。如因公用或其他公益目的之必要，国家机关虽得依法征收人民之财产，但应给予相当之补偿，方符宪法保障财产权之意旨。既成道路符合一定要件而成立公用地役关系者，其所有权人对土地既已无从自由使用收益，形成因公益而特别牺牲其财产上之利益，国家自应依法律之规定办理征收给予补偿，各级政府如因经费困难，不能对上述道路全面征收补偿，有关机关亦应订定期限筹措财源逐年办理或以他法补偿。若在某一道路范围内之私有土地均办理征收，仅因既成道路有公用地役关系而以命令规定继续使用，毋庸同时征收补偿，显与平等原则相违。至于因地理环境或人文状况改变，既成道路丧失其原有功能者，则应随时检讨并予废止。"

释字第425号解释（1997年4月11日）。该解释指出："土地征收，系国家因公共事业之需要，对人民受宪法保障之财产权，经由法定程序予以剥夺之谓。规定此项征收及其程序之法律必须符合必要性原则，并应于相当期间内给予合理之补偿。被征收土地之所有权人于补偿费发给或经合法提存前虽仍保有该土地之所有权，唯土地征收对被征收土地之所有权人而言，系为公共利益所受特别牺牲，是补偿费之发给不宜迁延过久。本此意旨，《土地法》第233条明定补偿费应于'公告期满后十五日内'发给……"

释字第 440 号解释（1997 年 11 月 14 日）。其内容主要为："人民之财产权应予保障，《宪法》第 15 条设有明文。国家机关依法行使公权力致人民之财产遭受损失，若逾其社会责任所应忍受之范围，形成个人之特别牺牲者，国家应予合理补偿。主管机关对于既成道路或都市计划道路用地，在依法征收或价购以前埋设地下设施物妨碍土地权利人对其权利之行使，致生损失，形成其个人特别之牺牲，自应享有受相当补偿之权利。台北市政府于 1975 年 8 月 22 日发布之《台北市市区道路管理规则》第 15 条规定：'既成道路或都市计划道路用地，在不妨碍其原有使用及安全之原则下，主管机关埋设地下设施物时，得不征购其用地，但损坏地上物应予补偿。'其中对使用该地下部分，既不征购又未设补偿规定，与上述意旨不符者，应不再援用。至既成道路或都市计划道路用地之征收或购买，应依本院释字第 400 号解释及《都市计划法》第 48 条之规定办理，并此指明。"

释字第 516 号解释（2000 年 10 月 26 日）。其内容主要为："国家因公用或其他公益目的之必要，虽得依法征收人民之财产，但应给予合理之补偿。此项补偿乃因财产之征收，对被征收财产之所有人而言，系为公共利益所受之特别牺牲，国家自应予以补偿，以填补其财产权被剥夺或其权能受限制之损失。故补偿不仅需相当，更应尽速发给，方符《宪法》第 15 条规定，人民财产权应予保障之意旨……"

从以上台湾地区大法官解释可以看出，无论是征收还是准征收皆应以公共利益为目的。通过上述诸解释，特别牺牲被确立为不动产财产权人寻求经济补偿的明确依据。只要相对人之不动产财产权遭受过度损坏，便有可能形成特别牺牲，构成不动产准征收，要求政府给予公正之补偿。这些解释也表明了，台湾法院对不动产准征收所持的肯定态度。虽然没有在解释中明确采用准征收之字样，但实际上的确是按照准征收制度对相对人予以相应之补偿的。在台湾，围绕不动产限制特别牺牲的主要争议体现在以下几个方面：其一，私有土地供公众通行多年而形成"既成道路"，土地所有权人能否请求政府主管机关予以征收并给予补偿；其二，依照台湾地区相关规定，政府主管机关对于既成道路或都市计划道路用地，在依法征收或者价购以前埋设地下设施物妨碍土地权利人对其权利之行使，是否构成特别牺牲，权利人能否要求补偿；第三，1988 年《都市计划法》恢复对于"公共设施保留地"无期限取得的规定是否违反所谓台湾《宪法》第 15 条保障财产权之意旨？如果主管机关长期怠于取得被规划为公共设施保留地的私人土地，给土地所有人造成严重之侵害是否为特别牺牲？土地所有人能否要求补偿？第四，对于土地使用收益权的过度限制是否属于特别牺牲而构成准征收，权利人能否要求补偿？对于上述前三项争议，上述大法官解释基本上给出了较为满意的答复，在肯定形成"特别牺牲"的同时，实质上也肯定了不动产准征收之构成。比较遗憾的是，对于第 4 项争议，"司法院"大法官于 1998 年 1 月 29 日所作出的 444 号解释并没有产生令人满意的结局。该争点系以 1995 年 6 月 7 日修正发布之《台湾省非都市土地容许使用执行要点》第 25 点规定："在水质、水量保护区规定范围内，不得新设立畜牧场者，不得同意畜牧设施使用"为中心，即第 25 点之规定是否构成以综合特别牺牲而属于应予补偿之财产权限制，即不动产管制准征收？444 号解释认为，《区域计划法》系为促进土地及天然资源之保育利用、改善生活环境、增进公共利益而制定，其第 2 条后段谓："本法未规定者，适用其他法律"，凡符合本法立法目的之其他法律，均在适用之列。"内政部"订定之《非都市土地使用管制规则》即本此于第 6 条第 1 项规定："经编定为某种使用之土地，应依容许使用之项目使用。但其他法律有禁止或限制使用之规定者，依其规定。"1995 年 6 月 7 日修正发布之《台湾省非都市土地容许使用执行要点》第 25 点之规定，系为执行《自来水法》及《水污染防治法》，乃按本项但书之意旨，就某种使用土地应否依容许使用之项目使用或应否禁止或限制其使用为具体明确之例示规定，此亦为实现前揭之立法目的所必要，并未对人民权利增加法律所无之限制，与《宪法》第 15 条保障人民财产权之意旨及第 23 条法律保留原则尚无抵触。此解释因为"漏解之嫌"而遭到学者们的严厉批评。台湾大学法学院李建良教授认为，人民之土地若被编定为"农牧用地"，则因其主要之功能在于从事农牧养殖活动，国家机关若禁止土地所有权人设置畜牧场，无意使该土地之经济性功能受到严重侵害，且与其他土地所有权人相较，显受不平等之待遇，已逾越该土地所有权人所能容忍的界限，形成一种特别牺牲，国家应予合理之补偿，始合乎宪法保障人民财产权之意旨。①

以上论述说明了特别牺牲在不动产准征收认定中的基础性作用，但是，更进一步，如何来判断特别牺牲之构成，却显得尤为关键。哈特穆特·毛雷尔教授认为："如果关系人与其他人相比承受了不平等的负担，即必须接受不可预期的、超过一般牺牲界限的特别负担，特别牺牲——如同联邦最高法院以前有关征收的判决——即告成立。这不仅取决于侵害行为本身，而且取决于与此直接相关的后果（侵害后果，损害）。"至于具体的标准，哈特穆特·毛雷尔教授进一步指出："要看这种后果是否是法律的需要和要求，也就是说，是否为设定相应义务法律的规范目的所涵盖。"例如，公务医生依据天花接种义务法对儿童实施接种手术，一般都会有短期的、轻微的不适，但是甲却因此遭受了严重的长期的健康损害。假如公务医生客观上没有违法也没有过错，该损害是否构成特别牺牲而给予补偿？德国联邦最高法院认为，接种法律规定应当接受接种及其有关的自然的、正常的后果，但不包括巨大的、非常的健康伤害，因此该损害并没有为接种法律的规范目的所涵盖，构成特别牺牲。②另有学者认为，特别牺牲说可以划分为形式说、实质说以及折中说这三种类型。③形式说与个别行为说相似，以公权力所侵害的权利主体是否特定作为认定标准，主张只有当侵害是针对特定人实施的，即该侵害属于个别侵害，这种情况即构成特别牺牲，此种主张强调应该以权利主体的多寡为标准从形式上进行判断，因此被称为形式说。实质说主张，应当根据公权力对相对人之财产权造成的实质侵害的程度来进行判断，只有侵害程度极其严重，超过了财产权自身应负的社会义务，才构成特别牺牲。实质说强调对财产权本身的侵害，而不论所侵害的主体是否特定，只要造成了对财产权实质上的侵害，即构成特别牺牲，权利人亦有权获得补偿。折中说认为，应当兼顾形式要素和实质要素。当且仅当侵害是针对财产权本体的个别侵害，而且该侵害超过财产权所承担的社会义务规范，

---

①　李建良：《损失补偿》，载翁岳生编《行政法》（下），中国法制出版社2002年版，第1775页。

②　[德]哈特穆特·毛雷尔：《行政法学总论》，高家伟译，法律出版社2000年版，第737页。

③　董彪、李大元主编：《准征收法律问题研究，民商法论文精粹》，中国法制出版社2007年版，第91页。

才能给算作是特别牺牲。①

上述观点给我们的启示是，对于不动产管制准征收中特别牺牲的认定，不应仅仅关注管制行为所侵害的主体是否特定、是否多数，还应该考虑该管制行为对财产权本身所造成的侵害后果的严重程度，即应该采用折中的观点，从形式和实质两方面予以综合判断。形式方面比较容易判断，只要看受害权利主体是否不特定、是否多数即可。判断的难点在于，实质方面的"过度侵害"或者财产价值之"实质减损"应该如何把握？达到多少比例就构成"过度"或者实质上的"减损"，目前尚无令人信服之标准。谢哲胜教授认为，应该以"经济上可行之使用"（Economically Viable Use）为标准，财产价值减损本身并无法构成准征收，如果一项法规拒绝土地所有人对其土地为经济上可行之使用，法院将会认为是准征收。② 然而，如何判断"经济上可行之使用"仍然是悬而不解的重要问题。

在以不动产私有制为基础的美国，财产权通常被法律保护得无微不至。在联邦最高法院的现代判决中，征收条款的目的得到普遍的遵守，即"禁止政府只强制某些人承受按照公平和正义原则应由社会整体承受的负担"③。霍姆斯大法官也曾在马洪案中提出了其经典论断："虽然财产权可以被限制至一定程度，但是如果这种限制走得太远，将构成对财产的征收。"④ 但是，多远才是太远，或者多少才是管得太多？对该问题的具体判断通常是由法官在个案中进行综合判断的，最高法院几乎没有给出明确的指引。假如管制行为取消了不动产的所有经济价值或者使其市场价值降低为零，该管制行为肯定会被认定为过度侵害。但是，如果管制行为使不动产的市场价值从 100 万美元降至 5 万美元（价值下降95％），这是否属于特别牺牲而构成准征收？联邦最高法院没有给出确定的答案。不过，联邦最高法院对于如下情形的态度却很明确：如果管

---

① 赵达文：《土地征收与补偿之研究》，转引自张敏《论准征收及土地发展权——以对私人古迹的权利限制为视角》，硕士学位论文，苏州大学，2010 年，第 12 页。

② 谢哲胜：《财产法专题研究》（二），中国人民大学出版社 2004 年版，第 169 页。

③ Dolan v. City of Tigard, 512 U. S. 687（1994）；［美］约翰·G. 斯普兰克林：《美国财产法精解》（第 2 版），钟书峰译，北京大学出版社 2009 年版，第 650 页。

④ Pennsylvania Coal Co. v. Mahon, 260 U. 5. 393, 43S. Ct. 158. 67 L. Ed. 322（1922）.

制行为"与促进社会整体福祉存在合理关系",即使极大地"减少了不动产价值",也不构成准征收。例如,无论在哈达切克诉塞巴斯蒂安(Hadacheck v. Sebastian)① 案中的"价值减少 87.5%"还是尤科里德村诉漫步者地产公司(Village of Euclid v. Ambler Realty Co.)② 案中的"价值减少 75%"都不构成准征收,即是由于涉案的管制行为符合前述标准。按照这一逻辑,只要符合上述"合理关系"标准,即使管制行为造成了严重的侵害(假如 95%)也不构成准征收。但是,在后来的卢卡斯诉南卡罗来纳州海岸区委员会③(Lucas v. South Carolina Coastal Council)案中,根据佩恩中心运输公司诉纽约州政府④(Penn Central Transportation Co. v. New York City)案的标准,价值减少 95% 却构成准征收。⑤ 与此不同的是,美国各州的法律却基本上采用了比联邦宪法征收条款更为宽松和明确的规定来保障私人财产。例如,1995 年佛罗里达州制定了私人财产权利保护法案,该法明确要求政府必须给对因为法令而遭受不合理负担的不动产提供补偿,即使是依据州或联邦宪法,该种负担还未达到征收的程度。依据该法,如果受其影响的财产所有人或者"永久地不能取得对其财产的合理投资期待"或者"永久地不合理的负担了应当由公众来支付的负担",一项法令构成某种不合理的负担。德克萨斯州则与佛罗里达州的规定有所不同,该州 1955 年通过的私人不动产财产权利保护法案规定:如果政府的行为减少财产价值的 25% 或更多时,则构成准征收。和德克萨斯州的法律一样,路易斯安那州和密西西比州的管制征收补偿法律也是利用一个临界的财产价值减少的百分比来决定是否需要进行赔偿。所不同的是,这两个州的法律在范围上严格限制,仅适用于农业和森林土地,如路易斯安那州的法律要求当一项政府的法令减少了农业或森林土地的价值达到 20% 或

---

① Hadacheck v. Sebastian 239 U. S. 394 (1915).

② Village of Euclid v. Ambler Realty Co, 272 U. S. 365 (1926).

③ Lucas v. South Carolina Coastal Council, 505 U. S. 1003 (1992).

④ Penn Central Transportation Co. v. New York City, 438 U. S. 104, 98 S. Ct. 2646, 57 L. Ed. 2d 631 (1978).

⑤ 其实,美国最高法院是结合了另外一个判定因素而做出的决定,即看管制行为是否造成所有人不能从其不动产中取得合理回报。

更多时，应当给予公平赔偿，密西西比州法律规定的比例则为 40% 或更多。[①]

美国最高法院所采取的个案判断的做法固然有利于发挥法官的智慧，以灵活的方法进行自由裁量，但这样带来的结果却并不一定公正，因此也常会遭到来自社会各界的批评。1995 年 1 月美国第 104 届国会之后，大约超过 100 项提案专门针对私人财产权，这些提案的目的显而易见：首先，通过有效地和平等地保护宪法授予的私人财产权权利，使其免受为公共目的征收私人财产而无合理补偿；其次，要求联邦政府机构进行"行为风险分析"（Conduct Risk Assessment）以及在公布条例、政策和指南之前评估所进行行为的成本收益值。学者乔恩·戈尔茨坦（Jon. H. Goldstein）和威廉·沃森（William D. Watson）认为，国会提案的上述目的很难实现，且提出批评意见：第一，无论是行为风险分析还是成本收益值法需要花费行政部门大量的时间和精力。第二，这些提案增加了审查、挑战的机会以及延长了执行条例的时间。譬如，假定、模型、完成任务的数据等都会在法庭起诉时遭遇挑战。其三，提案扩大了私人财产权，以及获得补偿的权利，而这些扩大趋势都远远超出了当前法院的标准。根据当前法院标准，如果一个具备有效的公共目的的条例消除了某一财产的所有经济效用，则该条例构成准征收。然而，即便该财产的所有经济价值都不存在，补偿也未必是完全肯定的。相反，国会提案则完全忽略了这些管制条例的目的，根据这些提案的规定，若政府部门的行动消除了某一财产的公平市场价值的 20%（HR 9 提案[②]）或

---

① IBid. § 70.001 (3) (e)；TEX. GOV'T CODE ANN. § 2007.002 (5) (Vernon 2006)；LA. REV. STAT. ANN. § 3：3601 – 3：3660 (2003)；MISS. CODE ANN. § 49 – 33 – 1 to – 19 (West 2006)，刘海平：《美国管制征收法律问题研究》，中国政法大学，2007 年，第 34—35 页。

② 1995 年创造工作和工资提高法案 (Job Creation and Wage Enhancement Act of 1995) 英文条款为 "Sec. 203. Right to Compensation (a) in General. —The Federal Government shall compensate an owner of property whose use of any portion of that property has been limited by an agency action, under a specified regulatory law, that diminishes the fair market value of that portion by 20 percent or more. The amount of the compensation shall equal the diminution in value that resulted from the agency action. If the diminution in value of a portion of that property is greater than 50 percent, at the option of the owner, the Federal Government shall buy that portion of the property for its fair market value."

33% （S 605 提案①），则私人财产所有者有权提起补偿诉讼。乔恩·戈尔茨坦（Jon. H. Goldstein）和威廉·沃森（William D. Watson）指出，如果这些提案获得通过，那么将会极大地改变公民和政府的关系。提案创造了一系列大范围的新财产权和权利，增加了财产所有人的期待，导致不可逆的自然资源损害并使得政府处于更加困难的境地。②

尽管美国联邦最高法院上述灵活做法屡次遭受批评，但是司法实践却证明了法律在总体上还是偏重于对私人财产权的保障，因此而形成的准征收制度堪称现代各国财产法的典范。多大比例能够构成特别牺牲，在美国并无统一标准，但这却并没有影响法官在个案中的具体判断。联邦最高法院并没有自封于固定的标准，而是主张在更为广泛的视野下来看待这一问题，正所谓没有标准胜似标准，这也许就是判例法律制度的魅力所在。再重新回到我国不动产管制准征收中的特别牺牲，究竟要不要一个相对明确的判定标准？答案当然是肯定的。这是因为，我国属于制定法国家，如果没有明确的法律规范指引，法官将会无法可依，难以在具体案件中做出决断。同时，法官也不像判例法国家那样享有充分的自由裁量权甚至享有造法的权力。更有公众担忧的是，过大的自由裁量将会产生更多的不公正甚至权力腐败。因此，在现行体制框架下，如果没有明确的依据，法官将很难决断对于不动产财产权造成多大的损害能够构成特别牺牲。90% 还是 50%，抑或其他比例才为特别牺牲，法官似乎并没有这样的权力。因此，确立一个相对合理的认定标准，是非常有必要的。然而，究竟应该以百分之多少作为正常权利限制和特别牺牲的界限？作者认为，应该综合不动产征收和其他法律的相关规定，根据我国实际确立一个较为合理容易被接受的比例作为构成特别牺牲的标准。总的来说，可以分为两种情况：其一，管制行为致使所有人丧失对其不

---

① 1995 年完全财产权法案（Omnibus Property Rights Act of 1995）英文条款为 "Section 204... such action［that］diminishes the fair market value of the affected portion of the property which is the subject of the action by 33 percent or more with respect to the value immediately prior to the governmental action..."

② Jon. H. Goldstein, William D. Watson, "Property Rights, Regulatory Taking, and Compensation: Implications For Environmental Protection", *Contemporary Economic Policy*, Volume 15, Issue 4, October 1997, pp. 32 – 42.

动产的任何经济上的使用，此时该不动产价值对其所有者来说几乎为零。这种情况毫无疑问应该构成特别牺牲；其二，如果所有人尚未完全丧失对其不动产的全部经济上之使用，也就是说，该不动产对其所有人来说还具有一定的价值。此时，应该以什么比例来认定是否构成特别牺牲？对此，我们不妨借鉴最高人民法院《关于适用〈中华人民共和国合同法〉若干问题的解释（二）》关于合同交易中"70%"的规定①，如果管制行为给不动产财产权造成的损失超过自身价值的70%，便属于过度侵害，构成特别牺牲；如果损害在70%以下，仍属于财产权之容忍义务范围之内，不构成特别牺牲。当然，本书只是给出一个初步的建议，这一比例是否合适，或者采用其他比例如"50%"，仍需要进一步论证和探讨。但是，最高人民法院《关于适用〈中华人民共和国合同法〉若干问题的解释（二）》将70%以下视为不合理的低价，毕竟也是经过广泛征求意见和慎重考虑的结果，因此具有一定的借鉴意义。此外，如果规定了比例界限，还存在一个不动产财产权损失价值评估的问题，如由谁评估、以什么为评估依据等问题。为了确保评估结果的客观公正，应该由中立的第三方评估机构来进行评估，对此，我国台湾地区的低价评议委员会制度值得我们借鉴。② 此外，在评估实践中，可以参照适用我国1999公布实施的《国家标准房地产估价规范》（GB/T50291-1999）以及2011年6月3日住房和城乡建设部公布的《国有土地上房屋征收评估办法》对不动产所遭受之损害进行评估。

　　此外，还有一个存在争议的问题，即特别牺牲的范围是否只能是"直接性损害"？能否包括政府管制行为所引起的"切割性损害"和"引致性损害"？例如，当部分不动产被政府禁止开发利用，导致剩余部分可

---

①　参见最高人民法院《关于适用〈中华人民共和国合同法〉若干问题的解释（二）》第19条："对于合同法第七十四条规定的'明显不合理的低价'，人民法院应当以交易当地一般经营者的判断，并参考交易当时交易地的物价部门指导价或者市场交易价，结合其他相关因素综合考虑予以确认。转让价格达不到交易时交易地的指导价或者市场交易价百分之七十的，一般可以视为明显不合理的低价；对转让价格高于当地指导价或市场交易价百分之三十的，一般可以视为明显不合理的高价。"

②　参见台湾《土地法》之第154条、第155条、第164条、第165条、第247条等条文以及台湾地价及标准地价评议委员会组织规程。

能丧失其大部分价值，不能满足任何经济用途，或者失去通往高速公路或者其他想去的地方的通道之机会，此种损害便属于切割式损害；引致性损害是指当某一不动产所有者的不动产受政府管制性法令或政策限制，导致相邻不动产的所有者受到严重损害，例如，A 不动产被征收作为公共用途，结果导致相邻的 B 不动产遭受洪灾。① 在前述两种情形下，不动产所有人或者与不动产所有人相邻的 B 不动产的所有者都是因为政府管制行为而遭受严重损失，如果这种损失超出相对人所能承受的最大范围，或者使其不动产在经济上已经丧失任何价值，理应也构成特别牺牲，政府应该给予公正的补偿。

四　不动产占有准征收之构成——特殊要件之二

占有准征收主要是指政府或者其授权的第三人在物理上永久性地侵占私有不动产的情形。相对于管制准征收，占有准征收主要保护的是所有人对其不动产的实际控制和占有，而且，占有准征收的成立不要求必须通过立法的方式，有时政府行为也会不自觉地构成准征收。对于占有准征收的判断，要比管制准征收更加容易。与管制准征收之构成明显不同的是，占有准征收不以"公共利益"为条件，即不论是出于何种目的，只要管制行为或者其他具体行政行为造成了对私有不动产的实际长期侵占，便构成占有准征收。另外，占有准征收亦不考虑损害结果是否构成"特别牺牲"，即使没有发生严重的损害结果，占有准征收依旧可以成立。判断是否构成占有准征收，主要应该看是否存在政府对私有不动产财产权的过度侵占，此处的过度侵占主要指的是永久性的物理侵占。

（一）永久性物理侵占行为的认定

无论出于何种目的，只要造成了对不动产的永久性物理侵占，便是对财产权人排他权的直接干涉，无异于所有权的直接剥夺，因而构成占有准征收而应该给予公正补偿。在美国的司法实践中，对相对人基于政

---

① ［美］查尔斯·H. 温茨巴奇、迈克·E. 迈尔斯，珊娜·埃思里奇·坎农：《现代不动产》，仁淮秀、庞兴华、冯烜等译，中国人民大学出版社 2001 年版，第 121 页。

府之长期非法侵占而提出的控诉，法院一般都会支持不动产权利人之诉求，给予不动产财产权以较高程度的保护。通常情况下，判断政府行为是否构成准征收，法院都会区分该行为是管制行为还是占有（侵入）行为。有学者曾经提出了这样的假设："H 拥有计划用于居住开发项目的 200 英亩空地。在未征得 H 的同意的情形下，美国邮政局在 H 的土地边缘安装了永久性的邮箱。该邮箱用水泥板固定在大约 4 平方英尺的土地上，占据的面积不到 H 拥有的整个地块面积的 0.00005%。这是否属于征收？"① 按照美国洛利托诉曼哈顿 CATV 电子提词机公司（Loretto v. Teleprompter Manhattan CATV Corp.）② 案所确立的特别规则，明确的回答是"属于"。在该案中，美国联邦法院首次确立了这样的规则：当政府行为特征符合一个对不动产的永久性物理占有时，根据占有的程度可以构成征收，即占有准征收，而不论该行为是否符合重要的公共利益或者仅给财产所有人带来较小的经济影响。因此，无论上述假设中的邮箱是否为了公共利益，其对 H 土地长期占有的事实理应构成占有准征收。在洛利托案的判决理由中，联邦最高法院指出，政府的永久占有行为导致完全破坏所有人占有、使用和处分该财产的权利，这样的侵入（Invasion）比对财产使用管制来说本质上更加严重。在诺兰诉加利福尼亚海岸委员会（Nollan v. California Coastal Commission）③ 案中，联邦最高法院也明确指出：对于私有土地而言，排他权是该不动产权利束中最重要的权利，加利福尼亚州海岸委员会的附加条件允许公众永久、持续性地通行诺兰夫妇之土地，虽然没有某一个人可以永久性地停留于该土地，但是这同样也构成"永久性物理侵占"，上诉人有权要求合理的补偿。因此，如果政府通过管制性立法或者其他行政行为对不动产形成永久性物理占有，即构成占有准征收。当然，对于此处的"永久性物理侵占行为"，不能仅从字面进行理解和解释，而应该在更深层次上进行全面考量：

首先，该行为可以因为法律法规的原因而造成，也可因为具体行政

---

① ［美］约翰·G. 斯普兰克林：《美国财产法精解》（第 2 版），钟书峰译，北京大学出版社 2009 年版，第 664 页。

② Loretto v. Teleprompter Manhattan，CATV Corp. 458 U. S. 419（1982）.

③ Nollan v. California Coastal Commission，483 U. S. 825（1987）.

行为而导致。例如洛利托案中 CATV 电子提词机公司便是依照纽约州1973 年制定法而在私人不动产上安装电线和相关设备，美国政府诉高斯贝（United States v. Causby）① 案便是因为具体的政府行为对不动产实施的长期侵占而构成准征收。

其次，该行为既包括了政府机关所实施的直接侵占，又包括基于法律法规或者政府直接授权而由其他非政府组织所实施的侵占，例如洛利托案中 CATV 电子提词机公司即是基于纽约州制定法之授权而在公民私有房屋上安装设备，该行为理应视为政府之行为，后果由纽约州政府来承担。

最后，对于"永久性物理侵占"中"永久"和"物理侵占"的理解切不可过于绝对和僵化，要按照习惯和常理进行认定。事实上，"永久"只是形容占有行为对不动产所造成的影响程度较为严重而已，并非指该占有是绝对的无期限。因此，不能仅以占有行为存续的时间长短来认定是否构成永久占有。② "法院在形成占有准征收理论时，强调侵犯之品质而非存续期间，理论上，没有一种占有是永久的，因为任何占有均可能因未来之某种原因而终止。"③ 此外，"物理侵占"也只是一个象征性的术语，"它代表侵害之程度几乎剥夺所有权人被占有部分财产之全部权能，或者拒绝财产所有权人对其财产之使用"④，如在 1979 年凯撒安泰诉美国政府（Kaiser Aetna v. United States）⑤ 案 1946 年美国政府诉高斯贝（United States v. Causby）⑥ 案中，即使没有发生真正物理上的占有，但是

---

① United States v. Causby, 328 U. S. 256 (1946).

② 占有准征收中占有行为之永久性并不必然和存续期间有关，如 Troy Ltd. v. Renna, 727 F. 2d 287, 300 (3d Cir. 1984) 一案中，美国联邦上诉法院认为法律授权房客长住所租之房屋达48 年并非永久。而在 Hall v. City of Santa Barbara, 833 F. 2d 1270 (9th Cir. 1986), cert. denied, 485 U. S. 940 (1988) 案中，美国联邦第九上诉法院认为因为法律规定可移动房屋营地经营者和可移动房屋承租人之租赁契约必须是无期限的，而出租人必须有正当理由才可终止租约，出租人是否终究能够收回其营地并不确定，因此，此种物理上占有即为永久的。参见谢哲胜《财产法专题研究》（二），中国人民大学出版社 2004 年版，第 174 页。

③ 谢哲胜：《财产法专题研究》（二），中国人民大学出版社 2004 年版，第 173 页。

④ 同上书，第 174 页。

⑤ Kaiser Aetna v. United States, 444 U. S. 164, 180 (1979).

⑥ United States v. Causby, 328 U. S. 256 (1946).

却分别因为所有权人的排他权和使用权因为政府之行为而遭受实质上的否决，因而等同于真正的物理侵占，构成准征收。

（二）例外规则的探讨："有害用途"和"利益互惠"

在美国早期的征收实践中，通常将警察权的行使和公众的健康和安全等因素联合起来。法院认为，如果警察权的行使是为了公共健康和安全，那么，即使对不动产财产权人造成损害，也不必给予补偿。在马格勒诉堪萨斯（Mugler v. Kansas）[①] 案和哈达切克诉塞巴斯蒂安（Hadacheck v. Sebastian）[②] 案中，都明确贯彻了这样的主张，即政府为了防止财产权人之有害使用所实施的管制行为不构成准征收。这一规则被称为"有害用途"例外规则，后来也被称为马格勒—哈达切克规则。问题是，这一规则能否适用于不动产占有准征收？答案是否定的。因为这一规则通常只是针对管制准征收而言的，不能将其扩大至占有准征收。法律对不动产遭受有形侵入的态度是极严肃的，正如前文所述，占有准征收的判断只看客观上侵占行为是否实施，并不考虑行为的目的。

利益互惠（Reciprocity of Advantage）是用来支持美国综合分区规划的重要规则。该规则意旨在于，政府规划给不动产所有人带来的利益可以补偿其损失。也就是说，如果给不动产所有者造成的损害和其所得到的利益刚好可以互相抵消，那政府的行为就是合理的，是合乎宪法的。[③] 这一规则看似理由比较充分，实质上达到了一种相对的利益平衡。按照这一规则，如果政府以此为借口而物理侵占私有不动产财产权，所有权人损益相抵，便无权要求补偿，这在理论是可以成立的。然而，这样做的结果却是极其危险的，如果政府长期坚持利益互惠规则，公民的私有财产权将失去稳定可靠的法律保障。政府可以随时以任何理由侵占公民的私有不动产，而且认为可以以将来之利益弥补所造成的损失，政府根本无须作出任何经济之补偿。在美国后来的司法实践中，这一规则并没

---

① Mugler v. Kansa, 123 U. S. 623（1887）.

② Hadacheck v. Sebastian, 239 U. S. 394（1915）.

③ 参见［美］约翰·G. 斯普兰克林《美国财产法精解》（第 2 版），钟书峰译，北京大学出版社 2009 年版，第 653 页。

有得到广泛的应用。因此，作者认为，从现代法治限制政府公权力、充分保护私权之基本理念出发，不能援引利益互惠作为不动产占有准征收的例外规则。

本 章 小 结

为了限制政府对于私人不动产财产权的任意干涉，各国一般都对传统的不动产征收规定了较为严格的条件，归纳起来主要有三个：公共利益要件、正当法律程序要件、公正补偿要件。然而，相对于传统不动产征收，不动产准征收的构成显得更为复杂。一方面，不动产准征收表现多样，很难确定统一适用的标准；另一方面，何谓过度限制？限制到何种程度可构成准征收？这应该是现代不动产法中最令人迷惑不解的问题。围绕这一问题，形成了诸多理论学说。这些学说分别是围绕警察权和征收权的界限或者不予补偿的财产权限制和征收之间的界限而展开的。在美国，主要有权利转移论与无辜理论、损失程度论理、特别负担理论、实质侵犯理论、无定论之区分理论等。在德国，主要有个别处分理论、特别牺牲理论、应保障性理论、实质减少理论、可期待性理论、私使用性理论、目的相左理论等。我国不动产准征收构成要件的确立，应当在认真分析国外不动产准征收实践的基础上，辩证地看待和吸收关于认定准征收构成之理论学说，汲取其中最有价值、最精华的经验为我所用。具体来讲，应该以"特别牺牲理论"为主导，并且结合"损失程度论""实质侵犯论"等，对政府公权力的实施目的、所侵害的对象以及侵害的程度等进行综合判断，逐步形成明确的、合理的便于操作的认定标准。

具体来说，不动产准征收的构成要件包括共同要件和特殊要件。共同要件包括：必须是针对"不动产财产权"实施的过度限制；必须符合正当法律程序的要求。不动产管制准征收之构成必须符合："公共利益"之需要；存在对不动产进行"管制"之行为；必须达到"特别牺牲"的程度。其中，最为关键的就是"特别牺牲"的认定。本书初步提出，可以分为两种情况：其一，管制行为致使所有人丧失对其不动产的任何经济上的使用，此时该不动产价值对其所有者来说几乎为零。这种情况毫无疑问应该构成特别牺牲；其二，如果所有人尚未完全丧失对其不动产的全部经济上之使用，也就是说，该不动产对其所有人来说还具有一定的价值。此时，应该以什么比例来认定是否构成特别牺牲？对此，我们不妨借鉴最高人民法院《关于适用〈中华人民共和国合同法〉若干问题的解释（二）》关于合同交易中"70%"的规定①，如果管制行为给不动产财产权造成的损失超过自身价值的70%，便属于过度侵害，构成特别牺牲；如果损害在70%以下，仍属于财产权之容忍义务范围之内，不构成特别牺牲。当然，本书只是给出一个初步的建议，这一比例是否合适，仍需要进一步论证和探讨。

对于占有准征收的判断，要比管制准征收更加容易。与管制准征收之构成明显不同的是，占有准征收不以"公共利益"为条件，即不论是出于何种目的，只要管制行为或者其他具体行政行为造成了对私有不动产的实际长期侵占，便构成占有准征收。另外，占有准征收亦不考虑损害结果是否构成"特别牺牲"，即使没有发生严重的损害结果，占有准征收依旧可以成立。判断是否构成占有准征收，主要应该看是否存在政府对私有不动产财产权的过度侵占，此处的过度侵占主要指的是永久性的物理侵占。

---

① 参见最高人民法院《关于适用〈中华人民共和国合同法〉若干问题的解释（二）》第19条："对于合同法第七十四条规定的'明显不合理的低价'，人民法院应当以交易当地一般经营者的判断，并参考交易时交易地的物价部门指导价或者市场交易价，结合其他相关因素综合考虑予以确认。转让价格达不到交易时交易地的指导价或者市场交易价百分之七十的，一般可以视为明显不合理的低价；对转让价格高于当地指导价或者市场交易价百分之三十的，一般可以视为明显不合理的高价。"

第 五 章

不动产准征收的法律救济机制

赋予政府及其行政机关广泛的行政权力尤其是充分的自由裁量权，这是政府管理国家社会事务、维护社会秩序的必然要求。但是，在现代社会中，政府权力的扩张甚至无序却是不争的事实。"政府也早已从早期资本主义社会'守夜人'的角色，改变为社会生活的积极参与者。"[1] 伴随而来的是，政府权力滥用、随意侵犯公民权利等负面影响。因此，如何限制政府权力扩张、保障公民基本权利，便成为现代法律的主要任务，而这一任务，主要是由行政法来完成的。

博登海默教授曾言："行政法所主要关注的并不是传达任何形式的国家意志。就行政法最基本的表现形式来看，它所关注的乃是对行使这种意志所作的限制。……行政法所主要关心的乃是法律制度对政府官员和行政机构行使这种自由裁量权所作的约束。"[2] 学者 F. J. Goodnow 认为："行政法是公法中建立组织和确定行政当局之权限，并向个人指明如何救济行政当局对他的权利的侵犯的那一部分法律。"[3] 可见，法律制度的功能不仅是对行政机构的赋权，更重要的是对行政权力的严格限制和公民权利受到侵害时予以充分的救济。一般来讲，不论法律赋予政府的权力有多大，一旦这种权力被肆意滥用，"受这种行为侵损的个人就应当具有

---

① 毕可志：《论行政救济》，北京大学出版社 2005 年版，第 11 页。

② ［美］E. 博登海默：《法理学——法律哲学与法律方法》，邓正来译，中国政法大学出版社 1999 年版，第 367 页。

③ F. J. Goodnow, *Comparative Administrative Law*，转引自 ［美］E. 博登海默《法理学——法律哲学与法律方法》，邓正来译，中国政法大学出版社 1999 年版，第 386 页。

某种方式以求助于公正的法庭"①。英国学者在给公民权利下定义时，不是从正面就其存在的充分条件做肯定的描述，而是从反面，就其必要条件做否定性的阐发。韦德爵士说，提到权利，通常会想到"没有救济就没有权利"，即权利离不开救济（Rights Depend on Remedies）。易言之，权利和救济不能分离（Compartments），并且救济的属性决定着权利的属性。由于没有救济就没有权利的观念根深蒂固，因此对"行政行为"的救济就成为英国行政法中的标志性内容。任何类型的政府真正需要的，是通过某种经常性地顺畅运行的机制，对来自对政府不满的顾客们的反应做出的必要的回馈，并经过无偏私的对抱怨的评价后，校正任何可能已经犯下的错误。② 正因如此，对权利的救济便被视为行政相对人的一种基本权利——救济权。救济权又被称为"第二权利"，是"原权利"的对称，是当"原权利"受到侵害时所派生的权利，例如恢复原状请求权、损害赔偿请求权等。③ 既然法律赋予了公民享有基本的人身权利和财产权利，它就必须赋予公民在其权利遭受侵害的情况下享有相应的救济的权利。

　　不动产准征收源自政府公权力对公民不动产财产权的过度限制或者侵占，不动产所有人因此遭受重大损失或者丧失其不动产的全部经济价值。因此，有必要通过法律设定有效的救济机制，确保不动产所有人享有真正的财产权，确保其第二权利——救济权的真正实现。有效的法律救济机制的建立，是保障公民不动产财产权的最后屏障，也是稳定财产权秩序、增强人民对政府公信力的基本要求。

一　不动产准征收法律救济的重要意义

　　不动产准征收的法律救济是公民的不动产财产权在遭受政府公权力严重干预时的防卫手段和申诉途径，主要解决因政府管制性法令或者侵

---

　　①　［美］E. 博登海默：《法理学——法律哲学与法律方法》，邓正来译，中国政法大学出版社1999年版，第370页。

　　②　见张越《英国行政法》，中国政法大学出版社2004年版，第241、591页。

　　③　参见张光博主编《简明法学大词典》，吉林人民出版社1991年版，第1524页。

占私有不动产财产权而引起的合法性纠纷以及补偿纠纷。这对于公民不动产财产权的保护至关重要。

一般来说，救济就是指对于弱者或者有困难的主体给予物质上的帮助。法律意义上的救济具有特定的含义，按照《牛津法律大辞典》的解释："救济是指对已发生或业已导致伤害、危害、损失或损害的不当行为而进行的纠正、矫正或改正。救济的形式多种多样，值得注意的有：宽厚仁慈的行为，例如撤回权利要求或出于恩惠的给付；政治救济方法，例如向下议院议员或地方议员以及向议会或其他政治机关提出申诉；还有须依法律规则获得救济方法。法律救济方法可依次采用行政或民事救济方法。可以向更高级的行政官员或大臣申诉获得行政救济，也可向特殊的行政机关或法庭、仲裁庭（它可以接受，也可不接受一般法院诉讼的控制）提出申诉而获得。"① 《布莱克法律词典》中对救济的解释是："救济是指执行正义或者防止和补偿不公正行为的各种手段。救济是法院可为已经遭受侵害或者将要受到侵害的申请人所做的任何事情。常见的两种救济手段是判决原告从被告处获得一定数量的金钱或者命令被告停止侵害或者消除不利的侵害后果。法院根据实体法来判断原告是否遭受了不公正的侵害，具体的实施过程应该遵守程序法的规定。"② 可见，法律意义上的救济不是指一般的物质救助，而是指在权利主体遭受侵害时，由法定的救济机构对其予以相应的法律补救。法律救济既包括了实体法的规定，也包括程序法意义上的各种相关规定。因此，所谓的法律救济机制即是指对合法权益遭受侵害的权利主体进行救助的所应该遵循的法律原则、规则、程序、方法和手段的总和。对于不动产准征收的情形来讲，建立完善的法律救济机制，实为当前所急需。

（一）全面保障公民不动产财产权利的根本要求

法律对公民不动产财产权的保护，不仅在于确认其对不动产的占有、

---

① ［英］戴维·M. 沃克：《牛津法律大辞典》，李双元等译，法律出版社 2003 年版，第 957—958 页。

② Bryan A. Garner, *Black's Law Dictionary*, 9th. ed., West Publishing Company, 2004, pp. 1435 - 1436.

使用、收益、处分的权利，还表现为当不动产财产权受到侵害时给予充分的救济，这是法律调整不动产财产权关系的根本宗旨。现代各国行政法普遍强调对行政权力的控制和对相对人基本权利的保护与救济。可以说，缺少救济的不动产财产权不是真正的财产权，而仅仅是纸上的权利，如同空中楼阁一般。以此，只有建立完备的法律救济机制，才能够有效排除公权力对私有不动产财产权的过度限制和侵害，才能够真正实现"有权利必有救济"的法律原则。

（二）推进依法行政、建设法治政府的基本要求

2014 年 10 月 23 日中国共产党第十八届中央委员会第四次全体会议通过的《中共中央关于全面推进依法治国若干重大问题的决定》指出，各级政府必须坚持在党的领导下、在法制轨道上开展工作，创新执法体制，完善执法程序，推进综合执法，严格执法责任，建立权责统一、权威高效的依法行政体制，加快建设职能科学、权责法定、执法严明、公开公正、廉洁高效、守法诚信的法治政府。行政机关要坚持法定职责必须为、法无授权不可为，勇于负责、敢于担当，坚决纠正不作为、乱作为，坚决克服懒政、怠政，坚决惩处失职、渎职。行政机关不得法外设定权力，没有法律法规依据不得作出减损公民、法人和其他组织合法权益或者增加其义务的决定。推行政府权力清单制度，坚决消除权力设租寻租空间。

依法行政的基本要求就是确保行政合法性和行政合理性。因而，对于行政权力的控制，不仅是行政法的核心，更是现代法治的基本要求。正如哈耶克所言："虽然因为立法者以及那些受委托执行法律的人都是不可能不犯错误的凡人，从而这个理想也永远不可能达到尽善尽美的地步，但是法治的基本点是很清楚的，即留给执掌强制权力的执行机构的行动自由，应当减少到最低限度。虽则每一条法律，通过变动人们可能用以追求其目的的手段而在一定程度上限制了个人自由，但是在法治之下，却防止了政府采取特别的行动来破坏个人的努力。"[①]

---

① ［英］哈耶克：《通往奴役之路》，王明毅等译，中国社会科学出版社 1997 年版，第 74 页。

一般来说，行政权力具有两面效应，它既有可能维护和保障公民的权益和促进公共利益，同时又存在侵害公民权益的可能而表现出负面效应。这种两面效应决定了必须对行政权的行使进行有效的规范、控制与救济，以防止其违法或不当地侵害相对人的合法权益。① 在美国的现代法治发展过程中，始终严格限制政府行政权力的行使。如果因政府行为造成不动产财产权人财产利益的严重损害，该所有权人便可具体请求法院颁发禁令排除妨害并行使相应的补偿请求权。以最受关注的机场案件为例，在美国，飞机从私人财产上空飞行在某些情况下可以构成"准征收"，当事人可根据美国宪法第五和第十四修正案要求获得公正补偿，这是因为低空的飞机飞行所带来的噪声和震动已经明显限制或降低了所有人的土地价值和可利用性。② 对此，一些州法院持相同意见，同时附加了另一个理由，即从私人财产上低空飞行可能会违反普通法中的非法侵入（Trespass）或妨害（Nuisance）。③ 如此，机场所有人就要承担经济责任。首个就机场噪声相关联的物理侵占（Physical Invasion）私人财产的案例是 1944 年美国政府诉高斯贝（United States v. Causby）④ 案，当时美国国会已经将"可航行空间"（Navigable Airspace，该空间是由美国民用航空委员会所认定的"最低安全飞行高度以上的空间"）置于政府征收权（Eminent Domain）范围之中。本案中，美国联邦最高法院判定持续的低空军用飞行破坏了原告的家禽养殖，从而构成"占有准征收"，由此当事人可援引宪法第五修正案要求得到补偿。此案之后，美国国会重新定义了"可航行空间"，除了最低安全飞行高度以外，还包括有必要确保飞行器起飞和着陆安全的空间。1962 年，除开"必要的起飞和着陆"以外，最高法院根据美国 1960 年《联邦飞行条例》（*Federal Aviation Regulation*）第 91 条第 119 款（b）和（c）项的规定分别划定了非交

---

① 毕可志：《论行政救济》，北京大学出版社 2005 年版，第 51 页。

② United States v. Causby, 328 U. S. 256（1946）.

③ 参见 1942 年特拉华（州）Vanderslice v. Shawn, 27 A. 2d 87（Del, 1942）和 1990 年亚利桑那州 Brenetson v. Ariz. Pub. Serv Co, 803 P. 2d 930（Ariz, 1990）。

④ United States v. Causby, 328 U. S. 256（1946）.

通堵塞区域 500 米高空和在交通堵塞区域 1000 米高空的限度。① 同年，最高法院在格瑞哲斯诉亚利加尼县（Griggs v. Allegheny County）② 一案中认为，作为大匹兹堡飞机场的所有者，亚利加尼县政府有责任为从机场"低空"飞行所导致的噪声和震动对原告财产的损害承担准征收补偿责任。被告之所以要承担这样的责任，是因为被告可以通过其行政权力规划飞机场的建造地、布局、跑道构造以及必要的缓解航空不利的土地范围。由于原告财产所在地正处于缓解航空不利的土地范围之内，因此被告必须要向原告支付公正补偿。③ 自格瑞哲斯案件之后，1997 年在阿真特诉美国（Argent v. United States）④ 一案中，最高法院认为为航行的便利私人财产可以转变为公共使用，不过补偿的条件是飞机违反《联邦飞行条例》对飞行空间的要求直接从原告财产上空低空飞行。反之，如果原告仅仅是抱怨不经常从其头顶飞行的惯常飞行噪声，则原告主张经济补偿的要求不会得到法院支持。综上，机场案件中机场所有人（通常是政府机构）因飞机起落带来的噪声、震动和烟气对邻近居民居住和与居住相关活动的损害构成"准征收"，需要为此承担法律责任。

在我国建设现代法治国家的进程中，也出现了诸多置公民基本不动产财产权利于不顾，严重侵害公民基本权利的权力滥用行为。例如，2004 年湖南嘉禾案中，嘉禾县委县政府为了商业目的而制定的"四包两停"政策，便是当前政府公权力极度膨胀和集体滥用，严重侵害公民不动产财产权的典型事例，后因建设部和湖南省委的联合介入才得以制止。⑤ 此外，对于各地政府频频制定的严重侵害不动产财产权的规章、决

---

① "(b) Over congested areas. Over any congested area of a city, town, or settlement, or over any open air assembly of persons, an altitude of 1,000 feet above the highest obstacle within a horizontal radius of 2,000 feet of the aircraft. (c) Over other than congested areas. An altitude of 500 feet above the surface, except over open water or sparsely populated areas. In those cases, the aircraft may not be operated closer than 500 feet to any person, vessel, vehicle, or structure." Docket No. 18334, 54 FR 34294, Aug. 18, 1989, as amended by Amdt. 91 - 311, 75 FR 5223, Feb. 1, 2010. http://www.risingup.com/fars/info/part91-119-FAR.shtml, 2011 - 4 - 12 访问。

② Griggs v. Allegheny County, 369 U. S. 84 (1962).

③ Young v. DHL Airlines, 1999 U. S. App. Lexis (6th Cir. 1999).

④ Argent v. United States, 124 F 3d, 1277, 1281 (Fed. Cir. 1997).

⑤ 详情参见《湖南嘉禾拆迁事件》，http://news.sina.com.cn/z/hnjiahe/。

定、通知、命令等规范性文件，相关权利主体也只能忍受，并无救济渠道可言。从根本上说，这些情形与现代法治国家的基本精神是相悖的。因此，建立完善的不动产准征收法律救济机制，是依法行政、建设法治政府的基本要求。

（三）有效平衡私益和公益的必然要求

利益平衡是法律研究中的永恒话题，有学者曾指出，"一部现代宪法制定之中心问题，乃在于协调公益与私益的紧张关系，并建立制度与程序，以确保其平衡状态之维护"①。也有人认为，"公益与私益的平衡"是私有财产权公法保护的价值取向。在保障私益与增进公益这两个方面，公法以激励和制约为手段、以利益平衡为价值取向，通过协调利益矛盾，缓和利益冲突，将社会控制在有序的范围内，以实现社会的和谐发展。公法划定私有财产权保护与公共利益需求之间的界限。在私有财产权领域，财产权人能够充分地行使自己的权利，政府非因法定事由并经法定程序不得侵入，否则，就构成侵权。同时，公法又规定因公共利益的需要，政府可以依法对私有财产权予以限制，以实现社会公平，并通过一系列制度与机制的构建与运行，在个人利益和公共利益之间维持动态的平衡。② 如前文所述，不动产准征收的法理基础在于对公共利益和私人不动产财产权利益进行有效的平衡。而这种平衡即是靠有效的法律救济机制来完成的。例如，在美国 2005 年林戈尔诉美国谢弗龙公司（Lingle v. Chevron USA）③ 案中，美国联邦最高法院明确提出"实质增进州利益"④ 不能作为判断管制准征收的认定标准，管制准征收的核心在于"恢复当事人之间的公平"而不是"禁止政府的不法管制"，具体的判断还是应该依据佩恩中心运输公司诉纽约州政府（Penn Central Transportation

---

① 何子伦：《宪法上利益衡量之研究》，http://law.china.cn/features/2008-07/29/content_2957350.htm。

② 石佑启：《论私有财产权公法保护之价值取向》，《法商研究》2006 年第 6 期。

③ Lingle v. Chevron, USA, Inc., 125 S. Ct. 2074 (2005).

④ Agins v. City of Tiburon, 447 U. S. 255 (1980) 一案中确立的认定标准。

Co. v. New York City)① 案所确立的规则，重点分析政府管制行为对土地所有者权利侵害的严重程度。② 此外，按照特别牺牲的法理，对不动产准征收的救济就是要将政府实现公共利益的成本更加公平地在全社会进行分配，而不是由特定的不动产财产权人来独自承担。

二　不动产准征收法律救济应该遵循的基本原则

不动产准征收法律救济机制所应遵循的基本原则是指在对因为政府的准征收行为而对不动产财产权造成严重损害给予相应救济时所应该遵循的基本准则。这些基本原则包括了公平正义原则、信赖保护原则、法律保留原则、比例原则、救济机构地位独立原则等，指导着不动产准征收法律救济机制的建立及其运行，以确保各种救济手段、方法以及救济程序的合法、公正、合理。

（一）公平正义原则

公平正义原本是法律最基本的价值之一。公平的核心是平等，要求法律制度和规则应该平等地适用于所有的公民。正义被认为是公正之道理，通常和公平一起使用。正义包括实体正义和程序正义。罗尔斯主张："某些法律和制度，不管它们如何有效率和有条理，只要它们不正义，就必须加以改造或废除。每个人都拥有一种基于正义的不可侵犯性，这种不可侵犯性即使以社会整体利益之名也不能逾越。因此，正义否认为了一些人分享更大利益而剥夺另一些人的自由是正当的，不承认许多人享受的较大利益能绰绰有余地补偿强加于少数人的牺牲。"③ 以公平正义原则审视不动产准征收之救济，就是要求政府对其准征收行为给不动产财产权人造成的损失应该给予相应的救济，政府以公共利益目的而为的管

---

① Penn Central Transportation Co. v. New York City, 438 U. S. 104, 98 S. Ct. 2646, 57 L. Ed. 2d 631 (1978).

② 详情参见胡建淼和吴亮《美国管理性征收中公共利益标准的最新发展——以林戈尔案的判决为中心的考察》，《环球法律评论》2008 年第 6 期。

③ ［美］罗尔斯：《正义论》，何怀宏等译，中国社会科学出版社 1988 年版，第 1—2 页。

制或者侵占行为不能理所应当地让个别不动产财产权人来承担，这与法律最基本的公平价值准则是不相符合的。此外，这一原则还要求，在对不动产财产权人进行救济时，不能基于政府的优势地位而做出不公平的处理决定。无论是对于政府过度限制或者侵占行为的排除还是给予财产权人经济补偿，都必须做到公平和正义。

（二）信赖保护原则

信赖保护原则最早源自德国，是民法中诚实信用原则在行政法中的具体运用。第二次世界大战后，德国的自然法思想复兴，学者们普遍主张法律对于公民基本权利进行实质性保护，诚实信用原则获得极大的重视和发展，这为信赖保护原则的形成奠定了良好的基础。在后来的司法实践中，该原则为德国行政法院所肯定，最终，在 1976 年的德国《联邦行政程序法》中，信赖保护原则在立法中正式得以体现。[①] 此后，该原则经日本以及中国台湾地区等的效仿、继受与发展，现已成为大陆法系行政法甚至宪法中的基本原则。关于信赖保护原则的含义，简单地讲，就是指法律应当对行政相对人基于对政府公权力的合理信赖予以保护，行政机关不得擅自改变已经做出并且生效的行政行为，如果确需做出改变的，必须对因此而给相对人造成的信赖损失给予补偿。信赖保护原则的设置目的主要是出自对"维护法律秩序的安定性和保护社会成员正当权益"[②] 的考虑，究其实质，是为了保护行政相对人对授益性行政行为的信赖利益，必须对该行为的撤销或者废止予以限制。即行政主体的撤销权与废止权将受到相对人信赖利益保护的限制。[③]《中华人民共和国行政许可法》（以下简称《行政许可法》）第 8 条的规定即体现了这一原则："公民、法人或者其他组织依法取得的行政许可受法律保护，行政机关不得擅自改变已经生效的行政许可。行政许可所依据的法律、法规、规章修改或者废止，或者准予行政许可所依据的客观情况发生重大变化的，为了公共利益的需要，行政机关可以依法变更或者撤回已经生效的行政

---

① 参见《德国联邦行政程序法》第 48—51 条。
② 李春燕：《行政信赖保护原则研究》，《行政法学研究》2001 年第 3 期。
③ 周佑勇：《行政法基本原则研究》，武汉大学出版社 2005 年版，第 233 页。

许可。由此给公民、法人或者其他组织造成财产损失的，行政机关应当依法给予补偿。"

依据信赖保护原则，如果因为政府行为而使公民的不动产财产权遭受严重损害，所有权人即可依照该原则请求予以救济。当然，这种救济通常主要针对的是政府管制行为作出之前才取得不动产所有权的情形。对于政府管制行为作出之后才取得不动产所有权的，视为权利人已经认同了政府的管制性法令或者其他管制行为对所涉及的不动产的限制，权利人不能援引信赖保护原则要求政府给予补偿。在美国，与信赖保护原则相类似的概念为权利人对其财产权的"合理的投资回报预期"（Reasonable Investment-backed Expectation），如果因为政府管制性法令而使公民之"合理的投资回报预期"受到影响，即无法从其不动产中取得"合理回报"，不动产所有人便可主张该法令构成准征收而要求给予补偿。例如，在诺兰诉加利福尼亚海岸委员会（Nollan v. California Coastal Commission）① 案和多兰诉迪加德市（Dolan v. City of Tigard）② 案中，原告事先取得一定面积的地块，后来因为政府法令所实施的限制性措施而使原告的"合理的投资回报预期"受到严重影响，因而主张构成不动产准征收而寻求补偿之救济。华盛顿市场有限公司诉特伦顿市（Washington Market Enterprises INC. v. City of Trenton）③ 案中，Trenton 市政府宣布准备重建市中心商业区，原告华盛顿市场有限公司（Washington Market Enterprises）在该市中心有一栋大厦主要用来出租供商业使用。在 Trenton 市政府做出上述宣告之后，由于商户担心该大厦可能会被拆除重建，导致原告所有的大厦无人承租。后来，特伦顿市（Trenton）市政府又没有实施其重建计划，原告认为市政府的行为构成准征收而要求给予补偿。

应该说明的是，不动产权利人寻求救济所依据的信赖必须是"正当的信赖"。所谓"正当的信赖"，是指"人民对国家之行为或法律状态深

---

① Nollan v. California Coastal Commission, 483 U. S. 825 (1987).

② Dolan v. City of Tigard, 512 U. S. 687 (1994).

③ Washington Market Enterprises v. City of Trenton, 68 N. J. 107 (1975)；Janine P. Hornicek, "Eminent Domain – Blight Declaration – Extensive Delay in Initiating Condemnation After Declaration of Blight May Constitute a Taking Under State Constitution", *Fordham Urban Law Journal*, Vol. 4, Issue. 2, 1975.

信不疑，且对信赖基础之成立为善意并无过失；若信赖之成立系可归责于人民之事由所致，信赖即非正常，而不值得保护"①。也就是说，如果是因而相对人恶意欺诈、胁迫或者通过贿赂等其他违法手段而促成的行政行为，相对人因此而获得的利益是不受法律保护的，不能通过法律程序要求救济。此外，相对人基于信赖保护原则寻求法律救济，既可以通过行政途径也可以通过司法途径予以解决。行政救济的好处在于快速、便捷，但是，"信赖补偿问题产生于行政领域，利益的涉己性又可能成为行政主体公正判断的障碍。"司法途径相对客观公正，但"也可能因不熟悉行政领域的某些特殊情形而损害个人或公共利益"②。因而，两种途径各有利弊，可由不动产财产权人自主做出选择。

（三）法律保留原则

法律保留原则同样源自德国，是从宪法规定的"议会民主原则"和"法治国家原则"引申出来的。议会民主原则的核心是，议会保留为行政机关活动提供一切法律基础（或法律授权）的权力；法治国家原则要求国家与公民之间的关系由法律规定，这样公民可以事先预测与行政机关的活动。③ 哈耶克在论述法治时，也曾指出："法治的意思就是指政府在一切行动中都受到事前规定并宣布的规则的约束——这种规则使得一个人有可能十分肯定地预见到当局在某一情况中会怎样使用它的强制权力，和根据对此的了解计划他自己的个人事务。"④ 法律保留原则为德国法学家奥拓·迈耶所发展和创立起来，要求所有对自由和所有权的干涉均需要以议会通过的法律作为依据。⑤ 经过不断的发展，该原则已经成为行政

---

① 吴坤城：《公法上信赖保护原则初探》，转引自周佑勇《行政法基本原则研究》，武汉大学出版社 2005 年版，第 235 页。

② 李春燕：《行政信赖保护原则研究》，《行政法学研究》2001 年第 3 期。

③ ［德］奥拓·迈耶：《德国行政法》，刘飞译，商务印书馆 2002 年版，代中文版序第 4页。

④ ［英］哈耶克：《通往奴役之路》，王明毅等译，中国社会科学出版社 1997 年版，第 73页。

⑤ 奥拓·迈耶甚至将法律保留视为法治的三个组成部分之一，在他看来，法治由三部分组成：形成法律规范的能力，法律优先及法律保留。详见［德］奥拓·迈耶《德国行政法》，刘飞译，商务印书馆 2002 年版，第 67 页。

法中最为重要的原则，成为限制行政权力、化解公权力私权利冲突的利器。综合学界的诸多论述，① 可将法律保留原则的基本含义表述为：行政机关只有在法律有明文规定或法律授权的前提下才可以实施相应的行政行为。该原则旨在"利用法律来控制行政机关的行为，表现出法律拘束行政权的积极性"，因而在学说上也称为"积极的行政合法性"原则。②

周佑勇教授认为，法律保留原则的根本目的在于保证国家立法的至上性，划定了立法机关与行政机关在创制规范方面的权限秩序。法律保留范围的事项，行政机关非经授权不得自行创制规则，保障了法律规范位阶的有序性，防止了行政立法权自我膨胀，有利于民众权益的保护。③综上，法律保留原则普遍被认为是对行政立法权或者其他行政行为的限制，为行政行为设置一定的界限，以保障公民基本权利的真正实现。不过，站在权利救济的角度，也应该坚持法律保留原则。否则，当公民的基本权利遭受侵害尤其是政府行政行为的侵害时，便无法获得有效的救济，救济机关也往往会因此而驳回权利人之申请。从不动产准征收的救济现状来看，正是由于缺少法律的明确规定，不动产财产权人面对政府所实施的种种过度限制而无法寻求排除妨害或者请求补偿。对于不动产财产权人的救济申请，救济机关也因为没有法律依据而无能为力。例如，在英国，如果行政机关根据法律限制公民的土地利用因而减少土地的价值时，如果法律中没有规定的补偿办法，法院就不能判决补偿。④ 因而，不动产准征收的法律救济，也应该坚持法律保留原则。

（四）比例原则

比例原则又被称为均衡原则、平衡原则或者合理原则，⑤ 曾被德国行

---

①　［德］哈特穆特·毛雷尔：《行政法学总论》，高家伟译，法律出版社 2000 年版，第 104 页；［德］奥拓·迈耶《德国行政法》，刘飞译，商务印书馆 2002 年版，代中文版序第 4 页。

②　陈新民：《中国行政法学原理》，中国政法大学出版社 2002 年版，第 35 页。

③　周佑勇：《行政法基本原则研究》，武汉大学出版社 2005 年版，第 188 页。

④　王名扬：《英国行政法》，北京大学出版社 2007 年版，第 177 页。

⑤　参见［德］格奥尔格·诺尔特《德国和欧洲行政法的一般原则——历史角度的比较》，于安译，《行政法学研究》1994 年第 2 期；于安：《德国行政法》，清华大学出版社 1999 年版，第 29 页；杨建顺：《行政规制与权利保障》，中国人民大学出版社 2007 年版，第 118 页；陈新民：《中国行政法学原理》，中国政法大学出版社 2002 年版，第 42 页。

政法学鼻祖奥托·迈耶誉为行政法中的"皇冠原则"，被台湾学者陈新民教授称为行政法中的"帝王条款"。① 比例原则强调"目的和手段之间的关系必须具有客观的对称性。禁止任何国家机关采取过度的措施；在实现法定目的的前提下，国家活动对公民的侵害应当减少到最低限度"②。比例原则首先是宪法中的重要原则，立法者在立法时必须要考虑法律对公民基本权利的限制程度，否则即可能违反宪法。比例原则也是行政法中控制行政自由裁量权、保护行政相对人的重要原则，要求行政权力对公民基本权利的侵害要适度、合理，不能超过必要的限度。行政法意义的比例原则"自始即注重在实施公权力行为的'手段'与行政'目的'间，应该存有一定的'比例'关系，不可以为达到目的而不择手段"③。学界通说认为，比例原则包括三项内容：即妥当性原则、必要性原则和狭义比例性原则。④ 从宪法的角度来看，不动产征收制度所涉及的最根本性的问题就是私人财产权和公共利益之间如何取得平衡的问题，而实现利益的均衡不得不借助比例原则。⑤ 按照比例原则，不仅要求行政机关对于公民不动产财产权的限制实属必要，而且还必须适度，将对不动产财产权的侵害减少到最低程度。英国学者也认为，如果在某一给定的条件下需要采取某种公共行为以限制某项基本人权，这种限制必须是必需的，并且与该限制措施所要避免的损害成比例。任何超出这一限度的限制都是非法的。⑥ 英国学者对比例原则的接受，似乎仅限于基本权利领域。为

---

① 周佑勇：《行政法基本原则研究》，武汉大学出版社 2005 年版，第 220 页。

② ［德］哈特穆特·毛雷尔：《行政法学总论》，高家伟译，法律出版社 2000 年版，第 106—107 页。

③ 陈新民：《中国行政法学原理》，中国政法大学出版社 2002 年版，第 42 页。

④ 妥当性原则是指行政机关所采取的手段必须是能够达成行政目的的手段；必要性原则是指行政机关有多种同样能达成目的之方法时，应选择对人民权益损害最少者；狭义的比例原则是指行政机关采取的行政手段所造成的损害，不得与欲达成行政目的之利益显失均衡。参见周佑勇《行政法基本原则研究》，武汉大学出版社 2005 年版，第 222 页；陈新民：《中国行政法学原理》，中国政法大学出版社 2002 年版，第 43 页；陈新民：《德国公法学基础理论》（增订新版·上卷），法律出版社 2010 年版，第 415—421 页；许玉镇：《试论比例原则在我国法律体系中的定位》，《法制与社会发展》2003 年第 1 期。

⑤ 陈伯礼、徐信贵：《不动产征收制度之构建逻辑与运作机理》，载房绍坤、王洪平主编《不动产征收法律制度纵论》，中国法制出版社 2009 年版，第 218 页。

⑥ 张越编著：《英国行政法》，中国政法大学出版社 2004 年版，第 288 页。

了防患于未然，学者们普遍主张以比例原则来限制行政立法权和具体的行政管理权。不仅如此，作者亦主张，对于公民基本权利的救济，也应遵循比例原则的要求。尤其是本书所研究之不动产准征收之救济，在对不动产准征收的认定（重点是管制准征收）以及具体的救济措施等问题上，都应该做到适度、合理，充分保障公民的不动产财产权，平衡各方之利益。比如，在不动产准征收的补偿救济中，对于不动产财产权损失的计算、补偿的范围、补偿的标准等问题，唯有贯穿执行比例原则，才能够做到相对公平公正，达到一个较为满意的结果。

（五）救济机构地位独立原则

保证救济机构的地位独立，这是所有纠纷解决机制中的共同要求。[①]救济机构独立原则实际是公平正义原则的派生原则，基本要求是，救济机构在裁判过程中必须保持中立，其他任何单位和个人不能非法干涉救济机构的居间裁决。当然，更重要的是，救济机构不能自己为自己裁决，不能既是球员又当裁判员，否则，法律设定的救济机制只能成为无用的摆设，公民的权利便无真正的救济可言。英国大法官休厄特在《王国政府诉苏塞克斯法官—由麦卡锡起诉案》中的一句名言正好说明了这一点："不仅要主持正义，而且要人们明确无误地、毫不怀疑地看到是在主持正义，这一点不仅是重要的，而且是极为重要的。"[②]

不动产准征收多因政府行为而起，因而，对于不动产所有人的救济而言，救济机构的独立性就表现得尤为必要。特别是行政救济机构，从其设置到运行，都必须保持高度的独立性。否则，行政救济机构便会为涉案行政主体所左右，其公正裁决的立场便会因此受到严重影响，这对于相对人一方来说，是极其不公平的。此外，司法救济机关也应当排除外界的任何干扰因素，真正发挥司法机关的独立审判和裁决的功能，这是公民财产权利保障的最后防线，也是民众对司法独立和司法公正信赖的根基。

---

① 毕可志：《论行政救济》，北京大学出版社 2005 年版，第 69 页。
② ［英］丹宁勋爵：《法律的训诫》，刘庸安等译，法律出版社 1995 年版，第 98 页。

三　不动产准征收法律救济的基本程序

当不动产财产权益遭受政府侵害时，不动产所有人应该按照一定的程序寻求法律的救济。不动产所有人所选用的法律救济方式的不同，具体的程序会有一定的差异。比如，行政救济方式、司法救济方式或者自我救济方式，关于救济请求的提出到审查到最后的处理，都会有所不同。但是，无论选用何种救济方式，基本的程序却是共通的。一般来说，不动产准征收之救济可以按照以下程序进行：第一，救济请求的提起。如果不动产所有人认为财产权受到政府的过度限制或者侵占，他可以根据案件的实际情况选择合适的救济机关。如果选择向法院寻求救济，便需要按照诉讼程序的要求提交起诉状；如果选择行政部门或者立法部门或者监督部门作为救济机关，便要提交申请书或者申诉书，说明具体的请求、事实和理由。至于选择哪个具体的救济机构，应该由不动产所有人自主决定。第二，救济请求的审查。在不动产所有人提交诉状或者申请书后，救济机关必须按照法律的规定，在法定的或者合理的期限内尽快做出是否受理的决定，并且书面通知申请人。第三，审理与裁决。在救济机关做出受理的决定后，应当及时做出公正的裁决。然而，不动产准征收之救济远比一般具体行政争议的解决复杂，在具体的审理过程中，对于是否构成不动产准征收的判断、对于具体救济措施的选用，都是棘手的问题。例如，美国法院在不动产准征收案件的审理过程中，对于公共利益的认定、对于限制是否过度等问题的处理，都是极为认真和谨慎的。因此，在不动产准征收纠纷的审理和裁决中，一定要做到公开、公正，发挥公开听证的积极作用，给予案件当事人充分的申辩机会，积极接受社会和媒体的监督，保证纠纷处理结果的客观性和公正性。第四，监督与补救程序。不动产财产权是当事人最为重要的财产权利，它关系着其所有人正常的生产经营甚或基本的生活条件。因此，对于救济机关的处理决定，应该赋予当事人提出质疑的权利和再次获得救济的权利。如果当事人对处理决定不服，可以按照法律规定的监督程序获得进一步的补救。

四　不动产准征收的法律救济方式

当行政相对人的不动产财产权因为政府行为而遭受严重损害时，该行政相对人可以根据规定选择合适的法律救济方式来寻求救济。根据不同的标准，法律的救济方式可以分为不同的种类。首先，以是否行使司法诉讼权为依据，可以分为正式法律救济方式和非正式法律救济方式。例如在德国行政法中，对于相对人之权利救济根据宪法的不同规定而主要有非正式和正式两种救济方式。正式法律救济的宪法根据是《联邦德国基本法》第19条第4款规定的司法诉讼权，非正式法律救济的宪法根据是《联邦德国基本法》第17条、第45c条规定的请愿权。两种救济方式具有相同的宪法地位，在实际运作用互相独立、互相补充。[1] 法国的规定与德国极为相似，主要分为诉讼救济和诉讼外救济两种方式，诉讼救济由法院通过诉讼程序进行，诉讼外救济在法院以外进行，主要包括议会救济、行政救济和调解专员三种方式。[2] 其次，以救济方式的性质和存在的范围为标准，可以分为行政内救济和行政外救济。行政内救济主要是指包括行政复议、行政监察、行政调解等方式在内的有行政机关实施的救济。行政外救济是指在行政机关救济方式之外的其他救济方式，包括司法救济、立法救济以及自力救济等方式。[3] 最后，以救济的主体为标准，可以分为行政救济方式、司法救济方式和其他救济方式。

作者认为上述第三种分类更加清楚和直接，较切合不动产准征收救济的实际。传统的公权力救济方式主要是行政救济和司法救济两种方式，因此，不动产准征收法律救济方式，仍应该以行政救济方式和司法救济

---

① 于安：《德国行政法》，清华大学出版社1999年版，第166页；德国基本法第19条第4款："无论何人，其权利受到公共权力侵害的，均可提起诉讼。如无其他主管法院的，可向普通法院提起诉讼。第10条第2款第2句的规定不受影响。"第17条："人人均有以个人方式或与他人共同的方式书面向主管机构和人民代表机构提出请求和申诉的权利。"第45c条："联邦议院设立请愿委员会。该委员会负责处理根据基本法第17条向联邦议院提出的请求和申诉；该委员会有关请愿审查的职权由联邦法律予以规定。"

② 王名扬：《法国行政法》，北京大学出版社2007年版，第421页。

③ 参见毕可志《论行政救济》，北京大学出版社2005年版，第69页。

方式为主，同时兼采其他救济方式。行政救济由法定的行政救济机构来完成，具有效率高、成本低、速度快等优势，但是缺陷在于有时救济结果的公正性往往难以保证。司法救济是指由遭受政府行为侵害的不动产财产权人提起准征收之诉，要求司法机构公证审查，做出宣告政府管制性立法或侵占行为违宪而构成准征收的裁决，并判决给予不动产财产权人公正的经济补偿。司法救济虽然成本较高，往往比较耗时费力，但是司法权的独立性和权威性通常会促使司法机关做出相对公正的处理决定。总的说来，两种救济方式各有利弊，应当交由不动产财产权人自己选择。

在具体的救济过程中，两种法律救济方式的适用又可以分为两种情形：一种是行政救济先于司法救济，即将行政救济方式作为司法救济的前置程序，只有行政救济方式用尽不动产财产权人仍然无法获得有效救济的，才可以提起准征收诉讼。例如，美国加利福尼亚州的法律就要求在当事人提起诉讼之前先向政府机构申请签发"执行令"，只有当事人已经向当地行政机构寻求过行政救济，在被回绝后又未能获得补偿或补偿针对当事人财产损失而言是明显不足时，才可寻求司法救济。加利福尼亚州法律背后的考量是为了确保法院免于审理那些本可以在早期阶段通过政府机构或部门解决的纠纷，缓解司法审判的压力。另一种情形是，行政救济和司法救济没有适用上的先后顺序，二者是并行的法律救济方式，不动产财产权人既可以寻求行政方式的救济，也可以选择司法救济。当然，如果对行政救济的结果不满意，仍可以再向法院提起行政诉讼，实现终局性司法裁决对其财产权的最终保障。

除上述两种法律救济方式之外，不动产财产权人亦可以通过立法救济、平等协商以及政治救济等方式来维护自己的合法财产权益。立法救济方式又称为权力机关的救济，通常是针对政府的管制性立法而言的，是不动产财产权人向国家立法机关如我国的全国人大及其常务委员会提起审查请求，请求审查政府管制性立法是否违反宪法而构成不动产准征收。在通过以上方式仍然无法对不动产财产权人实行有效的保护时，不动产财产权人还可以通过向上述机关之外的监督部门如监察部门、检察机关等提起申诉，甚至还可以采用类似于德国的合法请愿的方式请求以适当的政治方式来获得相应的救济。不过，这些救济方式的作用比较有限。综上所述，不动产准征收的法律救济，应该以行政救济方式和司法救济方式为主，兼采其他救济方式，综合发挥各种法律救济方式的优势，实现对不动产财产权人基本权利的公正保护。

本 章 小 结

任何类型的政府所真正需要的，是通过某种经常性地顺畅运行的机制，对来自对政府不满的顾客们的反应作出的必要的回馈，并经过无偏私的对抱怨的评价后，校正任何可能已经犯下的错误。[①] 正因如此，对权利的救济便被视为行政相对人的一种基本权利——救济权。既然法律赋予了公民享有基本的人身权利和财产权利，它就必须赋予公民在其权利遭受侵害的情况下享有相应的救济的权利。不动产准征收源自政府公权力对公民不动产财产权的过度限制或者侵占，不动产所有人因此遭受重大损失或者丧失其不动产的全部经济价值。因此，有必要通过法律设定有效的救济机制，确保不动产所有人享有真正的财产权，确保其第二权利——救济权的真正实现。不动产准征收法律救济机制的建立应该符合公平正义原则、信赖保护原则、法律保留原则、比例原则、救济机构地位独立原则等，以确保各种救济手段、方法以及救济程序的合法、公正、合理。

不动产准征收的法律救济，应该坚持以行政救济方式和司法救济方式为主，同时兼采立法救济、民主协商等其他救济方式。不动产财产权人权利之救济，必须充分发挥司法机关的作用，要通过司法救济方式得以最终实现。

---

① William Wade & Christopher Forsyth, *Administrative Law*, 8th, edn, Oxford University Press, 2000, p31. 87. 551; A. W. Bradley & K. D. Eing. Constitutional and Administrative Law, Longman（an imprint of Pearson Education）2003, 13edn, p. 632. 参见张越《英国行政法》，中国政法大学出版社 2004 年版，第 241、591 页。

第 六 章

我国不动产准征收现状
检视与制度构建

改革开放以来，随着我国市场经济的发展和人民生活水平的提高，公民拥有的私有财产普遍增加，要求加强保护私有财产的呼声日益高涨。2004 年，"公民的合法的私有财产不受侵犯"被明确载入《宪法》，这被视为是私有财产的法律地位及其保护得到改善和提高的重要标志。2007 年《中华人民共和国物权法》的通过，进一步明确了私人物权的法律保护。私有财产权的法律保护得到了历史性的突破。但是，遗憾的是，现行法律对于私有财产尤其是不动产的救济却十分有限。为了公共利益的需要，政府可以通过行使征收权对私有不动产进行合法剥夺。然而，在现实中，政府未行使征收权但却给私有不动产财产权造成过度限制和损害的情形并不鲜见。导致这些情形的既有立法行为又有行政行为（包括抽象行政行为和具体行政行为）以及政府事实行为。例如我国现行《城乡规划法》《土地管理法》《城市房地产管理法》《人民防空法》《中华人民共和国森林法》（以下简称《森林法》）《文物保护法》《中华人民共和国自然保护区条例》（以下简称《自然保护区条例》）《公路保护条例》等以及部分地方性法规、政府规章以及其他规范性文件均有关涉不动产准征收之规定。但是，现行的不动产财产权救济一般仅限对财产权剥夺的救济，对于过度限制的救济的制度尚未真正建立。因此，立足我国现行法律以及不动产财产权限制与征收的实际，对诸多关涉不动产准征收之情形进行实证分析，并对我国不动产准征收制度之构建提出若干可行性建议，具有十分重要的现实意义。

一　我国不动产准征收现状检视

尽管目前我国对于准征收在立法和司法实践上尚无明确的态度，但不可忽视的是，无论是现行立法还是政府的抽象行政行为或者具体行政行为，对于私有财产权的过度限制在现实生活中都是广泛存在的。例如，2004 年长沙首例质疑"禁摩令"案、2005 年珠海市出台规定禁止电动自行车上路、2008 年北京出台规定限制机动车上路行驶等，① 屡次激起人们对于政府管制和私有财产权保障之界限的热烈讨论，准征收的话题也逐渐开始为人们知晓。在我国现行制度框架下，农村集体土地的用途管制、房屋限租及租金管制、城乡规划对不动产财产权的限制、人民防空工程的限制性规定、古迹保护的限制性规定、公路两侧建筑控制区的限制性规定、房屋限购令等都涉嫌构成不动产准征收，实践中所发生的"湖南省岳阳县张谷英镇明清古建筑改建案""陕北农民石某三北防护林案""宁波栎社国际机场噪声污染补偿案"以及"云南西双版纳野象保护案"等案件，均因为法律规定不明而使不动产所有人难以得到有效的救济，而且，类似的纠纷正在愈发增多。下文将对我国现行法律体系中的诸多不动产限制性规定和若干典型不动产准征收案例进行梳理和分析，全面了解我国不动产准征收之现状。

（一）现行不动产征收法律条款之检视

我国现行不动产征收法律条款分别规定在《宪法》和《物权法》《土地管理法》等单行法律之中。我国《宪法》第 51 条规定："中华人民共和国公民在行使自由和权利的时候，不得损害国家的、社会的、集体的利益和其他公民的合法的自由和权利。"宪法中这一限制性条款，被视为是限制公民权利、防止权利滥用最重要的宪法依据，为政府行使征收

---

① 参见董彪《论财产权过度限制的损失补偿制度——以"禁摩令"案为例》，《当代法学》2009 年第 3 期；《珠海经济特区道路交通安全管理条例》第 7 条；《北京市政府关于实施交通管理措施的通告》（2008 年 9 月 28 日）和《北京市人民政府关于继续实施交通管理措施的通告》（2009 年 4 月 3 日）。

权提供了正当法律基础。《宪法》第 10 条第 3 款规定："国家为了公共利益的需要，可以依照法律规定对土地实行征收或者征用并给予补偿。"第 13 条规定："公民的合法的私有财产不受侵犯。国家依照法律规定保护公民的私有财产权和继承权。国家为了公共利益的需要，可以依照法律规定对公民的私有财产实行征收或者征用并给予补偿。"《物权法》第 42 条对不动产征收做出了更加完善的规定："为了公共利益的需要，依照法律规定的权限和程序可以征收集体所有的土地和单位、个人的房屋及其他不动产。征收集体所有的土地，应当依法足额支付土地补偿费、安置补助费、地上附着物和青苗的补偿费等费用，安排被征地农民的社会保障费用，保障被征地农民的生活，维护被征地农民的合法权益。征收单位、个人的房屋及其他不动产，应当依法给予拆迁补偿，维护被征收人的合法权益；征收个人住宅的，还应当保障被征收人的居住条件。任何单位和个人不得贪污、挪用、私分、截留、拖欠征收补偿费等费用。"《土地管理法》第 2 条第 4 款规定："国家为了公共利益的需要，可以依法对土地实行征收或者征用并给予补偿。"第 47 条规定："征收土地的，按照被征收土地的原用途给予补偿。征收耕地的补偿费用包括土地补偿费、安置补助费以及地上附着物和青苗的补偿费。……"2007 年 8 月 30 日第十届全国人民代表大会常务委员会第二十九次会议通过《关于修改〈中华人民共和国城市房地产管理法〉的决定》，在第一章"总则"中增加了一条，作为第 6 条："为了公共利益的需要，国家可以征收国有土地上单位和个人的房屋，并依法给予拆迁补偿，维护被征收人的合法权益；征收个人住宅的，还应当保障被征收人的居住条件。具体办法由国务院规定。"

从上述规定来看，我国当前不动产财产权之法律保障仍然坚持的是保护与剥夺的二元制结构。在对私有不动产进行保护的同时，规定了国家可以为了公共利益的需要而对私有不动产进行征收。但是，从上述不动产征收法律条款来看，关于公权力对私有不动产之限制，却没有明确规定。这就给地方政府任意限制和干预私有不动产财产权提供了充分的空间。实践中，无论公民之私有不动产遭受多大程度的限制，只要政府不进行正式征收，不动产所有人便无法获得补偿。因此可以说，我国现行不动产征收之法律规定存在着内在的缺陷，从《宪法》到《物权法》

《土地管理法》等单行法，均未对不动产的准征收问题进行规定。事实上，我国学者对于不动产财产权的过度限制并非没有警觉，早在《物权法》颁布之前，就已经有学者提出，"为了公共利益而对物权的行使设置限制，必须有明确的法律依据"，其宗旨便在于保护私有财产权的完整性，防止遭受过分强大的公权力不正当不合理的干预。① 德国学者也曾在针对我国《物权法》的制定提出建议，提醒我们应该注意，无论是公法还是私法对私有财产权的限制，关键在于"限制的界限"在什么地方，如果限制走得太远，权利就将被掏空而失去本来的意义。② 因而，作者认为，我们应该抛弃不动产征收仅限于所有权剥夺的传统观念，对于因公共利益而对不动产财产权造成的过度限制或者侵害也应该以不动产征收论，即构成不动产准征收，并给予不动产所有人以公正之补偿。我国不动产征收法律条款的设计，应该采用广义的标准，将不动产准征收情形纳入立法范畴，真正确立私有不动产财产权的全面保障法律制度。

（二）各种关涉不动产准征收样态之介绍与评析

从我国现行法律、行政法规、地方性法规、政府规章以及其他规范性文件来看，许多规定都涉嫌构成不动产准征收，其中以管制准征收居多。本书将择其典型，以不动产准征收理论对部分较为突出、争议较大的制度规定进行综合分析。

1. 农村集体土地的用途管制

根据《宪法》规定，我国实行生产资料的社会主义公有制，即全民所有制和劳动群众集体所有制。土地、森林、山岭、草原、荒地、滩涂等自然资源按照法律规定分别归国家所有和集体所有。但是，从现有土地立法来看，两种不同形式的土地所有权在内容上却存在着明显的差别。这种差别集中表现为，现行立法对农村集体土地实行了极为严格的用途管制，集体土地所有权在使用、收益及处分等方面均受到严格的限制。

---

① 参见梁慧星主编《中国物权法草案建议稿》，社会科学文献出版社 2000 年版，第 105—106 页；王利明主编：《中国物权法草案建议稿及说明》，中国法制出版社 2001 年版，第 167—168 页。

② 杨立新：《"2001 年中国物权法国际研讨会"讨论纪要》，《河南省政法管理干部学院学报》2001 年第 3 期。

首先，在集体土地使用权方面，国家实行土地用途管制制度，农村集体土地一般不能直接用于非农建设，必须依法办理农转非手续，将集体土地变为国有土地之后才能进行开发建设。此外，特殊情形下的非农使用亦必须经过政府部门的批准。具体涉及以下条文：

《土地管理法》第 43 条规定："任何单位和个人进行建设，需要使用土地的，必须依法申请使用国有土地；但是，兴办乡镇企业和村民建设住宅经依法批准使用本集体经济组织农民集体所有的土地的，或者乡（镇）村公共设施和公益事业建设经依法批准使用农民集体所有的土地的除外。前款所称依法申请使用的国有土地包括国家所有的土地和国家征收的原属于农民集体所有的土地。"第 44 条规定："建设占用土地，涉及农用地转为建设用地的，应当办理农用地转用审批手续……"第 36 条第 2 款和第 3 款分别规定："禁止占用耕地建窑、建坟或者擅自在耕地上建房、挖砂、采石、采矿、取土等。""禁止占用基本农田发展林果业和挖塘养鱼。"第 60 条规定："农村集体经济组织使用乡（镇）土地利用总体规划确定的建设用地兴办企业或者与其他单位、个人以土地使用权入股、联营等形式共同举办企业的，应当持有关批准文件，向县级以上地方人民政府土地行政主管部门提出申请，按照省、自治区、直辖市规定的批准权限，由县级以上地方人民政府批准……"第 61 条规定："乡（镇）村公共设施、公益事业建设，需要使用土地的，经乡（镇）人民政府审核，向县级以上地方人民政府土地行政主管部门提出申请，按照省、自治区、直辖市规定的批准权限，由县级以上地方人民政府批准……"第 62 条第 3 款规定："农村村民住宅用地，经乡（镇）人民政府审核，由县级人民政府批准……"《城市房地产管理法》第 9 条规定："城市规划区内的集体所有的土地，经依法征用转为国有土地后，该幅国有土地的使用权方可有偿出让。"《中华人民共和国农村土地承包法》（以下简称《农村土地承包法》）第 8 条也做出了类似的规定："农村土地承包应当遵守法律、法规，保护土地资源的合理开发和可持续利用。未经依法批准不得将承包地用于非农建设。"

其次，农村集体土地在收益方面也受到严格的限制，这主要表现为对集体土地流转的限制。根据上述《土地管理法》第 43 条、第 44 条和《城市房地产管理法》第 9 条之规定，集体土地所有权不能通过招标、拍卖等市场方式进行自由流转以获益，而只能由政府通过行使征收权将集体土地变为国有土地后才能进入土地流转市场。也就是说，现行的集体土地所有权之流转其实是单向流转。在国家行使征收权获取集体土地的过程中，集体土地的所有人"根本就没有话语权"，即没有与受让人就土地转让价格进行讨价还价的资格和权利，因而也就无法期望通过这种流转方式实现土地的增值。① 根据《宪法》和《土地管理法》的规定，农村宅基地在性质上属于集体土地，因此，宅基地也不能自由流转，宅基地使用权只能转让给本村村民，宅基地使用权及地上之房屋，无法转让给城市居民。国务院办公厅《关于严格执行有关农村集体建设用地法律和政策的通知》明确规定，农村住宅用地只能分配给本村村民，城镇居民不得到农村购买宅基地、农民住宅或"小产权房"。单位和个人不得非法租用、占用农民集体所有土地搞房地产开发。农村村民一户只能拥有一处宅基地，其面积不得超过省、自治区、直辖市规定的标准。农村村民出卖、出租住房后，再申请宅基地的，不予批准。此外，关于土地承包经营权的流转，按照《农村土地承包法》第 5 条"农村集体经济组织成员有权依法承包由本集体经济组织发包的农村土地"和第 15 条"家庭承包的承包方是本集体经济组织的农户"之规定，只有农村集体经济组织的成员才享有集体土地承包经营的资格。

最后，农村集体土地并不能向国有土地使用权一样进行处分，受到严格的约束。如《土地管理法》第 63 条规定："农民集体所有的土地的使用权不得出让、转让或者出租用于非农业建设；但是，符合土地利用总体规划并依法取得建设用地的企业，因破产、兼并等情形致使土地使用权依法发生转移的除外。"第 64 条规定："在土地利用总体规划制定前已建的不符合土地利用总体规划确定的用途的建筑物、构筑物，不得重建、扩建。"此外，上述集体土地流转过程所受到的限制某种意义上也是处分权受限的表现。

从上述规定来看，在城乡二元制土地模式下，我国集体土地受到的限制非常严格。站在公共利益和保护土地资源的立场，这些限制无疑具

---

① 王太高：《我国农村集体土地所有权制度中的利益冲突及其解决》，《甘肃行政学院学报》2008 年第 5 期。

有正当性和合理性。但是，政府对此不必支付任何对价却有悖于公平正义之基本法律精神。这些限制性规定，为政府权力的扩张和滥用提供了正当的借口。正是因为受到限制，政府便能够轻易地通过极其低廉的价格征收农村集体土地，然后再以高价甚至"天价"转让给开发商，而最终从中牟取暴利。因此，有学者认为这些限制性规定即为不动产准征收便毫不为过。不仅如此，在土地征收中，相对于等价有偿的市场法则来说，低于土地市场价格的补偿也被认为构成准征收。① 但是，上述规定是否全部构成不动产准征收，还需要进一步分析。对于"集体土地不得用于非农建设"和"限制自由流转"之规定，不能一概而论将其视为准征收。按照不动产准征收的构成要件，如果所涉及的土地本身就是土地利用总体规划所确定的农用地尤其是耕地，便不构成准征收，因为此时的限制是合理的，并没有达到准征收中特别牺牲所应该达到的程度。但是，如果涉及的集体土地被规划为建设用地，那么不允许进行非农建设以及限制流转便应该构成不动产准征收，这主要是因为建设用地使用权的市场价格大大高于普通农用地，限制进行非农建设和自由流转无疑会使农村集体遭受特别、过度之损害，而"政府低价征收再高价出让"的事实便是这种损害最生动的写照。对于农村宅基地使用权"不能转让给城市居民"之规定，虽然极不合理，但是一般不能以准征收进行补偿救济。不动产准征收强调的是特别牺牲而且要达到相当之程度，也就是说不动产所有人的财产权实际上已经被掏空或者虚置，没有多少经济价值可言。而农村宅基地使用权虽然"不能转让给城市居民"，但仍可以以农村市场的正常价格转让给本集体经济组织成员，实现其价值，因而在通常情况下，这一限制并不构成准征收。除非出现这样的情形，本集体经济组织成员住宅充裕，在客观上缺少真正的受让方，而宅基地使用权人又迫切需要将其宅基地使用权和地上房屋转让，此时上述限制便有可能因过度限制而构成准征收。需要说明的是，依据上述限制性规定，政府并没有对农村集体土地实施长期物理性侵占，因而，此处讨论的不动产准征收属于管制准征收而非占有准征收。

---

① 王太高：《我国农村集体土地所有权制度中的利益冲突及其解决》，《甘肃行政学院学报》2008 年第 5 期。

2. 房屋限租及租金管制

2008 年 3 月 3 日苏州市公布《苏州市居住房屋出租管理办法》，该办法对于出租人出租房屋做了多方面的限制，其中多个条文构成过度限制而关涉不动产准征收，涉及的主要条文有：

第 8 条："出租商住楼的商用部分用于餐饮、娱乐等经营活动的，房屋出租人应当事先征得房屋相邻关系人的书面同意，并经环保等部门审核，根据法律、法规和规章的规定办理相关手续。"第 9 条第 1 款第（二）项："用于出租的居住房屋应当具备基本的生活设施，符合安全要求，其中人均承租建筑面积不得低于 12 平方米。"第 14 条："出租人应当按照经登记备案的房屋租赁合同约定的租金标准，到租赁房屋所在地镇人民政府、街道办事处的社区服务中心或者相关机构缴纳房屋租赁税费。如约定租金明显低于市场价的，以房屋租赁指导价标准缴纳房屋租赁税费。"第 20 条："有下列行为的，由公安部门给予以下行政处罚：（一）出租人违反第九条第（二）项规定，用于出租的居住房屋的人均承租建筑面积低于 12 平方米的，责令其限期改正，逾期不改正的，每超过 1 人处以 200 元以上 500 元以下的罚款。"

2010 年 12 月 1 日住房和城乡建设部发布的《商品房屋租赁管理办法》第 8 条规定："出租住房的，应当以原设计的房间为最小出租单位，人均租住建筑面积不得低于当地人民政府规定的最低标准。厨房、卫生间、阳台和地下储藏室不得出租供人员居住。"

国家法律保护公民的私有不动产财产权，公民对其不动产享有占有、使用、收益、处分等各种权能。但是，上述苏州市关于房屋限租的规定，却涉嫌对房屋所有人的出租权实施过度限制。尤其是该办法第 9 条第 1 款第（二）项的规定，要求用于出租的居住房屋应当具备基本的生活设施，要符合安全要求，人均承租建筑面积不得低于 12 平方米。然而，具备基本的生活设施的标准是什么？这很难界定。实际上，在房屋租赁中，很多房屋往往都是以单间空房形式出租的，里面并没有任何的生活设施。更为甚者，"人均承租建筑面积不得低于 12 平方米"的规定更加不合理，按照这一规定，即使房屋可以安全使用，但是只要面积小于 12 平方米，出租人便不得出租。这一规定不仅是对房屋出租人房屋所有权的过度限制，也同样限制了经济基础和生活条件较弱的承租人自由选择租赁房屋的权利。按照这一规定，凡是面积小于 12 平方米的房屋，房屋所有人便不能通过出租实现其经济价值，因此而遭受特别之牺牲，应该构成不动产管制准征收。政府必须对这种不合理的限制支付相应的对价，即通过经济补偿以减少出租人的损失。住房和城乡建设部发布《商品房屋租赁管理办法》将人均租住建筑面积的最低标准交由各地人民政府确定。然而，应该以多大面积作为人均租住的最低标准，尚值得进一步实证调查和论证，至少，苏州市以 12 平方米作为最低标准是极为不妥的。① 另外，《商品房屋租赁管理办法》关于"厨房、卫生间、阳台和地下储藏室不得出租供人员居住"之规定也不尽合理。例如，如果厨房和地下储藏室面积较大，也符合安全标准，具备了居住的条件，那么，禁止出租便会给出租人造成过度限制而构成管制准征收。

此外，第 14 条 "约定租金明显低于市场价的，以房屋租赁指导价标准缴纳房屋租赁税费"，实则是在变相实施房屋租金管制。事实上，房屋租金低于市场价的原因有很多种，并非都是以 "规避房屋租赁税费" 为目的。关于房屋租金的高低，完全应该尊重出租人和承租人之自由约定。因此，该规定采取一刀切的态度来收取房屋租赁税费的规定的确值得商榷。

租金管制主要是为了缓解大城市居民住房的压力，改善居民住宅状况。例如在美国纽约，便有专门的租金管制法律规范——《租金稳定法典》(*Rent Stabilization Code*)。从社会经济效果看，租金管制有助于保障住宅权，也有助于避免贫富分区和促进社会和谐，但是也会干扰市场规律，因而成本较高。尽管我国城镇房屋租金呈不断上涨之势，但是，我国目前城市自有住房总体比例较高，再加上政府实施的经济适用房、城镇廉租房、限价房以及公共租赁房等保障性住房政策，实际租住商品房的人数比例还比较小，还不具备限制租金的条件。② 因此，目前仍应该以

① 关于房屋限租，浙江省的做法相对合理。2010 年 11 月 12 日通过的《浙江省居住房屋出租登记管理办法》第 15 条第 5 项规定："合理控制同一套（间）居住房屋内的承租人数，避免和减少消防、治安等方面的安全隐患以及对邻里生活造成妨害。"

② 许德风：《住房租赁合同的社会控制》，《中国社会科学》2009 年第 3 期。

增加房屋供量、稳定住房价格为主要任务。那么，关于租金管制是否构成本书探讨之不动产准征收？作者认为，虽然其符合了管制准征收之合法的不动产财产权、管制性征收行为、公共利益之目标三个条件，对出租人也造成了特别的损害，但是，这种损害的程度明显较小，出租人仍然可以实现其不动产价值，此种限制并不足以达到类似于直接征收的效果，因而，租金管制并不构成不动产准征收。

3. 城乡规划对不动产财产权的限制

规划（Zoning）是指将城区分区划为特殊的定义区，以及对该区建筑和建筑物的使用加以限制性规定。政府享有的规划权源自政府所享有的公权力，是出于公共目的而对私有财产施以限制或者剥夺。① 在美国，关于规划的立法最早始于 20 世纪初期的《纽约城市分区规划条例》（*New York City Zoning Resolution*）。1926 年美国最高法院在尤克利德村诉安布勒（Village of Euclid，Ohio v. Ambler Reality CO. ）② 案中，肯定了区议会所制定的规划条例符合公共利益的目的，因而符合宪法不构成准征收。联邦最高法院指出，虽然某些无辜的工业可能被归在被禁止的类别里，但我们不能因此认为条例"越过了合理的边界而变成武断的命令"。更进一步，条例在这方面的限制条款可能会基于适用于更广泛的从住宅区内排除所有商业建筑的原则而得到维持。③ 政府规划权在早期很少受到不动产财产所有人的挑战。但随着城市规划的发展，出现了规划对不动产财产权人利益限制过多甚至使不动产所有人的权利所剩无几的情况，而且，政府规划权的行使过程中还经常出现将穷人赶出家园，产生新的社会歧视与社会不公等问题。于是，政府的规划权越来越受到人们的质疑与反对。④ 在 1987 年的一个教堂诉洛杉矶县的案件中，教堂主张洛杉矶县的防洪条例将其土地划入防洪区而不得修建、改建构成管制准征收要求给予补偿，联邦最高法院判决支持了教堂的诉求。⑤

---

① 参见李进之《美国财产法》，法律出版社 1999 年版，第 208 页。

② Village of Euclid，Ohio v. Ambler Reality CO.，272 U. S. 365（1926）.

③ ［美］约翰·E. 克里斯特、科温·W. 约翰逊、罗杰·W. 芬德利、欧内斯特·E. 史密斯：《财产法：案例与材料》，齐东祥、陈刚译，中国政法大学出版社 2003 年版，第 653 页。

④ 朱喜钢、金俭：《政府的规划权与公民的不动产物权》，《城市规划》2011 年第 2 期。

⑤ First English Evangelical Lutheran Church v. Los Angeles County，482 U. S. 304（1987）.

　　城乡规划既是政府指导和调控城乡建设和发展的基本手段，也是政府履行经济调节、市场监管、社会管理和公共服务职责的重要依据。政府行使规划权的目的，是加强城乡规划管理，协调城乡空间布局，改善人居环境，促进城乡经济社会全面协调的可持续发展。从这个意义上说，规划权是政府为实现公益目的，保护社会公众利益而对土地与城市空间进行调整与布局的权力，因此，政府的规划权具有先天的公益性。① 在我国，根据《城乡规划法》的规定，规划权被赋予政府以及政府规划主管部门。② 从《城乡规划法》的内容来看，公共利益具有绝对的补偿免责性的理念得到了充分强调，只要土地管制在目的上是维护或者促进公共利益，那么城市规划就取得相对于公民建筑使用权利的绝对优越地位。即使管制造成了私人在土地使用上的不便和价值上的贬损，政府也不需要提供补偿。"管制不应当逾越合法的公民权利负担"这一法律理念和制度被实际忽略。③ 在现实中，政府规划权之行使缺乏必要的约束，导致部分地方政府经常通过制定或者随意修改城乡规划来达到限制甚至变相剥夺公民或农村集体之不动产财产权之目的，而不必支付任何补偿。例如，根据现行法律规定，如果政府通过城乡规划将集体土地或者公民的房屋划入风景名胜区或者自然保护区，不动产所有人对其不动产的使用、收益和处分将会受到该规划的严格限制。再如，政府通过制定规划将原本属于商业开发区的集体土地变更为普通居民居住区，或者将某块土地保留作为未来之公共设施保留地而限制目前之私人开发，都将会使集体土地所有权人受到严重的损失。这些情形，都符合管制准征收的构成要件。

　　此外，根据党的十七大提出的"要分层次推进主体功能区规划工作"的要求，正在实施的全国主体功能区规划也关涉不动产之准征收。按照2007 年 7 月 26 日国务院公布的《关于编制全国主体功能区规划的意见》和 2010 年 12 月 21 日国务院下发的《关于印发全国主体功能区规划的通知》，我国实行全国主体功能区规划，要根据不同区域的资源环境承载能

---

　　① 朱喜钢、金俭：《政府的规划权与公民的不动产物权》，《城市规划》2011 年第 2 期。

　　② 参见《城乡规划法》第 2 条、第 11 条、第 14 条。

　　③ 胡建淼、吴亮：《美国管理性征收中公共利益标准的最新发展——以林戈尔案的判决为中心的考察》，《环球法律评论》2008 年第 6 期。

力、现有开发密度和发展潜力,统筹谋划未来人口分布、经济布局、国土利用和城镇化格局,将国土空间划分为优化开发、重点开发、限制开发和禁止开发四类,确定主体功能定位,明确开发方向,控制开发强度,规范开发秩序,完善开发政策,逐步形成人口、经济、资源环境相协调的空间开发格局。国家推行的主体功能区规划是全面落实科学发展观、构建社会主义和谐社会的重大举措。它有利于坚持以人为本,缩小地区间公共服务的差距,促进区域协调发展;有利于引导经济布局、人口分布与资源环境承载能力相适应,促进人口、经济、资源环境的空间均衡;有利于从源头上扭转生态环境恶化趋势,适应和减缓气候变化,实现资源节约和环境保护;有利于打破行政区划,制定实施有针对性的政策措施和绩效考评体系,加强和改善区域调控。因此,作为国家战略性、基础性、约束性的规划工作,国家主体功能区规划是基于公共利益而实施的对国土空间的整体规划,具有重要的意义。但是,对于主体功能区规划中的限制开发区域和禁止开发区域①(参见表1和图3)来讲,一旦被划入这两类区域,就意味着所涉及的农村集体土地和属于私人所有的房屋等不动产资源将会受到严重的限制,不动产所有人基于其不动产的收益将会锐减,不仅如此,还可能会因此背负无限期的维护和修缮义务。在一定意义上讲,如果限制的程度过大,对不动产所有人造成特别负担,即构成不动产准征收,政府理应对此种限制进行适当的补偿。而上述文件里提出的"重点增加对限制开发和禁止开发区域用于公共服务和生态环境补偿的财政转移支付"之举措实际上即是对这两类地区居民遭受损害的一种补偿,相当于准征收补偿救济。只不过是,这种财政转移尚无法律上的依据。因此,通过立法对准征收制度进行明确规定,实属必要和紧迫。

---

① 限制开发区域分为两类:农产品主产区和重点生态功能区;禁止开发区域是依法设立的各级各类自然文化资源保护区域,以及其他禁止进行工业化城镇化开发、需要特殊保护的重点生态功能区。国家层面禁止开发区域,包括国家级自然保护区、世界文化自然遗产、国家级风景名胜区、国家森林公园和国家地质公园。省级层面的禁止开发区域,包括省级及以下各级各类自然文化资源保护区域、重要水源地以及其他省级人民政府根据需要确定的禁止开发区域。

表1　　　　　　　　　　　国家禁止开发区域基本情况

类型	个数	面积（万平方公里）	占陆地国土面积比重（%）
国家级自然保护区	319	92.85	9.67
世界文化自然遗产	40	3.72	0.39
国家级风景名胜区	208	10.17	1.06
国家森林公园	738	10.07	1.05
国家地质公园	138	8.56	0.89
合计	1443	120	12.5

资料来源：《全国主体功能区规划》。

注：本表统计结果截至2010年10月31日。总面积中已扣除部分相互重叠的面积。

图3　国家禁止开发区域示意图

资料来源：《全国主体功能区规划》。

4. 人民防空工程的所有权争议及其限制

长期以来，关于城市地下防空工程的所有权问题一直存在着较大的争议，地下防空工程之使用和收益也受到严格的限制。这些限制主要来自《人民防空法》的规定。根据《人民防空法》之规定，人民防空工程包括为保障战时人员与物资掩蔽、人民防空指挥、医疗救护等而单独修建的地下防护建筑，以及结合地面建筑修建的战时可用于防空的地下室。城市新建民用建筑，按照国家有关规定修建战时可用于防空的地下室。①可见，在城市民用建筑之下修建防空工程属于法律的强制性规定。但是，关于地下防空工程的所有权归属问题，法律却没有明确规定，《人民防空法》第5条只是规定："国家鼓励、支持企业事业组织、社会团体和个人，通过多种途径，投资进行人民防空工程建设；人民防空工程平时由投资者使用管理，收益归投资者所有。"但是，某些地方性法规和地方政府规章却对此做出了明确的规定，如依据《上海市民防工程建设和使用管理办法》，民防工程的投资者可以按照房地产管理的有关规定取得民防工程的所有权。《重庆市人民防空条例》也规定，鼓励企业事业单位、社会团体和个人，以多种方式投资建设和利用人民防空设施，其所有权和收益权归投资者。作者认为，按照谁投资谁受益的原则，地下防空工程的所有权归投资者比较妥当。由投资者享有所有权，这不仅符合公平正义的法律精神，也有利于防空工程的管理和维护，以便较好地发挥防空工程的功能。

在实践中，地下人民防空工程常常被开发商划分为车位并且将使用权转让给车主。但是，属于人防工程的车位显然不同于一般的地下车位，它通常要受到严格的限制。首先，由于具有人防性质，单个车位的转让价格要远低于普通地下车位。其次，人防车位的使用必须经过一定的行政许可并交纳相应的费用。如依《浙江省实施〈中华人民共和国人民防空法〉办法》规定，单位或者个人平时利用公用人防工程，应当报经县级以上人民防空主管部门批准，领取《人防工程使用证书》，并由使用单位或者个人按照国家、主管大军区和省有关规定缴纳费用。② 最后，依据《人民防空法》的规定，有关单位应当按照国家规定对已经修建或者使用

①　《人民防空法》第18条、第22条。

②　刘晓燕、郭敬波、毛冠达：《地下人防车位：姓"公"还是姓"私"》，《人民法院报》2009年10月16日。

的人民防空工程进行维护管理，使其保持良好使用状态。任何组织或者个人不得擅自拆除本法第二十一条规定的人民防空工程；确需拆除的，必须报经人民防空主管部门批准，并由拆除单位负责补建或者补偿。① 按照上述规定，对于属于防空工程的人防车位及其他设施的维护由单位来承担，而且它的拆除还需要政府主管部门的批准，并且由拆除单位自负补建或者补偿。综合来看，上述基于公共利益而对于地下人民防空工程财产权的各种管制性规定，已经使其所有人遭受到特别的牺牲，达到了类似征收的效果，因而构成不动产之管制准征收，政府应该对此种过度限制支付公正的经济补偿。

5. 文物古迹保护之规定

我国《文物保护法》规定，在中华人民共和国境内，具有历史、艺术、科学价值的古文化遗址、古墓葬、古建筑、石窟寺和石刻、壁画以及与重大历史事件、革命运动或者著名人物有关的以及具有重要纪念意义、教育意义或者史料价值的近代现代重要史迹、实物、代表性建筑等都可以作为文物受国家法律保护。属于集体所有和私人所有的纪念建筑物、古建筑和祖传文物以及依法取得的其他文物，其所有权同国有文物一样受现行法律之保护。② 但是，《文物保护法》的诸多条文却反映了对集体或私人之不动产实施的过度限制。如依照第 17、18、19 条规定，在文物保护单位的保护范围内一般不得进行其他建设工程或者爆破、钻探、挖掘等作业。在文物保护单位的建设控制地带内进行建设工程，不得破坏文物保护单位的历史风貌。在文物保护单位的保护范围和建设控制地带内，不得建设污染文物保护单位及其环境的设施，不得进行可能影响文物保护单位安全及其环境的活动。第 21 条规定，国有不可移动文物由使用人负责修缮、保养；非国有不可移动文物由所有人负责修缮、保养。非国有不可移动文物有损毁危险，所有人不具备修缮能力的，当地人民政府应当给予帮助；所有人具备修缮能力而拒不依法履行修缮义务的，县级以上人民政府可以给予抢救修缮，所需费用由所有人负担。对文物保护单位进行修缮，应当根据文物保护单位的级别报相应的文物行政部

---

① 《人民防空法》第 25 条、第 28 条。
② 《文物保护法》第 2 条、第 6 条。

门批准；对未核定为文物保护单位的不可移动文物进行修缮，应当报登记的县级人民政府文物行政部门批准。第 22 条和第 26 条也分别规定，不可移动文物已经全部毁坏的，应当实施遗址保护，不得在原址重建。使用不可移动文物，必须遵守不改变文物原状的原则，负责保护建筑物及其附属文物的安全，不得损毁、改建、添建或者拆除不可移动文物。

从保护文物的角度出发，对于文物古迹所有人或者相邻不动产所有人实施一定限制是极为必要的。文物古迹乃中华民族历史文化之遗迹，有助于保护和继承中华民族优秀的历史文化遗产，有利于促进科学研究工作，也有助于进行爱国主义和革命传统教育，建设社会主义精神文明和物质文明，因此文物古迹保护及其对相关不动产所有人所进行的限制符合公共利益的目的。但是，这种限制如果"走得太远"，越过了"必要的界限"，就会使相关不动产所有人遭受特别的牺牲，这将违背公平负担的基本原则而构成不动产准征收。尤其是《文物保护法》第 21 条、22 条、26 条关于"非国有不可移动文物由所有人负责修缮、保养，并且这种修缮还要经过政府部门的批准""不得在已经全部毁坏的不可移动文物原址上进行重建""不得损毁、改建、添建或者拆除不可移动文物"等规定，对相关文物古迹所有人实施严格限制但却并未规定政府的补偿责任。文物古迹所有人对其所有的文物古迹（主要表现为古建筑）无法行使完整意义上的使用、收益和处分的权利，不仅如此，还要承担沉重的修复费用。正如谢哲胜先生所言，这种限制"使得古迹对所有人不但不成为一项资产，反而是负担"[①]。因此，上述规定毫无疑问应该构成不动产管制准征收。由文物古迹所有人自行承担修缮费用本身就是极其不合理的，而事实上，在有些地方，即使由地方政府来支付修复的费用，也相当困难。如对于湖南省东安县遭到严重破坏的明清古建筑群，有官员曾表示："即使举全县之力，不吃不喝，也难以达到修复老屋和建造新城的目标。"[②] 所以，要解决这一问题，必须有中央和地方各级财政共同负担，对于文物古迹之所有人及遭受严重限制的相邻不动产所有人进行公正的经济补偿。

---

① 谢哲胜：《财产法专题研究》（二），中国人民大学出版社 2004 年版，第 185 页。

② 曹晓波：《湖南省东安明清古建筑群遭破坏亟需抢救》，《法制周报》2011 年 3 月 28 日。

2005 年 1 月 1 日起施行的《杭州市历史文化街区和历史建筑保护办法》第 26 条第 2 款也作出了与文物保护法相类似的规定，历史文化街区内根据保护规划确定保留的建筑物、构筑物及其他设施，属公有的，由所在地的区人民政府或其组建的历史文化街区管理机构负责统一修缮；属私人所有的，由所有人按照保护规划的要求自行修缮，或委托其他专业机构修缮，所需费用由所有人承担。被划入历史文化街区的私有建筑物、构筑物及其他设施，由所有人进行修缮并且自行承担费用，这已经远远超出了法律对于不动产财产权的一般限制，相关不动产所有人将会为这种古建构筑物的保存和支付高额的费用。因此，这一规定亦构成了不动产管制准征收。正如有文章所认为，这种对于私有房屋所有人的限制超出了其承担社会义务的范围，实际上是政府对私有不动产财产权的"变相夺取"，国家应给予其相应的补偿。①

6. 公路两侧建筑控制区的禁建规定

我国 1987 年 10 月 13 日发布的《中华人民共和国公路管理条例》最早提出了"公路控制区"的概念，该条例第 31 条规定："在公路两侧修建永久性工程设施，其建筑物边缘与公路边沟外缘的间距为；国道不少于二十米，省道不少于十五米，县道不少于十米，乡道不少于五米。"在1997 年通过的《中华人民共和国公路法》（以下简称《公路法》）中，"建筑控制区"的概念被正式提出。《公路法》第 56 条规定："除公路防护、养护需要的以外，禁止在公路两侧的建筑控制区内修建建筑物和地面构筑物；需要在建筑控制区内埋设管线、电缆等设施的，应当事先经县级以上地方人民政府交通主管部门批准。"此后，"建筑控制区"作为一个全新的概念广泛出现于行政法规、地方性法规以及政府规章中，政府对"建筑控制区"内的不动产予以严格限制也作为一项制度得到正式确立。例如，2001 年 6 月 1 日起施行的《厦门市公路建筑控制区管理办法》第 4 条规定："公路建筑控制区由市、区政府按下列标准划定：（一）从公路两侧边沟（坡脚护坡道、坡顶截水沟、人行道，下同）外缘算起，高速公路不少于 50 米、国道省道不少于 20 米、县道不少于 10 米、

---

① 参见孙凌《论财产权的"变相夺取"及其救济——以〈杭州市市历史文化街区和历史建筑保护办法〉第 26 条为分析原型》，《法治研究》2007 年第 8 期。

乡道不少于 5 米；（二）在国道省道和县道沿线规划和新建村镇、开发区、商业区、学校和医院等建筑群，该路段公路建筑控制区从公路边沟外缘算起，国道省道不少于 80 米、县道不少于 40 米。对穿越城市规划区的公路建筑控制区由市、区政府根据国家规定结合城市总体规划划定。"2002 年 1 月 1 日起实施的《宁夏回族自治区公路两侧建筑控制区管理办法》第 3 条规定："本办法所称公路两侧建筑控制区，是指自公路边沟、坡脚护坡道、坡顶截水沟外缘起，高速公路和一级公路不少于 30 米，国道不少于 20 米，省道不少于 15 米，县道不少于 10 米、乡道不少于 5 米的区域。"2011 年 7 月 1 日起施行的《中华人民共和国公路安全保护条例》（以下简称《公路安全保护条件》），进一步明确了"公路两侧建筑控制区"的范围，《公路安全保护条例》第 11 条规定："县级以上地方人民政府应当根据保障公路运行安全和节约用地的原则以及公路发展的需要，组织交通运输、国土资源等部门划定公路建筑控制区的范围。公路建筑控制区的范围，从公路用地外缘起向外的距离标准为：（一）国道不少于 20 米；（二）省道不少于 15 米；（三）县道不少于 10 米；（四）乡道不少于 5 米。属于高速公路的，公路建筑控制区的范围从公路用地外缘起向外的距离标准不少于 30 米。公路弯道内侧、互通立交以及平面交叉道口的建筑控制区范围根据安全视距等要求确定。"第 11 条规定："新建村镇、开发区、学校和货物集散地、大型商业网点、农贸市场等公共场所，与公路建筑控制区边界外缘的距离应当符合下列标准，并尽可能在公路一侧建设：（一）国道、省道不少于 50 米；（二）县道、乡道不少于 20 米。"

　　上述关于"公路两侧建筑控制区"的规定，既有利于切实保障公路的安全通行，也有利于保护公路沿线居民的生命和财产安全，不仅如此，还为以后公路扩宽和改造预留了足够的土地。从这个意义上说，"公路两侧建筑控制区"之规定无意具有较强的社会公益性质。但是，现行法律、行政法规、地方性法规以及政府规章对于建筑控制区内非国有不动产的禁建规定却大有不妥之处。除了上述《公路法》56 条的禁建规定之外，《公路安全保护条例》第 3 条、《厦门市公路建筑控制区管理办法》第 8 条、《宁夏回族自治区公路两侧建筑控制区管理办法》第 7 条具有相同的规定，《厦门市公路建筑控制区管理办法》第 9 条的规定更为严格："公路建筑控制区内原有合法修建的建筑物和地面构筑物以及因公路新建、改建或公路建筑控制区范围调整而被划入公路建筑控制区内的建筑物和地面构筑物，不得扩建、改建，不得改变其使用用途，有关部门也不得进行相应审批。"这些规定和公路两侧相关集体组织和私人的不动产财产权之间产生了严重的冲突。一方面，虽然公路两侧的大片非国有土地和房屋被划入"建筑控制区"，但是这些不动产的权属并没有发生变化。也就是说，政府并没有行使征收权，并且支付合理的补偿而获得这些不动产的所有权。其权属在性质上类似于日本法中的"预定公物"，如公园预定地、道路预定地等。在我国台湾，也有类似的制度如"公共设施保留地"。① 但是另一方面，处于"建筑控制区"内的相关不动产所有人（集体或个人）的不动产财产权却遭受到了严重的限制。法律要求公民遵守关于"禁止在公路两侧的建筑控制区内修建建筑物和地面构筑物""不得对控制区内原有的和新划入建筑物、构筑物进行改建、扩建、不得改变使用用途"等规定，但是并没有对这些禁止性规定做出任何相应的补偿救济。因而，本应由社会公众平均负担的牺牲成本而由部分处于建筑控制区内的相关土地、房屋等不动产财产权人来承担，是极为不公平的。按照不动产准征收理论来检视，上述禁建规定应该构成不动产管制准征收。

实际上，根据调研，在我国现有国道的两侧尤其是靠近山区和沿江、沿河的区域，大量的居民房屋都处于建筑控制区的范围之内。以 108 国道、316 国道、210 国道为例，国道沿线的县城、乡镇建筑基本上都是沿公路而建，在 316 国道上的陕西白河县、湖北十堰市大部分乡镇，大部分居民房屋距离国道不足 3 米，有的甚至不足 1 米。造成这一现状的原因是，有些建构筑物原本就距离国道很近，有些是由于国道扩建而处于控制区范围内甚至贴近路面。② 而地方政府并没有采用征收或者拆迁安置等手段对此进行解决，原因主要在于成本太大，地方政府无法支付这笔巨

---

① 谢哲胜：《财产法专题研究》（二），中国人民大学出版社 2004 年版，第 186 页。

② 如果建筑物本身就处于控制区范围内或者是由于政府扩建公路而使建筑物处于控制区范围内，上述禁建规定即构成不动产管制准征收。而且，由于长期受公路车辆噪声和安全事故的影响，在一定程度上还构成不动产占有准征收。

大的开支。受地方政府暧昧态度的影响，很多国道沿线县城、村镇不仅没有依法禁建，而且正在大规模新建、扩建，使国道变成了名副其实的街道。深究这些问题背后的根源，作者认为，主要在于不动产准征收制度的缺失。其结果是，不仅处于建筑控制区内的公民的财产权受到了严格的限制，政府也是处于两难的境地。如果补偿，既没有明确的法律依据，也没有足够的补偿经费。如果不补偿，便无法严格执法、有效控制扩建、改建等行为，也无法对沿线居民的损害进行救济。

7. 城市住宅小区公共设施配套强制令

我国《城市房地产管理法》和《城乡规划法》以及其他法律法规普遍强调城市规划和城市住宅项目建设必须要有必要的基础和公共配套设施。2009年10月1日起施行的《北京市城乡规划条例》第69条更是强调："城镇居住建设项目的建设单位未按照时序建设基础设施、公共服务设施的，规划行政主管部门可以对竣工的建设工程不予规划核验，并可以对该建设项目的其他工程暂停核发建设工程规划许可证。"对于城市住宅小区来讲，必要的基础和公共设施对于居民的生活来讲是极为重要的。因而，关于基础和公共设施的强制性规定就显得尤为必要。但是，这样的限制必须合法、合理，不能超过必要的限度，否则就会使私有财产权遭受过度的损害。

2010年以来国务院和各地政府所实施的"城镇小区幼儿园配套强制令"即涉嫌对财产权的过度限制。2010年国务院公布的《关于当前发展学前教育的若干意见》规定，城镇小区没有配套幼儿园的，应根据居住区规划和居住人口规模，按照国家有关规定配套建设幼儿园。新建小区配套幼儿园要与小区同步规划、同步建设、同步交付使用。建设用地按国家有关规定予以保障。未按规定安排配套幼儿园建设的小区规划不予审批。此后陕西、河南等地也相应地公布了地方大力发展学前教育的政策性文件，做出了与国务院国发文件相同的规定，强制要求开发商在城镇住宅小区配建幼儿园，否则将不予办理相关规划审批手续。[①] 从发展学前教育和方便群众生活的角度考虑，这种限制较为合理，也符合法律的

---

① 参见《陕西省人民政府关于大力发展学前教育的意见》；《河南省人民政府关于大力发展学前教育的意见》。

要求。开发商对此种限制必须予以容忍，并按照要求在开建小区配套幼儿园。但是，2011 年 3 月 25 日西安市发布的《西安市人民政府发布关于大力发展学前教育的意见》的规定却把这种"幼儿园配套强制令"推向了极致。除了规定与国务院文件和陕西省文件相同的内容之外，该文件在第 4 条规定："未按规划建设幼儿园的住宅小区不得出售。"① 这一规定的出台，立刻引起了媒体的热议，也给开发商造成很大的恐慌。且不说这一"禁售"规定本身是否符合《中华人民共和国立法法》（以下简称《立法法》）的规定，就该规定本身来说，未按规划配建幼儿园便要禁止销售房屋，这对于开发商来说无疑是一种过于严格的限制。如果因未配建幼儿园便禁止销售房屋，开发商即会遭受巨大的经济利益的损失，那么这个损失单由开发商承担是否公平？政府有无补偿责任？如果在文件颁布之前开发商已经按照国家法律的要求办理了所有合法的开发手续，并且房屋已经全部盖好，此时事实上已经无法配套幼儿园，如果房屋因此而全部禁售，对开发商来说是极为不公平的，此造成的损害政府必须给予相应的补偿。所以，西安市上述"禁售令"之规定符合了不动产准征收的条件，构成不动产管制准征收。

（三）若干典型不动产准征收案例的实证分析

在现实中，存在着很多不动产财产权过度受限或者遭受侵害的案例，但是由于法律制度的缺失，权利人通常难以获得有效的救济。下文将以不动产准征收理论为基础，选取近年来比较代表性的案例进行实证分析。

1. 云南西双版纳野象保护案

西双版纳是举世闻名的"生物物种基因宝库"，仅国家重点保护野生动物就有 109 种。作为"旗舰物种"，亚洲象对生态环境有着不凡的意义，1977 年，我国宣布亚洲象为濒危物种，并在西双版纳成立野象自然保护区。现在亚洲象的生存环境得到了明显改善。但是，在野象得到保护的同时，保护区周围村寨的村民却经常遭受野象的侵害，野生大象不仅经常成群跑出保护区成片糟蹋庄稼、破坏村民房屋，给村民造成巨大

---

① 参见《西安市人民政府发布关于大力发展学前教育的意见》；张彦刚：《西安出台规定未建配套幼儿园小区不得出售》，《三秦都市报》2011 年 3 月 31 日。

的经济损失，而且还时常袭击和伤害周围群众。根据西双版纳傣族自治州的统计，每年野象给村民造成的损失达 2000 万元，有数十人命丧大象脚下。"象灾"和"人象冲突"问题越来越尖锐。我国《野生动物保护法》第 8 条明确规定："国家保护野生动物及其生存环境，禁止任何单位和个人非法猎捕或者破坏。"因此，即使受到野象的严重侵害甚至生命威胁，村民也不得伤害野象。而只能在事后通过政府补偿来获得救济。《野生动物保护法》第 14 条规定："因保护国家和地方重点保护野生动物，造成农作物或者其他损失的，由当地政府给予补偿。补偿办法由省、自治区、直辖市政府制定。"但是，受地方政府的财力的影响，村民们能得到的补偿金非常少，通常能够拿到的补偿只有实际损失的 8%—17%。按照规定，补偿金是省财政出一半，市县财政出一半。但是市县财政拿不出钱，而省财政每年拨的钱不到应出额的五分之一。根据统计，自 1991—2001 年 10 年间，云南省、西双版纳傣族自治州及相关县（市）三级政府共筹集补偿经费 614 万元，而全州的实际损失量按市场价已达 6050 万元，补偿额只占实际损失量的 10% 左右。①

野生动物保护旨在保护、拯救珍贵、濒危野生动物，保护、发展和合理利用野生动物资源，维护生态平衡。但是，基于野生动物保护的管制性法律如果对公民的私有财产权尤其是不动产财产权造成严重的损害，政府便必须要对此进行补偿。以不动产准征收理论检视上述云南野象保护案，政府基于公共利益对野象进行保护，但是保护区村民却为此付出了惨重的代价，村民的土地、房屋甚至生命安全常常遭受野象的侵害，因此毫无疑问应该构成不动产管制准征收。尽管我国《野生动物保护法》已经规定了政府对野生动物致害负担补偿责任，但是却把补偿的重担交给地方政府，并由地方政府制定补偿办法。这就大大降低了对受害群众

---

① 董伟：《云南野象保护破解人象冲突难题》，《中国青年报》2006 年 11 月 27 日，相关情况详见戴振华、赵明、李云生《70 头饥饿野象盘桓云南村寨村民不敢下地》，《春城晚报》2008 年 12 月 9 日；《野象谷——人象恩仇 30 年》，http：//www. yntv. cn/yntv_ web/category/30108/2004/12/23/2004-12-23_ 172515_ 30108. shtml；《云南勐满镇 70 余头野象盘踞村寨撞倒居民围墙》，2011 年 6 月 1 日，http：//news. 163. com/08/1209/09/4SNA1BVA00011229_ 2. html；《云南西双版纳 67 岁老人上山摘辣椒被野象群踩死》，2011 年 6 月 1 日，http：//www. hinews. cn/news/system/2010/11/10/011451120. shtml。

补偿救济的力度。地方政府到底是哪一级政府？地方政府不出台补偿办法怎么办？补偿标准远远低于实际损失又该如何？这些都是亟待解决的问题，也是我们在构建准征收制度时必须要重点考虑的问题。事实上，地方政府为了减轻财政支出，迟迟不肯出台专项补偿办法。到目前为止，仅有云南、陕西、吉林等省颁布了野生动物致害的补偿办法，这就导致了在具体的补偿实践中无法可依，找不到确定的补偿主体，受损者的利益得不到及时合理的补偿。①

2. 宁波栎社机场噪声扰民案

"风能进雨能进国王不能进。"这句来自18世纪中期英国首相威廉·皮特的经典论述，现已成为西方国家形容私人合法财产权神圣不可侵犯时被反复引用的观点。这样的财产权保护理念，在政府公权力和私人财产权之间设置了一道坚不可摧的屏障。然而，对于宁波栎社机场周围的村民来说，却长期遭受着难以忍受的机场噪声的干扰。栎社机场始建于民国25年，具有悠久的历史。戴家村位于机场西端南面，机场铁栅栏紧贴着村民的房屋。自从1987年栎社机场改为民用机场并投入使用开始，村里就笼罩着飞机引擎发出的噪声。2007年3月，宁波栎社机场飞行区平行滑行道系统扩建工程开工引起的噪声，导致戴家村村民大规模上访。根据宁波市环境保护监测中心对机场飞机噪声当时的测定，戴家村100多户人家超过75分贝，超过了国家标准。村民们抱怨说，常年的噪声令人心烦意乱，甚至影响了村里人的平均寿命。但这项工程是由国家国家环保总局批准的，于是，99名村民向国家环保总局提出了复议申请。理由是，国家环保总局在批准环境影响评价文件和通过验收时，都没有征求村民们的意见，程序严重违法。2007年8月10日，国家环保总局受理了此案。但与此同时，机场的施工并没有终止。8月16日，机场恢复对滑行道施工，当天下午，戴家村几十名村民聚集到机场，企图阻止施工。宁波市公安局鄞州分局先后以涉嫌聚众扰乱社会秩序为由，传唤了10多名村民，并对4名村民刑事拘留，一个月后转为逮捕。其中两名是村民们推选的复议代表人。8月30日，当地派出所还扣押了村民们凑起来的

---

① 何香柏：《野生动物致害补偿的法律问题研究》，《2009年全国环境资源法学研讨会论文》，云南昆明，2009年8月，第356页。

2.4 万余元的钱款，扣押原因填写的是"非法集资款"，不过很快又涂掉了"非法"两字。在后来市委、政法委牵头的调解中，村民们不同意以"新农村建设"名义搬迁，强调是"机场移民"，要求在搬迁的同时，赔偿多年来噪声给他们造成的损害。为了尽快解决纠纷，国家环保总局也派员参与此事的调解，但是难度却非常大。2007 年 11 月 8 日，就在行政复议期限届满后的第一天，当地政府与村民之间终于达成了补偿协议。协议约定，鄞州区古林镇政府出资 120 万元用于戴家村新农村示范村建设，于协议签订当日，划入宁波市天一公证处账户，提交宁波市天一公证处提存。提存的期限为两年。该款项在本协议签订之日起两年后由村委会和 5 名此案的村民代表共同领取。补偿的对象则扩大至所有受到噪声污染的村民，共计 270 户村民。协议签订后，村民们拿到了 120 万元的补偿支票，被捕的村民也被取保候审返回家中。之后，受 99 名村民委托，袁裕来向国家环保总局提出了撤销复议申请。2007 年 11 月 9 日，环保总局作出了终止复议决定。至此，这件纠纷得到了圆满的解决。①

　　宁波栎社机场噪声污染案虽然以协议的方式得到较好的解决，但是我国实践中还存在着诸多类似的纠纷，②而宁波栎社机场案的解决方式仅具有个案意义，并不具备普遍借鉴和推广的价值。对于这类案件来说，对于机场的噪声污染到底应该如何定性？是合法行为还是违法行为？政府是否需要承担补偿责任？如果要补偿，应该补偿多少？补偿的费用从何而来？所有这些问题，目前尚无明确的法律规定。就本案而言，最后达成的 120 万元的补偿款从表面看是合理的，但是它究竟是以什么作为补偿依据、补偿经费支出是否符合财政政策等都存在疑问。因此，要真正

---

　　①　孔令泉：《宁波 99 名村民状告环保总局获赔 120 万元》，《民主与法制时报》2008 年 2 月 24 日。

　　②　广东省人大代表吴志斌曾经实地调查走访发现，自 2004 年广州白云国际机场投入使用后，周边居民就一直普遍遭受着严重的机场噪声干扰，最严重的噪声污染超过了 100 分贝，村民们形容到：村里的蚊子没了，母鸡不下蛋了……在白云机场，平均一分多钟就起降一架飞机，夜晚货机起降直至凌晨 4 时。广州花都区新华街、花东镇、花山镇共 30 个村约 38 平方公里土地72000 多人受影响。由于机场噪声太大，导致一些村民记忆力减退、听觉减弱，失眠、心血管病患者也增多，甚至有心脏病患者过早去世。噪声震动让附近很多民房的瓦片松脱，还有些民房出现了裂痕。参见田霜月、耿佩、张广宁《机场噪声扰民，我来督办》，《南方都市报》2011 年 1 月 24 日。

妥善解决好此类案件，还必须从制度上下功夫，找到问题的根源，然后运用合法合理的手段化解此类问题。北京大学法学院姜明安教授指出，没有建立公平的法律制度，没有明确具体的标准，就难于有社会正义。宁波栎社机场噪声污染案突出反映了我国现有法律框架内准征收制度的缺失，因此我们迫切需要必须建立准征收补偿制度，对因政府行为使得相对人财产损失或价值降低要给予合理的补偿，以维护社会公平、公正。[①] 1946 年的美国政府诉高斯贝（United States v. Causby）[②] 案对我们解决此类问题具有较好的借鉴意义。道格拉斯大法官（William O. Douglas）认为，政府的军用飞机频繁在在被上诉人土地和房屋上空飞行，直接影响被上诉人对财产的使用和收益，构成对被上诉人不动产的实质性侵占，因而构成不动产准征收，被上诉人有权获得合理补偿。从本案来看，宁波栎社机场的噪声污染已经使周围居民的土地、房屋等不动产财产权以及日常生活遭受严重干扰，超过了财产权社会义务的界限，实质上形成了对村民们财产权的永久性物理侵占，应该构成不动产占有准征收，村民们有权利要求政府对于他们所承受的损害予以公正补偿。

3. 湖南岳阳明清古建筑改建案

"有一则童话故事讲到，贫穷的乞丐只有一只讨饭的碗。忽然有一天国王来到他面前，告诉他他手里拿的是个宝碗。从此他将负有保护宝碗不被弄坏的神圣义务，同时也不能再拿着它要饭了，否则将有性命之忧。这个故事的另一种版本说的是国王赏赐给大臣一头白象。大臣必须好好饲养它，不能让它生病，更不能死亡，否则就拿大臣问罪。可是白象的胃口特别大，以至于大臣快要破产了……"[③] 然而，这样的童话故事在现实中却有着真实的版本。张谷英村位于湖南省岳阳县张谷英镇，全村居民世代生活在同一座连体大屋里，大屋里的每一座堂屋都是祖辈亲手建造并遗留下来的私家住房。大屋内的建筑大都兴建于明清两代，至今已有 600 多年的历史，是我国目前历史最长的明清古建筑群，具有相当的考

---

① 孔令泉：《宁波 99 名村民状告环保总局获赔 120 万元》，王义杰：《机场噪音超标案引出"准征收"话题》，转引自 http：//yuanyulai. fyfz. cn/art/245793. htm。

② United States v. Causby，328 U. S. 256（1946）. 具体案情参见本书第三章。

③ 《宝碗和白象故事的现实版本（规则为谁而定之九）》，http：//law. anhuinews. com/system/2003/01/02/000208602. shtml。

古价值和民俗价值，被喻为是我国湘楚明清居民活化石。2001 年 6 月 25 日，国家文物局正式公布张谷英大屋为国家级重点文物保护单位。然而，村民张再发家的垛子墙却在这时出现了问题，有随时倒塌的危险。但按规定维修必须用原来的材料、按照原来的工艺标准，并且还要逐级上报。这就给维修工作带来很大的难度，也大大增加了维修费用。但是，张谷英民俗文化建设指挥部却拒绝给予张再发一家任何经济补偿。为了防止变形越来越严重的垛子墙倒塌，伤害到游客及其家人，无奈之下，张再发和儿子在 8 月 9 日亲手拆了垛子墙。而张谷英民俗文化建设指挥部又拒绝给予张再发任何补偿。无奈之下，张再发和儿子在 8 月 9 日亲手翻修了垛子墙。8 月 15 日，根据《文物保护法》的规定。① 张再发和儿子以涉嫌故意损毁文物罪被捕。②

　　本属于私人合法拥有的房屋被国家认定为文物法所保护之古建筑，房屋所有人之所有权也因此被附加了格外的限制，从保护和传承民族历史文化的角度来看，这无疑具有重要的意义。作为房屋的主人，承受这样的限制也是必要的，这是财产权社会义务的直接体现。但是，如果限制过当，就将不再属于财产权的社会义务之范畴，房屋所有人的财产权就会形同虚设，成为毫无意义的空壳。在本案中，张再发家的古屋随同全村其他一千多间明清古屋被认定并被作为国家文物予以保护，这无疑是件非常有意义的事情。禁止房屋所有人扩建、改建、拆除之法律规定也有利于这些古建筑得到更长久的保护。但是，政府不承担任何的补偿费用却是相当不公平的。按照不动产准征收理论，此案应该构成不动产管制准征收，并成为这方面的典型案例。在当时的张再发老人和其他村

---

　　① 1982 年《文物保护法》第 15 条："核定为文物保护单位的属于国家所有的纪念建筑物或者古建筑，除可以建立博物馆、保管所或者辟为参观游览场所外，如果必须作其他用途，应当根据文物保护单位的级别，由当地文化行政管理部门报原公布的人民政府批准。全国重点文物保护单位如果必须作其他用途，应经省、自治区、直辖市人民政府同意，并报国务院批准。这些单位以及专设的博物馆等机构，都必须严格遵守不改变文物原状的原则，负责保护建筑物及附属文物的安全，不得损毁、改建、添建或者拆除。使用纪念建筑物、古建筑的单位，应当负责建筑物的保养和维修。"

　　② 夏启平：《拆"自己"的屋墙也是犯法——岳阳张谷英村一父子俩擅自拆墙损毁"国宝"被刑拘》，《中国房地信息》2003 年第 5 期；中央电视台东方时空·时空连线栏目：《张谷英大屋的思考》，http://www.cctv.com/news/china/20021018/100149.shtml。

民看来，拆除和修建自己家的房屋是再普通不过的事情。政府既不征收也不给予村民任何补偿，但却严格禁止村民私自改建和拆除，村民们无论如何也想不通，也不知道该如何寻求救济。这是因为，政府行为（包括逮捕张家父子）虽然不合理，但是却是完全符合法律的规定。也就是说，政府也没有过错，那么，问题只能是法律，是法律的规定存在缺陷。然而，对于现行法律的质疑和挑战，普通百姓既没有信心也没有能力。而我国违宪审查机制的不健全，也只能默许并任由类似的情形继续存在。因此，从我国现状出发，尽快构建我国的不动产准征收制度，显得尤为迫切和必要。

二　我国不动产准征收法律制度构建之设想

以 2004 年《宪法修正案》的通过为开端，随着我国《物权法》《侵权责任法》法的相继出台以及 2010 年《国家赔偿法修正案》的通过，我国公民不动产财产权获得了充分的法律保护。但是，现行法律制度调整的重点是以平等主体之间的民事法律关系为主，对于征收或者过度限制公民不动产财产权的政府行为，依然缺少必要规范。前文关于我国不动产准征收的实证分析，凸显了我国不动产财产权制度所存在的制度性缺陷。因此，以不动产准征收制度的构建为契机，重构我国不动产征收制度，是我国今后不动产财产权法律制度完善的必然性选择。

（一）宪法中私有财产权保护制度的完善

宪法是国家的根本大法，具有最高的法律权威和法律效力，其他一切法律、行政法规的制定都必须以宪法为依据，并不得与宪法的内容相抵触。因此，我国私有财产权法律制度的完善必须首先从修改现行《宪法》中的财产权保障条款入手，为其他具体财产权法律制度的设计提供最权威、最全面的立法依据。

1. 重新明确私有财产权的宪法地位

从现代宪政发展历程来看，对于公民私有财产权的保护与限制问题历来都是各国宪法的核心内容之一。如前文所述，美国、德国、法国、日本、意大利等国家的宪法都给予了公民私有财产权强有力的法律保障。公民私有财产神圣不可侵犯成为现代法治国家最重要法律原则。反观我国《宪法》的财产权保障条款，其对于私有财产和公共财产采取了区别对待的做法。《宪法》第 12 条规定："社会主义的公共财产神圣不可侵犯。国家保护社会主义的公共财产。禁止任何组织或者个人用任何手段侵占或者破坏国家的和集体的财产。"《宪法》第 13 条规定："公民的合法的私有财产不受侵犯。国家依照法律规定保护公民的私有财产权和继承权。"从上述条款之表述可以看出，我国宪法明确将公共财产权放在优先保护的地位，强调公共财产权的神圣不可侵犯性。但是，在公民私有财产权的保护方面却采用了明显不对等的做法。因此，私有财产权法律制度之完善，必须要确保私有财产权在宪法层面获得与公共财产平等的保护。在现代社会，私有财产尤其是不动产乃保障公民生存之基础，在国家根本法中赋予私有财产神圣不可侵犯性，这不仅有利于"增强公民的财产安全感和对现实社会的认同感"[①]，它也是现代国家法治化水平不断增强的推动力和重要标志。

2. 将私有财产权置于公民的基本权利范畴

我国现行《宪法》并未将公民的私有财产权放在公民的基本权利部分加以规定，而是在宪法总纲中对于私有财产权之保障做了原则性的规定。宪法总纲是关于国家性质、根本政治制度和基本经济制度的概括性规定，将私有财产权保障条款置于基本制度部分进行规定，不仅反映了立法认识和定位的偏差，也实际上影响了私有财产权的保护力度。财产权和人身权一样，是公民应该享有的基本权利。因此，我国《宪法》将私有财产权保障条款置于公民基本权利范畴之外，是不妥当的。未来宪法之修订，应该把对公民私有财产权保护之规定归于第二章"公民的基本权利和义务"中，这样将大大提高私有财产权的保障力度，防止其遭受各种无端的侵害。不仅如此，这也将从根本上使得我国公民的基本权利保障体系更加全面、更加科学。

3. 重塑宪法私有财产权保障条款的结构

我国《宪法》关于私有财产权的保障主要规定于第 10 条和第 13 条

---

① 金俭：《不动产财产权自由与限制研究》，法律出版社 2007 年版，第 263 页。

中。《宪法》第 10 条规定："城市的土地属于国家所有。农村和城市郊区的土地，除由法律规定属于国家所有的以外，属于集体所有；宅基地和自留地、自留山，也属于集体所有。国家为了公共利益的需要，可以依照法律规定对土地实行征收或者征用并给予补偿。"《宪法》第 13 条规定："公民的合法的私有财产不受侵犯。国家依照法律规定保护公民的私有财产权和继承权。国家为了公共利益的需要，可以依照法律规定对公民的私有财产实行征收或者征用并给予补偿。"从上述条款可以看出，我国宪法中的私有财产权保障条款采用的是由"保护"到"剥夺"的"二元结构"，此种情形不仅反映出我国宪法私有财产权保障条款存在形式缺陷，关于"财产权限制"的缺位也在实际上使得公民的私有财产常常遭受严重侵害却因无法可依而只能忍气吞声。作者建议，应该以"三层结构"（保护—限制—剥夺）或者"四层结构"（保护——一般限制—过度限制—剥夺）为思路指导，重塑我国宪法私有财产权保障条款。具体可以将条文设计如下：

中华人民共和国公民的私有财产不受侵犯。财产权的内容和限制，由法律予以规定。

财产权负有义务，其行使应有利于社会公共利益。

国家为了公共利益的需要，可以依照法律规定的条件和程序对公民的私有财产实行征收或者征用，但必须对财产权人给予公正补偿。财产权人因公共利益而遭受特别牺牲时，国家也应该给予公正补偿。①

（二）构建不动产准征收制度的立法选择

在宪法层面对准征收制度做出明确规定之后，面临的主要问题即是如何通过具体立法使根本法所确立的制度能够得到有效落实。我国《立法法》第 8 条第（六）项也早就有明确的规定：对非国有财产的征收只能通过制定法律。因此，要从根本上防止国家公权力对公民私有不

---

① 我国《立法法》第 8 条规定，对于非国有财产的征收和民事基本制度，只能通过制定法律来规定。但是，对于财产权的保护与限制尤其是过度限制问题，尚未有明确的规定。《宪法》第 51 条规定，公民权利的行使不得侵害国家、社会、集体和他人的利益。因此，本书提出的修改建议一方面旨在突出对于私有财产权保护，尤其是保障财产权宪法保护内在结构的完整性；另一方面也是为了实现《宪法》和《立法法》相关规定之间的统一和协调。

动产财产权的肆意侵害，维护相对稳定的不动产财产权秩序，必须依赖于相对有效的法律制度。从这一需求出发，我们当前面临的首要问题是不动产准征收立法的定位和模式选择问题。准确的立法定位和合理的立法模式选择，不仅影响着法律的科学性和执行力，也将会推动各部门法律体系的有机统一和不断完善，确保公民私有不动产财产权利的真正实现。

1. 不动产准征收立法的定位

我国现行法律关于不动产征收的规定主要散见于多个单行法律中，例如《物权法》第 42 条："为了公共利益的需要，依照法律规定的权限和程序可以征收集体所有的土地和单位、个人的房屋及其他不动产。征收集体所有的土地，应当依法足额支付土地补偿费、安置补助费、地上附着物和青苗的补偿费等费用，安排被征地农民的社会保障费用，保障被征地农民的生活，维护被征地农民的合法权益。征收单位、个人的房屋及其他不动产，应当依法给予拆迁补偿，维护被征收人的合法权益；征收个人住宅的，还应当保障被征收人的居住条件。任何单位和个人不得贪污、挪用、私分、截留、拖欠征收补偿费等费用。"《土地管理法》第 2 条第 4 款："国家为了公共利益的需要，可以依法对土地实行征收或者征用并给予补偿。"《城市房地产管理法》第 6 条："为了公共利益的需要，国家可以征收国有土地上单位和个人的房屋，并依法给予拆迁补偿，维护被征收人的合法权益；征收个人住宅的，还应当保障被征收人的居住条件。具体办法由国务院规定。"

从上述规定来看，我国现行不动产征收立法既具有民事法的性质又具有经济法的性质。为了保证部门立法的科学性和完整性，在有关不动产保护的民事立法或者经济立法中设定不动产的征收制度是十分必要的。但是，上述各部门法仅对不动产征收做了原则性的规定，关于公共利益目的的认定、征收权的主体及其行使程序、征收补偿的范围和标准、不动产财产权人的权利救济等问题都没有详细规定。因此，在强大的政府公权力面前，私有不动产财产权人的权利有时就显得无足轻重。而在不动产准征收的场合，政府通常既不行使征收权亦不支付任何补偿，却实际长期占有或者侵害着公民的私有不动产权利，这种情形可能是基于部分法律、行政法规或者其他规范性文件，也可能是因不合理的政府行政行为或者事实行为所致。因此，为了充分保障公民的私有不动产财产权利，限制政府公权力的行使，必须在现有行政法律制度框架内制定用于调整和规范不动产征收和准征收的专门法律，对不动产征收和准征收的条件和程序以及法律救济做出明确的规定。这样既符合行政立法的宗旨和目的，也有利于对私有不动产财产权实施法律救济。

2. 不动产准征收立法的模式选择

不动产准征收立法的模式选择是指不动产准征收法律制度的设定应该采用分散立法还是统一立法的模式。分散立法模式是指在与不动产准征收相关的各个单行法中分别对不动产财产权的过度限制及其救济问题作出规定。统一立法模式是指制定一部关于不动产准征收的专门法律，对不动产准征收的主体、条件、程序、限制、救济等问题作出统一规定。关于分散立法，可以通过对《物权法》《土地管理法》《城市房地产管理法》《文物保护法》《城乡规划法》《野生动物保护法》等单行法进行修订来完成。从实际上讲，此种方式比较费时费力，对大量单行法的修改很难在短时间内完成，而且也很难保证修改后的法律在解决不动产准征收问题上的有效性和统一性。有学者认为应该在现有《中华人民共和国家赔偿法》（以下简称《国家赔偿法》）的框架内对于国家征收权和行政补偿问题做出统一规定，以解决目前私有财产屡遭侵害而无法救济的困境。[①] 作者认为，仅寄希望于修改《国家赔偿法》以解决我国目前的财产征收和准征收问题，是远远不够的，也是不妥当的。首先，《国家赔偿法》旨在对国家机关及其工作人员行使职权过程中的违法侵害行为予以赔偿，以保护行政相对人的合法权益。而且，在具体的行政赔偿中，通常只对具体行政行为和事实行为予以赔偿，对于抽象行政行为是不给予赔偿的。而不动产准征收通常是由现行立法所造成的或者是合法的行政行为所致，所引起的只是补偿责任而非赔偿责任。因此，将不动产准征收纳入《国家赔偿法》是不太妥当的，否则，本来就不太明确的行政赔偿和行政补偿的界限和范围将变得更加模糊不清，从而影响法律本身的执行效果。其次，由《国家赔偿法》对准征收问题做出规定，也很难保

---

① 闫桂芳、杨晚香：《财产征收研究》，中国法制出版社 2006 年版，第 318—321 页。

证制度设计的全面性，也难以实现对其他单行法的统领和指导作用。

相比之下，统一立法的模式似乎较为可取，既可以确保立法的全面性，也有利于法律的具体实施。当然，统一立法亦不可能专门规范不动产准征收这一具体制度，较为可行的做法是对整个财产（包括不动产和动产）的征收和准征收问题做出统一规定。具体有两种选择，其一是通过制定统一的《中华人民共和国行政补偿法》（以下简称《行政补偿法》），对于因政府行政行为给行政相对人造成的实际损失予以公正补偿，其中包含不动产征收的行政补偿；其二是制定专门的《征收法》，对于政府的征收权及其行使做出统一规定，涵盖行政征收（包括税费征收）、立法征收以及行政征用、财产准征收等各种情形。作者认为，第二种选择相对合理，能够适合我国目前的现实状况。理由在于：（1）《行政补偿法》以"补偿"为立法重心，很难实现对政府公权力的有效约束。换句话说，行政补偿法并不能代替财产征收法，从而满足限制政府权力、保护公民私有财产权的实际需求。（2）以专门的《中华人民共和国征收法》（以下简称《征收法》）统领政府公权力对于私有财产的限制和剥夺，有利于解决我国目前财产征收理论与实践中的诸多困境，如传统行政征收（包括行政征税和行政收费）和现行行政征收概念的冲突、行政征收与行政征用的争论、财产征收与准征收的界限等。（3）统一的征收立法在具体制度的设计上便于对征收的类型、主体、范围、条件、程序、法律救济等内容做出全面规定，增强法律的可操作性。（4）统一的征收立法既有利于弥补现行财产征收立法——《国有土地上房屋征收与补偿条例》——的缺陷与不足，也有助于指导其他单行法律法规的后续修订，保障在财产征收包括准征收问题上各相关法律法规的协调和统一。

综上所述，从我国实际出发，为了有效规范不动产准征收，在立法模式的具体选择上应该综合采取统一立法和分散立法两种模式。当务之急，宜尽快制定统一的《征收法》，将准征收作为征收的特殊情形予以规定。待时机成熟，在各相关法律法规进行修订时，再根据《宪法》和《征收法》对与不动产准征收的各相关条款进行修订。

（三）关于不动产准征收具体制度设计的若干建议

不动产准征收旨在对因政府行为而给公民之不动产财产权造成的严

重损失给予法律救济。然而，政府行为的性质和界限应该如何把握？如何对不动产财产权人实施有效的法律救济，这些都有待于具体制度的制定和落实。

1. 制度设计的宗旨和基本要求

立法宗旨是指制定法律之目的，是每部法律的基本要求，任何法律制度之构建都有其特定的立法目的。立法宗旨集中体现着一部法律的基本价值判断准则，指导着各相关具体制度的确立。不动产准征收法律制度设计的宗旨在于严格规范国家立法行为，限制国家公权力的行使，保护不动产财产权人的合法权益，维护稳定的不动产财产权社会关系。从前文关于我国不动产准征收的实证分析可知，不动产准征收大多是因立法行为或者具体行政行为所致。因此，不动产准征收之具体制度设计应该以充分保障公民私有不动产财产权为核心，严格规范各立法机构的立法权限，重点对行政立法权和地方立法权进行严格限制，防止假借立法之名对公民不动产财产权利造成过度侵害。另外，不动产准征收具体法律制度亦应该遵循比例原则，对政府具体行政行为之行使给予合理限制。

在不动产准征收法律制度的构建过程中，首先要立足我国基本国情，充分考虑不动产财产权保护的现状。例如，关于不动产准征收的补偿救济制度的确立，即应该考虑我国当前的财政预算体系和补偿经费的来源等现实问题；再如不动产准征收的司法救济制度的建立，也必须立足于我国现行司法体制，认真论证行政诉讼案件范围扩张的可行性。其次，应该积极考察和学习域外不动产准征收之立法与司法实践，以为镜鉴。德国法中相对完善的财产权保护制度、美国不动产准征收司法实践多年来形成的基本规则和丰富的实践经验、法国和英国对于财产征收法律救济的实体规定和程序规则等，对我国不动产准征收制度的确立都具有较强的借鉴意义。

2. 关于不动产准征收制度中若干关键问题的建议

不动产准征收制度构建是一项难度较大的系统工程，涉及诸多立法难题。例如关于准征收构成中的"公共利益"的界定问题、不动产财产权人之"特别牺牲"的判定问题，不动产准征收中的正当法律程序，不动产准征收的补偿范围及其标准，不动产准征收司法救济的障碍及其克服等，这些都属于具体制度构建中必须解决的关键问题。

第一，关于不动产准征收的判定标准。不动产准征收制度构建的首要问题便是如何判定某一项法律、行政法规、其他规范性文件或者政府行政行为、事实行为是否超越了财产权限制的界限。结合本书第四章之论述，作者建议，判定是否构成不动产准征收，首先，应该将对于不动产财产权有害行使的禁止性规定排除在外。对于不动产财产权人而言，其权利的行使也必须有合理的界限，不得任意滥用权利以侵害社会公共利益。因此，对于"有害行使"的禁止或者限制是十分必要的，此种禁止或者限制属于政府公权力的正当行使，不构成准征收，政府无须对此进行补偿。其次，不动产准征收的具体判定应该根据其不同类型采用不同的判定标准。实践中，管制准征收的隐蔽性较强，通常都是以合法的"面孔"出现，但是其影响范围和程度却不可忽视。因此，法律必须对不动产管制准征收及其判定标准予以明确规定。否则，如果任由法律对公民之私有财产权进行限制，"人民之财产权随时可能遭到侵害，人民为趋利避害，将结交、贿赂官员，破坏公务员操守"①。具体而言，不动产管制准征收之判定，应该从本书第四章所提出的目的要件、客观要件、结果要件三个方面进行综合认定。其中，作为目的要件的"公共利益"和作为结果要件之"特别牺牲"是判定管制准征收的核心要件，因此，不动产准征收立法必须对"公共利益"的内涵、外延及其实现机制和"特别牺牲"的认定要素作出明确的规定。对于占有准征收的判断，比较容易。与管制准征收之构成不同的是，占有准征收不以"公共利益"为条件，即不论出于何种目的，只要管制行为或者其他具体行政行为造成了对公民私有不动产的实际长期侵占，便构成占有准征收。此外，占有准征收亦不考虑损害结果是否达到"特别牺牲"的程度，即使没有发生严重的损害结果，占有准征收依旧可以成立。②

第二，关于不动产准征收中的正当法律程序。正当法律程序是现代公法中最重要的原则之一，在限制政府公权力、保护公民基本权利中发挥着至关重要的作用。正当程序旨在通过合理的行政程序设计来实现控

---

① 谢哲胜：《财产法专题研究》（二），中国人民大学出版社 2004 年版，第 192 页。

② 详见本书第四章"不动产准征收的构成要件"之论述。

制行政权力的目的。① 有学者曾在论证征收程序的重要性时指出："限制行政征收的目的仅仅是保护公民财产权的第一步，征收程序的逐步推进才是影响公民财产权的真正开始。因此，对征收程序的有效规范，是保护公民财产权的关键。" 美国学者詹姆斯·安修也曾指出："即使制宪者也承认财产权并非绝对，可以公共利益加以限制，但正当程序原则却有力地制约着公权力对财产权的任意侵夺，从而使得自然法根基并未在根本上动摇，甚至最高法院的法官们也公认它在宪法判决中有影响。"② 不动产准征收事关政府公权力行使的正当性以及公民私有财产权利的真正实现，因此，制度设计中必须认真遵守和全面贯彻正当程序法律原则，既要确保有关财产权保护与限制的立法活动和管制行为要向行政相对人和社会公众公开，也要保证政府准征收过程中公众的广泛参与，以程序的公开、公平和公正确保不动产准征收行为的合法性和正当性。例如，以西安市为例，2011 年 3 月 28 日市政府审议通过的《西安市政府规章立法后评估办法（草案）》便是以正当程序法律原则为基础规范地方政府立法行为的典范。该办法明确规定，以后将广泛吸引社会公众对社会影响面广、关注度高且实施已满 3 年的政府规章进行立法评估，评估主要涉及政府规章实施的总体情况、规章规定的重要制度的执行情况、规章实施取得的社会效益和经济效益、规章实施中存在的问题、规章实施后社会公众的反应等方面，经市人民政府批准的立法后评估报告，将成为修改、废止政府规章和改进行政执法工作的主要参考依据。

第三，关于不动产准征收的补偿问题。如本书第五章所述，在不动产准征收的法律救济中，应该以停止侵害、排除妨害为主要救济手段，但是如果公权力对私有不动产的侵害是持续性的或者不可排除的，就必须对不动产财产权人给予经济补偿。在经济补偿中，涉及三个重要的问题：其一是补偿的标准。对此，作者建议应该根据国内外的立法与司法

---

① 孙笑侠：《法律对行政的控制——现代行政法的法理解释》，山东人民出版社 1999 年版，第 124 页。

② 詹姆斯·安修：《美国宪法解释与判例》，中国政法大学出版社 1999 年版，第 145 页。

实践以及我国行政补偿制度的现状，确立以"公正补偿"为主导的经济补偿标准，既充分顾及不动产财产权人所遭受之损失，又可以防止财产权人漫天要价、加重政府负担。其二是补偿的范围。不动产准征收经济补偿的范围既包括财产权人的直接损失也包括所遭受的间接损失，直接损失主要是指可以排除之准征收行为所造成的损失，间接损失主要是指政府事实行为或者不可排除之持续性侵害行为所造成的损失。但是，无论是直接损失还是间接损失，都必须是财产利益的损失，对于准征收行为造成的精神损害，不能主张经济补偿。其三是补偿的方式。对此，应该以尽可能弥补财产权人之损失、恢复不动产财产权之原始状态为基本前提，实行以金钱补偿方式为主、实物补偿方式为辅的补偿方式。此外，在对不动产权利人进行补偿救济时，还涉及损失的评估问题，需要建立相应的不动产价值评估机制。这不仅是确定经济补偿范围的重要依据，更为关键的是，价值评估还关系到不动产管制准征收的构成。

第四，关于不动产准征收中的司法救济与违宪审查。不动产准征收的司法救济是指不动产所有人认为管制性立法或者政府的具体行政行为严重侵犯了其不动产财产权益时，向司法机关提起诉讼，由司法机关审查该行为是否合法和适当，并根据审查结果依法作出裁判，要求行政机关排除侵害或者补偿不动产所有人所受损害的救济方式。从各国实践来看，关于不动产准征收的法律救济存在多种方式。但是，要真正保护公民私有不动产财产权不受公权力的任意侵害并在遭受过度侵害后给予充分的法律救济，最终必须发挥司法机关的作用，要通过司法救济才能得以保障和实现。可以想象，如果没有司法权力对立法行为和行政行为的监督和限制，民众的财产权利将难以得到保障，公权力的滥用也将会更加难以控制。因此，在不动产准征收的法律救济方式中，唯有司法救济，才是最为有效的救济方式。在美国，对于管制性立法的违宪审查和对具体行政行为的审判，都是由司法机关完成的。也就是说，违宪审查是不动产准征收司法救济的一种重要方式。但是，在我国，对于不动产财产权人因为准征收所造成的损害实施司法救济，却存在着严重的制度障碍，如许多引起不动产准征收的管制性立法即使违宪也难以纳入法院司法审查的范围、大量表面合法的准征收行为很难进入司法审判的程序。

鉴于我国不动产准征收司法救济存在的诸多障碍，本书提出以下建议：

首先，通过修改《宪法》和《立法法》，在确立准征收制度的同时，重构我国的法律违宪审查制度，确保以"更高的法"来检验和衡量有关具体财产立法的合法性。如有学者所言："法治国家的公民要养成一个习惯，那就是但凡有政府措施出台，首先不是拿这个规定衡量自己的行为是否'合法'，而是用宪法、法律等'更高的法'去衡量这个规定本身是否合法。"① 当然，对于不动产准征收行为的具体审查可以由国家权力机关和司法机关共同行使。具体而言，就是由全国人大及其常委会设立专门的违宪审查机构全面负责管制性立法的违宪事项审查，由司法机关负责受理行政相对人针对政府具体行政行为违宪所提出的诉讼。

其次，改革现行行政诉讼审判机制、拓宽行政诉讼受案范围。依照现行的行政诉讼之规定，法院只负责审理具体行政行为的合法性，而将对具体行政行为的合理性以及对抽象行政行为、行政事实行为的审查排除在外。这样的规定，给政府公权力的滥用留下了太大的空间，对于公民财产权利的保护而言是极其不利的。改革现行行政诉讼审判机制、拓宽行政诉讼受案范围，是对公民不动产财产权实施有效法律救济的必然选择。

再次，逐步推行具有中国特色的案例指导制度，指导各级人民法院在审理不动产准征收案件时能够正确适用法律和司法政策，切实体现司法公正和司法高效，实现法律效果和社会效果有机统一。不动产准征收之司法救济，必须高度重视在个案中探索和积累审判经验，形成指导性案例，用以指导同类案件，保证裁判结果的一致性，实现同案同判。2010 年最高人民法院发布《关于案例指导工作的规定》，标志着案例指导制度在我国司法实践中的正式推行，这对于司法机关统一法律适用，提高审判质量，维护司法公正具有划时代的重要意义。关于指导性案例的法律效力，该规定第 7 条明确规定："最高人民法院发布的指导性案例，各级人民法院审判类似案件时应当参照。"依照该条之规定，法官在审理

---

① 张千帆：《以"更高的法"去衡量法规》，《浙江人大》2010 年第 2 期。

类似案件时，一般应当参照最高人民法院公布的指导性案例。如果未参照的话，必须给出充足的理由，否则就有可能造成不公正的裁判结果，当事人有权利提出上诉和申诉。①

最后，积极探索专门征收法庭的建立。我国目前还没有建立专门法院的先例，但是却有建立专业法庭的先例和经验。对于财产征收以及准征收而言，由于案件通常比较复杂，争议也较大，因此，在我国现行的司法审判体制下，积极探索建立征收法庭，专门受理各类财产征收纠纷，是必要的，也是可行的。

本 章 小 结

从我国《宪法》《物权法》《土地管理法》关于不动产征收的现行规定来看，我国当前不动产财产权之法律保障仍然坚持的是保护与剥夺的二元制结构。在对私有不动产进行保护的同时，规定了国家可以为了公共利益的需要而对私有不动产进行征收。但是，从上述不动产征收法律条款来看，关于公权力对私有不动产之限制，却没有明确规定。这就给地方政府任意限制和干预私有不动产财产权提供了充分的空间。实践中，无论公民之私有不动产遭受多大程度的限制，只要政府不进行正式征收，不动产所有人便无法获得补偿。因此可以说，我国现行不动产征收之法律规定存在着内在的缺陷，从《宪法》到《物权法》《土地管理法》等单行法，均未对不动产的准征收问题进行规定。从我国现行法律、行政法规、地方性法规、政府规章以及其他规范性文件来看，许多规定都涉嫌构成不动产准征收，其中以管制准征收居多。例如，农村集体土地的用途管制、房屋限租及租金管制、城乡规划对不动产财产权的限制、人民防空工程的限制性规定、古迹保护的限制性规定、公路两侧建筑控制区的限制性规定等都涉嫌构成不动产准征收。因此，我们应该以不动产准征收制度的建立为契机，直面我国不动产征收的现实问题，将重构我国不动产征收制度和制定《征收法》作为当代法学研究者的历史使命。

————————

① 蒋安杰：《案例指导制度规定：一个具有划时代意义的标志》，《法制日报》2011 年 1 月 5 日。

关于不动产准征收法律制度的构建，应该首先从修改现行《宪法》中的财产权保障条款入手，确立由保护——一般限制—过度限制—剥夺的四重财产权保障结构，以国家根本法的形式确立不动产准征收制度。其次，应该通过制定统一的财产征收法基本法，将准征收作为征收的特殊情形予以规定，待时机成熟，在各相关法律法规进行修订时，再根据《宪法》和征收法基本法对关涉不动产准征收的各相关条款进行修订。

结　　语

　　古往今来，土地、房屋等不动产资源不仅是保障人民基本生活所需、追求安居乐业的物质基础，更是促进国家经济发展、维系国家长治久安的重要保障。中国古代"无恒产而有恒心者，惟士为能。若民，则无恒产，因无恒心"（《孟子·梁惠王章句上》）的记载，指明了"恒产"（土地、房屋等不动产）对民众生活的重要性。在西方，"风能进雨能进国王不能进"的财产权保护理念，是对公民私有不动产财产权神圣不可侵犯的最好诠释。但是，随着19世纪末财产权社会化思想的兴起，人们对于财产权的关注逐渐由个人自由主义转向社会公共利益。为了国家统治和社会管理的需要，私有不动产财产权被附加了更多的社会义务，不动产财产权的限制逐渐被作为一种基本法律制度为各国立法所采用。为了公共利益的需要，政府不仅可以通过行使其公权力限制不动产所有人财产权的行使，还可以以征收补偿的形式直接将私有不动产财产权予以剥夺。此外，实践还表明，公民的私有不动产财产权还常常因为政府公权力的行使而遭受严重的损害甚至会引发权利的逐渐丧失，但却无法获得有效的法律救济。此种情形说明，在不动产财产权的一般限制和剥夺之间，尚存在着缺乏法律规制的灰色地带。如何有效限制政府权力、保护公民的私有不动产财产权，从而化解各种不动产财产权纠纷、实现私人利益与公共利益的平衡，这不仅是保障公民基本权利的现实需要，更是建设现代化法治国家、促进社会和谐发展的根本要求。所以，以不动产准征收为视角，对不动产财产权的过度限制及其法律救济进行研究，具有重要的现实意义和理论价值。

　　对我国来讲，不动产准征收问题尚属于一个较新的话题。近年来发生的"陕北农民石某植树治沙补偿案""宁波栎社国际机场噪声污染补偿案"、"云南西双版纳野象保护案"等案件，凸显出我国现有财产征收理论和财产权立法的制度性缺陷。纵观美国和德国不动产准征收的立法和司法实践以及我国不动产准征收的现状，可以发现，不动产准征收制度构建中最核心的问题在于：如何把握政府公权力的正当行使和征收权之间的界限，如何对不动产财产权人予以有效的法律救济。不动产准征收之研究，即是以上述问题为核心，重点研究不动产准征收制度的法理基础、不动产准征收的类型、不动产准征收的法律构成、不动产准征收的法律救济以及如何构建适合我国发展现状的不动产准征收法律制度等问题。为此，本书从探讨不动产财产权自由与限制的辩证关系入手，对传统不动产征收理论及法律规定进行了全面的梳理、比较、反思和总结，提出了建立不动产准征收法律制度的重大意义，对不动产准征收之概念进行了界定：不动产准征收是指以社会公共利益为目的而实施的立法行为、政府行政行为或者事实行为使私有不动产财产权遭受过度限制时，不动产权利人可以以该行为构成征收为由获得相应的经济补偿或者其他法律救济。

　　根据不动产财产权过度限制的实际样态，我国应该将管制准征收和占有准征收作为不动产准征收的主要种类。不动产准征收的法律构成是要合理确定政府公权力（警察权）和征收权之间的边界，本书从共同要件和特殊要件两方面对不动产准征收的法律构成进行了深入研究，初步提出了认定不动产准征收必须考虑的条件。有效的法律救济机制的建立，是保障公民不动产财产权的最后屏障，也是稳定财产权秩序、增强人民对政府公信力的基本要求。行政救济和司法救济是解决不动产准征收纠纷的主要救济方式，但是，不动产财产权人权利之保障，最终必须发挥司法机关的作用，要通过司法救济才能得以保障和实现。我国不动产准征收之司法救济还存在着诸多制度性障碍，司法救济机制的建立仍然任重而道远，我们应该充分借鉴法国、德国等国家的做法，建立专门的宪法法院和行政法院，将政府及行政机关的全部行政活动都纳入法院司法审查的范围。当前应该重点推进判例指导制度在实践中的运用，并不断增强和完善立法机关的"违宪审查"功能。

　　在我国，无论是现行立法还是政府的抽象行政行为或者具体行政行为，对于私有不动产财产权的过度限制在现实生活中都是广泛存在的。我国不动产准征收法律制度的构建，必须从修改现行《宪法》中的财产权保障条款入手，为具体制度的设计提供最权威的宪法基础。关于具体立法之定位，应该在现有行政法律制度框架内制定用于调整和规范不动产征收和准征收的专门法律，对不动产征收和准征收的条件和程序以及法律救济作出明确的规定。在立法模式的具体选择上，应该综合采取统一立法和分散立法两种模式。通过制定统一的《征收法》，将准征收作为征收的特殊情形予以规定，待时机成熟，在各相关法律法规进行修订时，再根据《宪法》和《征收法》对与不动产准征收的各相关条款进行修订。当前我国不动产准征收具体制度设计之重点在于，科学设定不动产准征收的构成条件，规范和限制政府公权力之行使，重构我国的法律审查违宪制度、确保以"更高的法"来检验和衡量有关具体财产立法的合法性，改革现行行政诉讼审判机制、拓宽行政诉讼受案范围等。

　　不动产准征收问题是一个涉及法学、经济学、社会学、哲学等多学科领域的现实问题，背后隐藏着各种错综复杂的社会关系和不同的利益纠葛。不动产准征收制度的建立，将会对我国的立法、司法以及执法工作提出更深更高层次的要求。因此，关于这一问题的研究，需要有全面而扎实的理论功底和丰富的实践经验，不仅需要对域外制度及经验的学习和借鉴，还需要认真立足中国现状，提出切实可行的理论依据和对策建议。因此，虽然本书试图从不同角度，综合运用比较分析、实证分析等研究方法，对不动产准征收之构成尤其是其中的"公共利益"要件、"特别牺牲"要件、不动产准征收的司法救济机制之构建等关键问题进行深入研究，但由于作者能力所限，许多研究仍然停留在比较粗浅的层面，不足和错误之处在所难免，需要今后的继续努力和进一步研究。本书的写作旨在抛砖引玉，将不动产准征收作为一个重要的理论问题和现实问题提出，希望引起更多学界同仁的关注和深入研究，也希望能有更多高质量的成果问世，为我国不动产征收制度的重构甚至整个财产权法律制度的完善添砖加瓦。

主要参考文献

一 中文著作类

1. ［英］威廉·布莱克斯通:《英国法释义》第 2 卷，游云庭、缪苗译，上海人民出版社 2006 年版。

2. ［美］罗伯特·D. 考特、托马斯·S. 尤伦:《法和经济学》（第 3 版），施少华、姜建强等译，上海财经大学出版社 2002 年版。

3. ［美］查尔斯·K. 罗利:《财产权与民主的限度》，刘晓峰译，商务印书馆 2007 年版。

4. ［英］洛克:《政府论》，叶启芳、瞿菊农译，商务印书馆 1964 年版。

5. ［美］约翰·G. 斯普兰克林:《美国财产法精解》（第 2 版），钟书峰译，北京大学出版社 2009 年版。

6. 王仰文:《私有财产权的行政法保护研究》，人民出版社 2009 年版。

7. ［美］丹尼尔·W. 布罗姆利:《经济利益与经济制度——公共政策的理论基础》，陈郁、郭宇峰、汪春译，上海三联书店、上海人民出版社 2006 年版。

8. 王泽鉴:《民法总则》，中国政法大学出版社 2001 年版。

9. 彭汉英:《财产法的经济分析》，中国人民大学出版社 2000 年版。

10. ［英］F. H. 劳森、B. 拉登:《财产法》，施天涛等译，中国大百科全书出版社 1998 年版。

11. 汪全胜:《制度设计与立法公正》，山东人民出版社 2005 年版。

12. ［美］罗纳德·德沃金:《认真对待权利》，信春鹰、吴玉章译，中国大百科全书出版社 1998 年版。

13. 唐清利、何真:《财产权与宪法的演进》，法律出版社 2010 年版。

14. 孙宪忠：《中国物权法总论》，法律出版社 2003 年版。

15. 江平、王家福：《民商法学大辞书》，南京大学出版社 1998 年版。

16. ［美］约翰·E. 克里贝特、科温·W. 约翰逊、罗杰·W. 芬德利、欧内斯特·E. 史密斯：《财产法：案例与材料》，齐东祥、陈刚译，中国政法大学出版社 2003 年版。

17. 金俭：《不动产财产权自由与限制研究》，法律出版社 2007 年版。

18. ［法］弗朗索瓦·泰雷、菲利普·森勒尔：《法国财产法》，罗结珍译，中国法制出版社 2008 年版。

19. ［英］史蒂文·卢克斯：《个人主义》，阎克文译，江苏人民出版社 2001 年版。

20. 张越编著：《英国行政法》，中国政法大学出版社 2004 年版。

21. ［美］伯纳德·施瓦茨：《美国法律史》，王军等译，中国政法大学出版社 1990 年版。

22. ［美］罗斯科·庞德：《普通法的精神》，唐前宏、廖湘文、高雪原等译，法律出版社 2001 年版。

23. ［美］路易斯·亨金、阿尔伯特·J. 罗森塔尔编：《宪政与权利》，郑戈等译，生活·读书·新知三联书店 1996 年版。

24. ［美］莫顿·J. 霍维茨：《美国法的变迁（1780—1860）》，谢鸿飞译，中国政法大学出版社 2004 年版。

25. 江平：《物权法教程》，中国政法大学出版社 2007 年版。

26. 周伟：《宪法基本权利：原理·规范·应用》，法律出版社 2006 年版。

27. ［法］雅克·盖斯旦、吉勒·古博：《法国民法总论》，陈鹏等译，法律出版社 2004 年版。

28. 房绍坤、谢哲胜主编：《中国财产法理论与实务》，北京大学出版社 2008 年版。

29. 周叶中：《宪政中国研究》，武汉大学出版社 2006 年版。

30. 程萍：《财产所有权的保护与限制》，中国人民公安大学出版社 2006 年版。

31. ［英］F. H. 劳森、伯纳德·冉得：《英国财产法导论》，曹培译，法律出版社 2009 年版。

32. ［德］哈特穆特·毛雷尔：《行政法学总论》，高家伟译，法律出版社

2000 年版。

33. 谢哲胜：《财产法专题研究》（二），中国人民大学出版社 2004 年版。

34. 梁慧星：《中国物权法草案建议稿》，社会科学文献出版社 2000 年版。

35. 王利明主编：《中国物权法草案建议稿及说明》，中国法制出版社 2001 年版。

36. 姜明安主编：《行政法与行政诉讼法》，法律出版社 2002 年版。

37. 应松年主编：《行政法学新论》，中国方正出版社 1998 年版。

38. 杨建顺、李元起：《行政法与行政诉讼法教学参考书》，中国人民大学 出版社 2003 年版。

39. 胡建淼：《行政法学》，法律出版社 1998 年版。

40. 王宝明：《行政法与行政诉讼法》，中国城市出版社 2003 年版。

41. 房绍坤、王洪平主编：《不动产征收法律制度纵论》，中国法制出版社 2009 年版。

42. 阎桂芳、杨晚香：《财产征收研究》，中国法制出版社 2006 年版。

43. 陈新民：《德国公法学基础理论》（增订新版·上卷），法律出版社 2010 年版。

44. 陈新民：《德国公法学基础理论》（增订新版·下卷），法律出版社 2010 年版。

45. 翁岳生编：《行政法》（上、下），中国法制出版社 2002 年版。

46. 王坤、李志强：《新中国土地征收制度研究》，社会科学文献出版社 2009 年版。

47. 沈开举：《征收、征用与补偿》，法律出版社 2006 年版。

48. 石佑启：《私有财产权公法保护研究》，北京大学出版社 2007 年版。

49. 王名扬：《法国行政法》，北京大学出版社 2007 年版。

50. 王名扬：《英国行政法》，北京大学出版社 2007 年版。

51. 曾华群：《国际投资法学》，北京大学出版社 1999 年版。

52. 中国社会科学院语言研究所词典编辑室编：《现代汉语词典》，商务印 书馆 1978 年版。

53. ［德］汉斯·J. 沃尔夫、奥托·巴霍夫、罗尔夫·施托贝尔：《行政 法》，高家伟译，商务印书馆 2002 年版。

54. ［印］M. P. 赛夫：《德国行政法：普通法的分析，周伟译》，山东人民出版社 2006 年版。

55. 姜明安、余凌云主编：《行政法》，科学出版社 2010 年版。

56. 王岷灿主编：《行政法概要》，法律出版社 1983 年版。

57. 罗豪才：《行政法学》，北京大学出版社 2000 年版。

58. 姜明安：《行政法与行政诉讼法》，北京大学出版社、高等教育出版社 2007 年版。

59. 杨建顺：《行政规制与权利保障》，中国人民大学出版社 2007 年版。

60. 刘莘：《政府管制的行政法解读》，北京大学出版社 2009 年版。

61. ［德］奥拓·迈耶：《德国行政法》，刘飞译，商务印书馆 2004 年版。

62. 吴庚：《行政法之理论与实用》，中国人民大学出版社 2005 年版。

63. 张乃根：《西方法哲学史纲》，中国政法大学出版社 2002 年版。

64. 卫兴华、张宇主编：《公平与效率的新选择》，经济科学出版社 2008 年版。

65. 张文显：《法哲学范畴研究》（修订版），中国政法大学出版社 2001 年版。

66. 张正钊、李元起：《行政法与行政诉讼法》，中国人民大学出版社 2007 年版。

67. 沈宗灵：《法理学》，北京大学出版社 2003 年版。

68. ［美］罗斯科·庞德：《法理学》第 3 卷，廖德宇译，法律出版社 2007 年版。

69. ［德］马克斯·韦伯：《社会学的基本概念》，广西师范大学出版社 2005 年版。

70. 王锋：《行政正义论》，中国社会科学出版社 2007 年版。

71. ［美］E. 博登海默：《法理学——法律哲学与法律方法》，邓正来译，中国政法大学出版社 1999 年版。

72. ［美］罗尔斯：《正义论》，何怀宏等译，中国社会科学出版社 1988 年版。

73. ［美］理查德·A. 波斯纳：《法律的经济分析》，蒋兆康译，中国大百科全书出版社 1997 年版。

74. ［美］尼古拉斯·麦考罗、斯蒂文·G. 曼德姆：《经济学与法律——从波斯纳到后现代主义》，朱慧、吴晓露、潘晓松等译，法律出版社

2005 年版。

75. 肖厚国：《所有权的兴起与衰落》，山东人民出版社 2003 年版。

76. 高富平：《物权法原论》，中国法制出版社 2001 年版。

77. ［德］鲁道夫·冯·耶林：《为权利而斗争》，胡宝海译，中国法制出版社 2004 年版。

78. ［法］莱昂·狄骥：《宪法学教程》，王文利等译，辽海出版社、春风文艺出版社 1999 年版。

79. ［法］莱昂·狄骥：《〈拿破仑法典〉以来之私法的普通变迁》，徐砥平译，中国政法大学出版社 2003 年版。

80. 李进之：《美国财产法》，法律出版社 1999 年版。

81. 城仲模：《行政法之基础理论》，三民书局 1982 年版。

82. ［美］查尔斯·H. 温茨巴奇、迈克·E. 迈尔斯、珊娜·埃思里奇·坎农：《现代不动产》，仁淮秀、庞兴华、冯烜等译，中国人民大学出版社 2001 年版。

83. 肖顺武：《公共利益研究：一种分析范式及其在土地征收中的运用》，法律出版社 2010 年版。

84. 吴高盛：《公共利益的界定与法律规制研究》，中国民主法制出版社 2009 年版。

85. 邢益精：《宪法征收条款中公共利益要件之界定》，浙江大学出版社 2008 年版。

86. 楼利明：《法律对公共利益判断的控制：一种原则与规则并重的程序控制方法》，浙江工商大学出版社 2010 年版。

87. 汤欣：《公共利益与私人诉讼》，北京大学出版社 2009 年版。

88. 赵震江主编：《法律社会学》，北京大学出版社 1998 年版。

89. ［美］克鲁斯克、杰克逊：《公共政策词典》，麻理斌等译，上海远东出版社 1992 年版。

90. ［英］布宁编：《西方哲学英汉对照辞典》，余纪元译，人民出版社 2001 年版。

91. ［英］边沁：《道德与立法原理导论》，时殷弘译，商务印书馆 2000 年版。

92. ［英］哈耶克：《经济、科学与政治——哈耶克思想精粹》，冯克利译，江苏人民出版社 2000 年版。

93. ［美］塞缪尔·亨廷顿：《变革社会中的政治秩序》，李盛平等译，华夏出版社 1988 年版。

94. 张文显：《二十世纪西方法哲学思潮研究》，法律出版社 1996 年版。

95. ［法］卢梭：《社会契约论》（修订第 3 版），何兆武译，商务印书馆 2003 年版。

96. ［美］罗斯科·庞德：《法理学》第 4 卷，廖德宇译，法律出版社 2007 年版。

97. ［德］阿图尔·考夫曼、温弗里德·哈斯默尔：《当代法哲学和法律理论导论》，郑永流译，法律出版社 2002 年版。

98. ［美］罗斯科·庞德：《法理学》第 2 卷，廖德宇译，法律出版社 2007 年版。

99. ［日］宫泽俊义：《日本国宪法精解》，董蹯舆译，中国民主法制出版社 1990 年版。

100. 胡锦光、杨建顺、李元起：《行政法专题研究》，中国人民大学出版社 1998 年版。

101. 王利明：《中国民法典学者建议稿及立法理由:物权编》，法律出版社 2005 年版。

102. 梁慧星：《中国民法典草案建议稿附理由:物权编》，法律出版社 2004 年版。

103. ［日］植草益：《微观规制经济学》，朱绍文译，中国发展出版社 1992 年版。

104. ［美］丹尼尔·F. 史普博：《管制与市场》，余晖、何帆、钱家骏等译，上海三联书店、上海人民出版 1999 年版。

105. ［美］斯蒂格勒：《产业组织和政府管制》，潘振民译，上海三联书店、上海人民出版社 1996 年版。

106. ［美］伯纳德·施瓦茨：《行政法》，徐炳译，群众出版社 1986 年版。

107. 孙笑侠：《法律对行政的控制——现代行政法的法理解释》，山东人民出版社 1999 年版。

108. ［美］迈克尔·D. 贝勒斯：《程序正义——向个人的分配》，邓海平译，高等教育出版社 2005 年版。

109. ［美］詹姆斯·安修：《美国宪法解释与判例》，中国政法大学出版社 1999 年版。

110. 张光博主编：《简明法学大词典》，吉林人民出版社 1991 年版。

111. ［英］戴维·M. 沃克：《牛津法律大辞典》，李双元等译，法律出版社 2003 年版。

112. ［英］F. A. 哈耶克：《通往奴役之路》，王明毅等译，中国社会科学出版社 1997 年版。

113. 毕可志：《论行政救济》，北京大学出版社 2005 年版。

114. 周佑勇：《行政法基本原则研究》，武汉大学出版社 2005 年版。

115. ［英］丹宁勋爵：《法律的训诫》，刘庸安等译，法律出版社 1995 年版。

116. 于安：《德国行政法》，清华大学出版社 1999 年版。

117. 陈新民：《中国行政法学原理》，中国政法大学出版社 2002 年版。

118. 应松年、刘莘主编：《中华人民共和国行政复议法讲话》，中国方正出版社 1999 年版。

119. 王名扬：《美国行政法》，中国法制出版社 2005 年版。

120. ［英］艾伦·詹宁斯：《法与宪法》，侯健译，生活·读书·新知三联书店 1997 年版。

121. ［美］汉密尔顿等：《美国宪法原理》，严欣淇译，中国法制出版社 2005 年版。

122. 胡建淼：《比较行政法:20 国行政法评述》，法律出版社 1998 年版。

123. 王太高：《行政补偿制度研究》，北京大学出版社 2004 年版。

124. 金伟峰、姜裕富：《行政征收征用补偿制度研究》，浙江大学出版社 2007 年版。

125. ［日］南博方：《行政法》第 6 版，中国人民大学出版社 2009 年版。

126. 曾繁康：《比较宪法》，三民书局 1993 年版。

127. 杨立新：《从契约到身份的回归》，法律出版社 2007 年版。

128. 姚建宗：《法治的生态环境》，山东人民出版社 2003 年版。

129. 王怡：《宪政主义:观念与制度的转捩》，山东人民出版社 2006 年版。

130. ［法］保罗·利科：《论公正》，程春明译，法律出版社 2007 年版。

131. 卓泽渊:《法的价值论》,法律出版社 2006 年版。

132. 马怀德:《国家赔偿问题研究》,法律出版社 2006 年版。

133. 孙笑侠:《程序的法理》,商务印书馆 2005 年版。

134. 孙笑侠:《法律对行政的控制:现代行政法的法理解释》,山东人民出版社 1999 年版。

135. 沈宗灵:《比较宪法:对八国宪法的比较研究》,北京大学出版社 2002 年版。

136. 龚祥瑞:《比较宪法与行政法》,法律出版社 2003 年版。

137. [法] 弗雷德里克·巴斯夏:《财产、法律与政府:巴斯夏政治经济学文粹》,秋风译,贵州人民出版社 2003 年版。

138. 胡建淼:《行政法与行政诉讼法》,中国法制出版社 2010 年版。

139. 胡建淼:《行政行为基本范畴研究》,浙江大学出版社 2005 年版。

140. 胡建淼:《论公法原则》,浙江大学出版社 2005 年版。

141. 胡建淼:《公权力研究》,浙江大学出版社 2005 年版。

142. 胡建淼主编:《行政强制法研究》,法律出版社 2003 年版。

143. 徐亚文:《程序正义论》,山东人民出版社 2004 年版。

144. [英] M.J.C. 维尔:《宪政与分权》,苏力译,生活·读书·新知三联书店 1997 年版。

145. 严家其:《权力与真理》,光明日报出版社 1987 年版。

146. 喻中:《法律文化视野中的权力》,山东人民出版社 2004 年版。

147. 谢晖:《价值重建与规范选择——中国法制现代化沉思》,山东人民出版社 1998 年版。

148. 公丕祥:《权利现象的逻辑》,山东人民出版社 2002 年版。

149. 范进学:《权利政治论——一种宪政民主理论的阐释》,山东人民出版社 2003 年版。

150. 俞可平:《权利政治与公益政治:当代西方政治哲学评析》,社会科学文献出版社 2003 年版。

151. [英] 沃尔特·白哲特:《英国宪制》,北京大学出版社 2005 年版。

152. [英] 卡罗尔·哈洛、理查德·罗林斯:《法律与行政》,杨伟东等译,商务印书馆 2004 年版。

153. 张淑芳:《宪法运作的实证分析》,山东人民出版社 2005 年版。

154. 徐晨：《权力竞争：控制行政裁量权的制度选择》，中国人民大学出版社 2007 年版。

155. ［法］路易·若斯兰：《权利相对论》，王伯琦译，中国法制出版社 2006 年版。

156. 姜明安：《行政程序研究》，北京大学出版社 2006 年版。

157. ［德］克劳斯·施莱希、斯特凡·科里奥特：《德国联邦宪法法院：地位、程序与裁判》，刘飞译，法律出版社 2007 年版。

158. ［美］肯尼思·F. 沃伦：《政治体制中的行政法》，王丛虎等译，中国人民大学出版社 2005 年版。

159. ［英］蒂莫西·A.O. 恩迪科特：《法律中的模糊性》，程朝阳译，北京大学出版社 2010 年版。

160. 陈卫佐译注：《德国民法典》（第 3 版），法律出版社 2010 年版。

161. 谢识予：《经济博弈论》（第 2 版），复旦大学出版社 2004 年版。

162. 钱弘道：《法律的经济分析》，清华大学出版社 2006 年版。

163. 钱弘道：《经济分析法学》，法律出版社 2005 年版。

164. ［德］M. 沃尔夫：《物权法》（第 20 版），吴越、李大雪译，法律出版社 2004 年版。

165. ［德］卡尔·拉伦茨：《德国民法通论》（上、下），王晓晔、邵建东等译，法律出版社 2003 年版。

二　中文期刊类

1. 金俭、张先贵：《财产权准征收的判定基准》，《比较法研究》2014 年第 2 期。

2. 林华、俞祺：《论管制征收的认定标准——以德国、美国学说及判例为中心》，《行政法学研究》2013 年第 4 期。

3. 王丽晖：《管制性征收主导判断规则的形成——对美国联邦最高法院典型判例的评介》，《行政法学研究》2013 年第 2 期。

4. 谢哲胜：《不动产财产权的自由与限制——以台湾地区的法制为中心》，《中国法学》2006 年第 3 期。

5. 马俊驹、梅夏英：《财产权制度的历史评析和现实思考》，《中国社会科学》1999 年第 1 期。

6. 王铁雄：财产法：《走向个人与社会的利益平衡——审视美国财产法理念的变迁路径》，《环球法律评论》2007 年第 1 期。

7. 龙文懋：《西方财产权哲学的演进》，《哲学动态》2004 年第 7 期。

8. 李龙、刘连泰：《宪法财产权与民法财产权的分工与协同》，《法商研究》2003 年第 6 期。

9. 周毅：《宪政中的公民财产权保障》，《甘肃政法学院学报》2005 年第 6 期。

10. 张鹏：《财产权合理限制的界限与我国公用征收制度的完善》，《法商研究》2003 年第 4 期。

11. 梁慧星：《关于征收和征用》，《光明日报》2004 年 2 月 20 日。

12. 王利明：《论征收制度中的公共利益》，《政法论坛》2009 年第 2 期。

13. 李累：《论法律对财产权的限制——兼论我国宪法财产权规范体系的缺陷及其克服》，《法制与社会发展》2002 年第 2 期。

14. 石佑启：《征收、征用与私有财产权保护》，《法商研究》2004 年第 3 期。

15. 阎桂芳：《财产征收的正当性分析》，《中国合作经济》2005 年第 6 期。

16. 汪庆华：《土地征收、公共使用与公平补偿——评 Kelo. City of New London 一案判决》，《北大法律评论》2007 年第 2 期。

17. 姚中秋：《制订一个统一的土地征收条例》，《南方都市报》2010 年 12 月 18 日。

18. 刘向民：《中美征收制度重要问题之比较》，《中国法学》2007 年第 6 期。

19. 王静：《美国财产征收中的公共利益——从柯罗诉新伦敦市政府案说起》，《国家行政学院学报》2010 年第 3 期。

20. 林彦、姚佐莲：《美国土地征收中公共用途的司法判定——财产权地位降格背景下的思考兼对我国的启示》，载《交大法学》第 1 卷，上海交通大学出版社 2010 年版。

21. 王利明：《进一步强化对于私有财产的保护》，《法学家》2004 年第 1 期。

22. 王兆国：《关于〈中华人民共和国宪法修正案（草案）〉的说明》，

《人民日报》2004 年 3 月 9 日。

23. 李蕊：《国外土地征收制度考察研究——以德、美两国为重点考察对象》，《重庆社会科学》2005 年第 3 期。

24. 孙凌：《论财产权的"变相夺取"及其救济——以〈杭州市历史文化街区和历史建筑保护办法〉第 26 条为分析原型》，《法治研究》2007 年第 8 期。

25. 许德风：《住房租赁合同的社会控制》，《中国社会科学》2009 年第 3 期。

26. 吴真：《反向征收确认中权利冲突的化解——以公民生存权与环境权为视角》，《河南师范大学学报》（哲学社会科学版）2010 年第 3 期。

27. 叶芳、刘畅：《管制性征收研究》，《黑龙江省政法管理干部学院学报》2010 年第 10 期。

28. 陈波：《管制性征收理论初探》，《科技信息》2007 年第 32 期。

29. 胡建淼、吴亮：《美国管理性征收中公共利益标准的最新发展——以林戈尔案的判决为中心的考察》，《环球法律评论》2008 年第 6 期。

30. 赵世义：《财产征用及其宪法约束》，《法商研究》1999 年第 4 期。

31. 梁咏：《间接征收的研究起点和路径——投资者权益与东道国治安权之衡平》，《财经问题研究》2009 年第 1 期。

32. 梁咏：《间接征收与中国海外投资利益保障——以厄瓜多尔征收 99% 石油特别收益金为视角》，《甘肃政法学院学报》2009 年第 6 期。

33. 蔡从燕：《效果标准与目的标准之争：间接征收认定的新发展》，《西南政法大学学报》2006 年第 6 期。

34. 曹晴：《浅析间接征收与非补偿性政府管制措施的界限》，《环球法律评论》2008 年第 6 期。

35. 彭岳：《国际投资中的间接征收及其认定》，《复旦学报》2009 年第 2 期。

36. 王义杰：《七问征收补偿，我们离合理还有多远》，《方圆法治》2007 年第 9 期。

37. 李伟：《论准征收的构成要件》，《哈尔滨工业大学学报》（社会科学版）2007 年第 6 期。

38. 龙翼飞、杨一介：《土地征收初论》，《法学家》2000 年第 6 期。

39. 梁慧星：《谈宪法修正案对征收和征用的规定》，《浙江学刊》2004 年
第 4 期。

40. 邹爱华、符启林：《论土地征收的性质》，《法学杂志》2010 年第
5 期。

41. 吕宗恕、王渼童：《不安静的地铁，舍了谁为了谁?》，《南方周末》
2011 年 1 月 27 日。

42. 胡平仁：《从法哲学的范围与品格看部门法哲学研究》，《法制与社会
发展》2010 年第 3 期。

43. 陈永杰：《新公平/效率观——对公平与效率问题的重新审视》，《经
济理论与经济管理》2006 年第 5 期。

44. 吴忠民：《"效率优先、兼顾公平"究竟错在哪里》，《北京工业大学
学报》2007 年第 1 期。

45. 董礼胜、李玉耘：《工具——价值理性分野下西方公共行政理论的变
迁》，《政治学研究》2010 年第 1 期。

46. 张成福：《公共行政的管理主义:反思与批判》，《中国人民大学学报》
2001 年第 1 期。

47. 赵晖：《公共行政转型:破解民生难题的路径解析》，《江海学刊》
2010 年第 3 期。

48. 杨冬艳：《公共行政正义:服务型政府的核心价值取向》，《河南师范
大学学报》（哲学社会科学版）2009 年第 6 期。

49. 李省龙：《论法经济学分析范式的一般结构——作为一种研究方式的
考察和理解》，《法学家》2008 年第 2 期。

50. 王南湜：《实践哲学视野中的社会正义问题——一种复合正义论论
纲》，《求是学刊》2006 年第 3 期。

51. 钱颖一：《警惕滑入坏的市场经济——论市场与法治》，《经营管理
者》2001 年第 2 期。

52. 李军、冯志军：《法经济学分析范式的构建》，《北方论丛》2008 年第
2 期。

53. 舒国滢：《走出概念的泥淖——"法理学"与"法哲学"之辨》，《学
术界》2001 年第 1 期。

54. 韩姗姗：《德国法律如何看待财产权》，《法制日报》2010 年 5 月 19 日。

55. 苏力：《从契约理论到社会契约理论——一种国家学说的知识考古学》，《中国社会科学》1996 年第 3 期。

56. 韦如梅：《论社会契约理论及其对于西方政治发展的影响》，《上海师范大学学报》（社会科学版）2001 年第 4 期。

57. 曹宪忠：《社会契约理论：霍布斯与洛克之不同》，《文史哲》1999 年第 1 期。

58. 叶帆：《基于社会契约理论的政府治理监督》，《领导科学》2010 年第 5 期。

59. 房绍坤、王洪平：《从美、德法上的征收类型看我国的征收立法选择——以"公益征收"概念的界定为核心》，《清华法学》2010 年第 1 期。

60. 崔卓兰、施炎：《国家补偿理论与法律制度》，《社会科学战线》1996 年第 4 期。

61. 杨建顺：《行政裁量的运作及其监督》，《法学研究》2004 年第 1 期。

62. 王洪平、房绍坤：《论征收中公共利益的验证标准与司法审查》，《法学论坛》2006 年第 5 期。

63. 张千帆：《"公共利益"是什么？——社会功利主义的定义及其宪法上的局限性》，《法学论坛》2005 年第 1 期。

64. 张千帆：《"公共利益"的困境与出路——美国公用征收条款的宪法解释及其对中国的启示》，《中国法学》2005 年第 5 期。

65. 刘连泰：《"公共利益"的解释困境及其突围》，《文史哲》2006 年第 2 期。

66. 王太高：《土地征收制度比较研究》，《比较法研究》2004 年第 6 期。

67. 王轶：《论〈物权法〉中的"公共利益"》，《北京规划建设》2008 年第 1 期。

68. 黄文艺、范振国：《公共利益内涵的法哲学界定》，《南京社会科学》2010 年第 9 期。

69. 褚江丽：《我国宪法公共利益原则的实施路径与方法探析》，《河北法学》2008 年第 1 期。

70. 郑贤君：《"公共利益"的界定是一个宪法分权问题——从 Eminent Domain 的主权属性谈起》，《法学论坛》2005 年第 1 期。

71. 房绍坤：《论征收中"公共利益"界定的程序机制》，《法学家》2010 年第 6 期。

72. 许中缘、陈珍妮：《法中两国不动产征收制度的比较研究》，《湖南大学学报》（社会科学版）2009 年第 6 期。

73. 许中缘：《论公共利益的程序控制——以法国不动产征收作为比较对象》，《环球法律评论》2008 年第 3 期。

74. 莫于川：《判断"公共利益"的六条标准》，《法制日报》2004 年 5 月 27 日。

75. 张武扬：《公共利益界定的实践性思考》，《法学》2004 年第 10 期。

76. 张莉：《法国土地征收公益性审查机制及其对中国的启示》，《行政法学研究》2009 年第 1 期。

77. 黄毅、汪厚冬：《土地征收中公益控制的司法途径》，《国家检察官学院学报》2010 年第 4 期。

78. 范进学：《定义"公共利益"的方法论及概念诠释》，《法学论坛》2005 年第 1 期。

79. 陈瑞华：《司法权的性质——以刑事司法为范例的分析》，《法学研究》2000 年第 5 期。

80. 张迎新、王正立：《国外土地征用公共利益原则的界定方式》，《国土资源情报》2003 年第 9 期。

81. 廖家龙：《关于"公共利益"的范围》，《人大研究》2006 年第 7 期。

82. 房绍坤、王洪平：《论我国征收立法中公共利益的规范模式》，《当代法学》2006 年第 1 期。

83. 吴绅：《物权法草案焦点：何为公共利益怎样合理补偿》，《法制日报》2005 年 11 月 18 日。

84. 王思锋、彭兴庭：《论我国房地产市场的政府规制——兼评"房屋限购令"的合法性》，《西北大学学报》（哲学社会科学版）2011 年第 3 期。

85. ［德］格奥尔格·诺尔特：《德国和欧洲行政法的一般原则——历史角度的比较》，于安译，《行政法学研究》1994 年第 2 期。

86. 许玉镇：《试论比例原则在我国法律体系中的定位》，《法制与社会发展》2003 年第 1 期。

87. 李春燕：《行政征收的法律规制论纲》，《行政法学研究》2008 年第 2 期。

88. 沈开举：《论征收征用权》，《理论月刊》2009 年第 2 期。

89. 石佑启：《论私有财产权公法保护之价值取向》，《法商研究》2006 年第 6 期。

90. 李春燕：《行政信赖保护原则研究》，《行政法学研究》2001 年第 3 期。

91. 陈明灿：《财产权保障、土地使用限制与损失补偿之探讨——兼评"都市计划容积移转实施办法"》，《台北大学法学论丛》2000 年第 47 期。

92. 张千帆：《"公正补偿"与征收权的宪法限制》，《法学研究》2005 年第 2 期。

93. 薛惠桑、黄晓辉：《准征收制度的合理性及立法构建》，《山东理工大学学报》（社会科学版）2008 年第 6 期。

94. 董彪：《论财产权过度限制的损失补偿制度——以"禁摩令"案为例》，《当代法学》2009 年第 3 期。

95. 杨立新：《"2001 年中国物权法国际研讨会"讨论纪要》，《河南省政法管理干部学院学报》2001 年第 3 期。

96. 王太高：《我国农村集体土地所有权制度中的利益冲突及其解决》，《甘肃行政学院学报》2008 年第 5 期。

97. 朱喜钢、金俭：《政府的规划权与公民的不动产物权》，《城市规划》2011 年第 2 期。

98. 刘晓燕、郭敬波、毛冠达：《地下人防车位:姓"公"还是姓"私"》，《人民法院报》2009 年 10 月 16 日。

99. 曹晓波：《湖南省东安明清古建筑群遭破坏亟需抢救》，《法制周报》2011 年 3 月 28 日。

100. 韩洪霞、张式军：《我国生态补偿法律保障机制的构建》，《青岛农业大学学报》（社会科学版）2008 年第 1 期。

101. 毛显强、钟瑜、张胜：《生态补偿的理论探讨》，《中国人口·资源与环境》2002 年第 4 期。

102. 孙会良、王能：《新规制经济学俘获理论在房地产宏观调控中的应用》，《技术经济与管理研究》2007 年第 3 期。

103. 许琛、鲁钇山、薛江华：《楼市限购不应盯紧户籍委员建议与居住年限挂钩》，《羊城晚报》2011 年 3 月 2 日。

104. 刘世昕：《"绿色银行"难提现金治沙英雄为钱所"治"——石光银：一个负债累累的千万富翁》，《中国青年报》2003 年 7 月 21 日。

105. 姚顺波、尤利群：《生态林补偿制度研究——石光银案例经济分析》，《北京林业大学学报》（社会科学版）2005 年第 3 期。

106. 莫于川：《土地征收征用与财产法治发展——兼谈对待当下行政管理革新举措的态度》，《法学家》2008 年第 3 期。

107. 徐信贵、陈伯礼、成竹：《我国不动产征收制度之反思与重构》，《贵州社会科学》2010 年第 8 期。

108. 吕巧珍：《征收、征用与私有财产权保护》，《河南省政法管理干部学院学报》2005 年第 4 期。

109. 郑少忠：《举千万元债务造林无回报　治沙英雄的苦涩与希望》，《人民日报》2003 年 9 月 20 日。

110. 董伟：《云南野象保护破解人象冲突难题》，《中国青年报》2006 年 11 月 27 日。

111. 孔令泉：《宁波 99 名村民状告环保总局获赔 120 万元》，《民主与法制时报》2008 年 2 月 24 日。

112. 张千帆：《以"更高的法"去衡量法规》，《浙江人大》2010 年第 Z1 期。

113. 蒋安杰：《案例指导制度规定：一个具有划时代意义的标志》，《法制日报》2011 年 1 月 5 日。

114. 李建良：《行政法上损失补偿制度之基本体系》，《东吴法律学报》1999 年第 2 期。

115. 吴珮瑛、陈瑞主：《农地管制下对农地财产权之保障与侵害》，《经社法制论丛》2004 年第 1 期。

116. 陈明灿：《从财产权保障观点论土地之使用限制与损失补偿：兼论我国既成道路与公共设施保留地相关问题》，《中兴法学》1999 年第

9 期。

三　英文参考文献

1. Bryan A. Garner, *Black's Law Dictionary*, 9th ed. West Publishing Company, 2004.

2. Richard A. Epstein, *Liberty, property, and the law: a collection of essays*, New York: Garland Pub. , 2000.

3. Richard A. Epstein, *Supreme neglect: how to revive constitutional protection for private property*, Oxford University Press, 2008.

4. William Blackstone, *Commentaries on the laws of England*, Book 2, Chapter 1, Thomas B. Wait and Co. , 1807.

5. Joseph William Singer, *Property law: rules, policies, and practices*, NY: Aspen Publishers, 2006.

6. Daniel P. Selmi, James A. Kushner, Edward H. Ziegler, *Land use regulation: cases and materials*, New York: Aspen Publishers, 2008.

7. Robert Alexy, *A theory of Constitutional Rights*, translated by Julian Rivers, Oxford University Press, 2002.

8. Cohen, Charles E. , "Eminent Domain After Kelo v. City of New London: An Argument for Banning Economic Development Takings", *Harvard Journal of Law & Public Policy* 29, 2006.

9. Harold Demsetz, "Toward a Theory of Property Rights", *American Economic Review*, May 1967.

10. Lourne, Susan, "Hawaii Housing Authority v. Midkiff a. New Slant on Social Legislation: Taking from the Rich to Give to the Well-to-do", 25 *Nat. Resources J.* 773, 1985.

11. Abraham Bell, Gideon Parchomovsky, "The Uselessness of Public Use", *Columbia Law Review*, Vol. 106, 2006.

12. Wesley N. Hohfeld, "Some Fundamental Legal Conceptions as Applied in Judicial Reasoning", 23 *Yale L. J.* 16 (1913) .

13. Felix S. Cohen, "Dialogue on Private Property", *9 Rutgers Law Review*, 1954.

14. Ashley J. Fuhrmeister, "In the Name of Economic Development: Reviving

'Public Use' as a Limitation on the Eminent Domain Power in the Wake of Kelo v. City of New London", 54 *Drake L. Rev.* 171, Fall, 2005

15. Gallagher. E. F, "Breaking New Ground: Using Eminent Domain for Economic Development", *Fordham Law Review*, 2005.

16. Kris W. Kobach, "Origins of Regulatory Takings: Setting the Record Straight", *Utah L. Rev.* 1211, 1996.

17. John F. Hart, "Land Use Law in the Early Republic and the Original Meaning of the Takings Clause", 94 *Nw. U. L. Rev.* 1099, Summer, 2000.

18. Andrew S. Gold, "Regulatory Takings and Original Intent: The Direct, Physical Takings Thesis 'Goes Too Far'", 49 *Am. U. L. Rev.* 181, October, 1999.

19. Peter C. , "Meier, Stevens v. City of Cannon Beach: Taking Takings into the Post-Lucas Era", 22 *Ecology L. Q.* 413, 1995.

20. R. H. Coase, "The Problem of Social Cost", *Journal of Law and Economics*, Vol. 3, Oct. , 1960.

21. Jon. H. Goldstein, William D. Watson, "Property rights, regulatory taking, and compensation: implications for environmental protection", *Contemporary Economic Policy*, Volume 15Issue 4, October 1997.

22. Janine P. Hornicek, "Eminent Domain – Blight Declaration – Extensive Delay in Initiating Condemnation After Declaration of Blight May Constitute a Taking Under State Constitution", *Fordham Urban Law Journal*, Vol. 4, Issue. 2, 1975.

23. Arvo Van Alstyne, "Inverse Condemnation: Unintended Physical Damages", 20 *Hastings L. J.* 431, 491, 1969.

24. John Martinez, "Wrongful Convictions as Rightful Takings: Protecting 'Liberty-Property'", 59 *Hastings L. J.* 515, 2008.

25. Anne-Marie C. Carstens, "Luring in the Shadows of Judicial Process: Special Masters in the Supreme Court's Original Jurisdiction Cases", 86 Minn. L. REV. 625, 2002.

26. Gideon Kanner, "Hunting the Snark, Not the Quatk: Has the U. S. Supreme Count Been Competent in Its Effort to Formulate Coherent Regulatory Takings

Law?", 30 Urb. Law. 307, 308, 1998.

27. Jeffery W. Stempel, "Two Cheers for Specialization", 61 *Brook. L. Rev.* 67, 1995.

28. John Martinez, "Reconstructing Takings Doctrine by Redefining Property and Sovereignty", 16 *Fordham Urb. L. J.* 157, 1988.

29. Mitchell L. Bach & Lee Applebaum, "A History of the Creation and Jurisdiction of Business Courts in the Last Decade", 60 *Bus. Law* 147, 228, 2004.

30. Laura M. Young, *Marc R. Leavitt. Inverse Condemnation Statute of Limitations*, http://www. deanmead. com/CM/Articles/o0416655. pdf.

31. Commonwealth v. Tewksbury, 52 Mass. (11 Met.) 55 (1846) .

32. Mugler v. Kansas, 123 U. S. 623 (1887) .

33. United States v. Lynah, 188 U. S. 445, 449 (1903) .

34. Hadacheck v. Sebastian, 239U. S. 394 (1915) .

35. Pennsylvania Coal Co. v. Mahon, 260 U. 5. 393, 43S. Ct. 158. 67 L. Ed. 322 (1922) .

36. Brooks-Scanlon v. United States, 265 U. S. 106 (1924) .

37. Village of Euclid v. Ambler Realty Co. , 272 U. S. 365 (1926) .

38. Miller v. Schoene, 276 U. S. 272, 48 S. Ct. 246, 72 L. Ed. 568 (1928) .

39. United Staes v. Miller, 307 U. S. 174 (1939) .

40. Railroad Commission ofTexas v. Pullman Company, 312 U. S. 496 (1941) .

41. United States v. Causby, 328 U. S. 256 (1946) .

42. United States v. Dickenson, 331 U. S. 745, 748 (1947) .

43. Kimball Laundry Co. v. United States, 338 U. S. 1, 5 (1949) .

44. Goldblatt v. Hempstead, 369 U. S. 590 (1962) .

45. Griggs v. Allegheny County, 369 U. S. 84 (1962) .

46. Albers v. County ofLos Angeles, 62 Cal. 2d 250, 263 – 64 (1965) .

47. Abbott Laboratories v. Gardner, 387 U. S. 136 (1967) .

48. Holtz v. Superior Court, 3 Cal. 3d 296 (1970) .

49. Sheffer v. County of Los Angeles, 3 Cal. App. 3d 720, 734 – 35 (1970) .

50. City ofFresno v. Cloud 26 Cal. App. 3d 113 (1972) .

51. Klopping v. City of Whittier, 8 Cal. 3d 39, 54 (1972).

52. U. S. v. Fuller, 409 U. S. 488, 490 (1973).

53. Blau v. City ofLos Angeles, 32 Cal. App. 3d 77, 87 (1973).

54. Washington Market Enterprises v. City of Trenton, 68 N. J. 107 (1975).

55. Fred F. French Investing Co. v. City of New York, 39 NY2d 587 (1976).

56. Penn Central Transportation Co. v. New York City, 438 U. S. 104, 98 S. Ct. 2646, 57 L. Ed. 2d 631 (1978).

57. Kaiser Aetna v. United States, 444 U. S. 164, 180 (1979).

58. Agins v. City ofTiburon, 447 U. S. 255 (1980).

59. San Diego Gas & Elec. Co. v. City of San Diego, 450 U. S. 621 (1981).

60. Loretto v. Teleprompter Manhattan CATV Corp. 458 U. S. 419 (1982).

61. Hawaii Housing Authority v. Midkiff, 467 U. S. 229 (1984).

62. Hamilton Bank of Johnson City v. Williamson County Regional Planning Commission, et al, 729 F. 2d 402 (Sixth Circuit 1984).

63. Williamson County Regional Planning Comm'n v. Hamilton Bank, 473 U. S. 172 (1985).

64. Macdonald, Sommer & Frates v. Yolo County, 477 U. S. 340 (1986).

65. Keystone Bituminous CoalAss'n v. De Benedictis, 480 U. S. 470, 511 (1987).

66. First English Evangelical Lutheran Church v. Los Angeles County, 482 U. S. 304 (1987).

67. Nollan v. California Coastal Commission, 483 U. S. 825 (1987).

68. Hendler v. United States, 952 F. 2d 1364 (Fed Cir. 1991).

69. Lucas v. South Carolina Coastal Council, 505 U. S. 1003 (1992).

70. Southview Assoc. , Ltd. v. Bongartz, 980 F. 2d 84, 93 (2d Cir. Vt. 1992).

71. Hensler v. City of Glendale, 876 P. 2d 1043, 1051 (Cal, 1994).

72. Dolan v. City of Tigard, 512 U. S. 687 (1994).

73. Stevens v. City of Cannon Beach, 510 U. S. 1207 (1994).

74. Argent v. United States, 124 F. 3d, 1277, 1281 (Fed. Cir. 1997).

75. Young v. DHL Airlines, 1999 U. S. App. Lexis (6th Cir. 1999).

76. Braunagel v. City of Devils Lake, 2001 ND 118 (N. D. 2001).

77. Paterno v. State of Cal. , 113 Cal. App. 4 th 998, 1029 (2003) .

78. Kelo v. City of New London, 545 U. S. 469 (2005) .

79. Wild Rice River Estates, Inc. v. City ofFargo, 2005 ND 193 (N. D. 2005).

80. Lingle v. Chevron, USA, Inc. , 125 S. Ct. 2074 (2005) .

81. San Remo Hotel, L. P. v. City and County of San Francisco, Cal, 545 U. S. 323 (2005) .

82. California State Automobile Association Inter-Insurance Bureau v. City of Palo Alto, 138 Cal. App. 4 th 474 (2006) .

83. Nw. La Fish & Game Preserve Comm'n v. United States, 446 F, 3d 1285, 1285 (Fed. Cir. 2006) .

84. Goodrich v. United States, 434 F. 3d 1329, 1333 (Fed. Cir. 2006) .

85. St. Bernard Parish v. United States, 88 Fed. Cl. 528, 549 (Fed. Cl. 2009).

后　记

　　不动产准征收问题不仅关系着公民私有不动产财产权的充分保障，而且关系到社会的和谐和国家的长治久安。本书试图通过努力探寻不动产一般限制和征收之间的界限，并对不动产准征收的含义、类型、构成以及法律救济等问题进行深入研究，但是鉴于准征收问题本身的复杂性，许多问题一直困扰至今，只待日后做进一步的思考和研究。本书是在本人博士毕业论文的基础上修改而成，即将付诸出版之时，心中充满无限感慨。感谢南京大学法学院，让我感受到了学术研究的真谛和无限乐趣，那些严肃谨慎、孜孜不倦、辛勤耕耘的老师们，将成为我今后学习的榜样，鼓励和鞭策我在法学研究的道路上稳步前行。

　　衷心感谢我的导师金俭教授，恩师总是以慈母般的胸怀关心着我的成长，鼓励和支持我不断进步。衷心感谢恩师对于本书倾注的大量心血，从选题到大纲的确定以及具体写作，都离不开恩师的精心指导和帮助。恩师严谨求实的治学风格、渊博的知识、活跃的学术思想和孜孜不倦的工作精神无不使我刻骨铭心，也将使我终身受益。在此，特向恩师表示深深的敬意和最真挚的感谢！同时，还要特别感谢李友根老师、张仁善老师、王太高老师、吴建斌老师、叶金强老师、吴英姿老师、解亘老师、王丽娟老师以及南京大学法学院的其他老师，感谢他们在我学习期间以及本书写作过程中给予的指导和帮助！衷心感谢南京财经大学焦富民老师对于本书提出的诸多修改建议！感谢单位领导和同事们在本书写作期间给予的理解、关心和支持！感谢同窗三年的博士同学门在学习期间给予的诸多帮助！

最后，衷心感谢我的家人，感谢家人长期以来给予的理解、鼓励和无私奉献。

2015 年 9 月